AF240554

RECUEIL DE VOYAGES

ET DE

DOCUMENTS

pour servir

A L'HISTOIRE DE LA GÉOGRAPHIE

Depuis le XIIIᵉ jusqu'à la fin du XVIᵉ siècle

PUBLIÉ

Sous la direction de MM. CH. SCHEFER, membre de l'Institut
et HENRI CORDIER

III

LES CORTE-REAL

CORTE - REAL

LES
CORTE-REAL

ET LEURS

VOYAGES AU NOUVEAU-MONDE

D'APRÈS DES DOCUMENTS NOUVEAUX OU PEU CONNUS TIRÉS DES ARCHIVES
DE LISBONNE ET DE MODÈNE

SUIVI DU TEXTE INÉDIT
D'UN RÉCIT DE LA TROISIÈME EXPÉDITION DE GASPAR CORTE-REAL
ET D'UNE IMPORTANTE CARTE NAUTIQUE PORTUGAISE DE L'ANNÉE 1502
REPRODUITE ICI POUR LA PREMIÈRE FOIS

MÉMOIRE

LU A L'ACADÉMIE DES INSCRIPTIONS ET BELLES-LETTRES DANS SA SÉANCE DU 1ᵉʳ JUIN 1883

PAR

HENRY HARRISSE

PARIS

ERNEST LEROUX, ÉDITEUR

28, RUE BONAPARTE, 28

M.D.CCC.LXXXIII

AVANT-PROPOS

Les découvertes maritimes, inaugurées au commencement du XVᵉ siècle par les Portugais sur la côte d'Afrique, se continuaient dans la direction de l'occident sous les auspices des Rois-Catholiques.

En l'an 1500, les caravelles de Colomb, de Hojeda, de Pinzon, de Lepe, de Niño, de Vespuce, exploraient déjà le littoral du Nouveau-Monde depuis le cap Saint-Augustin jusqu'au Venezuela, et celles de Jean Cabot étaient venues atterrir à l'île du cap Breton ou au Labrador. Des navigateurs, aujourd'hui oubliés, avaient même dès cette époque, — nous le montrerons bientôt — doublé la péninsule de la Floride et reconnu toute la côte des Etats-Unis. Un hasard heureux venait de conduire Cabral au Brésil, et cet évènement, qui étendait jusqu'à l'autre hémisphère le domaine colonial du Portugal, ne pouvait qu'accroître l'émulation et les espérances de ses marins.

C'est alors qu'un homme d'une cinquantaine d'années, de famille noble, dont les frères occupaient d'importants emplois à la cour du roi Manoel, sollicita de ce prince des priviléges à l'effet de tenter de nouvelles entreprises maritimes : c'était Gaspar Corte-Real.

Manoel lui octroya les lettres-patentes nécessaires et la capitainerie des terres et des îles qu'il aurait la bonne fortune de découvrir.

Corte-Real équipa aussitôt un ou deux navires qui appareillèrent de Lisbonne ou de l'île de Terceire dans l'été de l'année 1500.

Le hardi navigateur revint l'automne suivant, après avoir visité, découvert peut-être, à l'occident, des contrées peuplées et couvertes de verdure.

Encouragé par ce premier succès, Gaspar Corte-Real et ses frères équipèrent une seconde expédition composée de trois caravelles qui furent placées sous son commandement. Elles mirent à la voile de Lisbonne au mois de janvier 1501 pour se rendre dans les régions qu'il venait d'explorer.

Une de ces caravelles retourna au port le 9 octobre de cette année, l'autre le surlendemain. Quant au navire que montait Gaspar, il ne revint pas.

Après cinq mois d'attente et d'angoisses, Miguel Corte-Real équipa trois bâtiments, et partit à la recherche de son frère. Lui non plus ne revit pas sa patrie.

L'aîné de la famille, Vasqueanes, quoique sexagénaire et père de huit enfants, résolut à son tour de franchir l'Océan, espérant ramener ses frères de ces terres lointaines. Le roi de Portugal s'y opposa.

Ce prince voulut néanmoins pénétrer le secret de leur destinée, et des caravelles furent envoyées dans les parages où les deux Corte-Real avaient sans doute perdu la vie.

Les navires revinrent sans rapporter aucune nouvelle de Gaspar ou de Miguel, et on ne retrouva jamais trace de ces infortunés ni de leurs compagnons.

Le mystère dont ce désastre est encore entouré, le rang et l'héroïsme des victimes, l'importance présumée des découvertes accomplies par Gaspar Corte-Real, le désaccord même qui règne entre les géographes sur la position exacte des régions qu'on lui attribue, enfin le manque de détails authentiques concernant l'origine, la famille et la vie du malheureux navigateur, font de sa catastrophe un des faits saillants de l'histoire des découvertes maritimes et de la géographie du Nouveau-Monde.

Les seuls renseignements contemporains et dignes de foi que les historiens pussent consulter, provenaient jusqu'ici d'une pièce unique : la lettre adressée par l'ambassadeur vénitien, Pietro Pasqualigo, à ses frères, le 19 octobre 1501 et publiée en 1507 à Vicence dans la collection de voyages intitulée Paesi Nouamente retrouati.

Comme documents cartographiques, on n'avait aussi que de vagues configurations relevées sur deux portulans portugais datant des vingt premières années du XVIᵉ siècle.

Grâce à l'amitié d'obligeants éridits, nous pouvons aujourd'hui combler d'importantes lacunes. Quarante lettres-patentes provenant des archives nationales de la Torre do Tombo, à Lisbonne, dont plusieurs sont publiées ici pour la première fois, mais la plupart empruntées à d'excellents recueils de pièces historiques connus seulement des rares lecteurs qui s'intéressent à ces matières : les Annaes da Ilha Terceira, de Drummond, et l'Archivo dos Açores que publie M. Ernesto do Canto, permettront au critique de rétablir la généalogie des Corte-Real, depuis Vasqueanes premier du nom, jusqu'à

*Manoel, avec qui s'éteignit la lignée masculine et directe
de cette famille, le 5 août 1578.*

*Si nous n'avons malheureusement encore rien à ajouter
aux maigres détails que donnent Antonio Galvam et
Damiam de Goes sur la fin tragique de Gaspar et de
Miguel Corte-Real, au moins trouvera-t-on ici un récit
nouveau et intéressant du troisième voyage, plus précis
même que celui de l'ambassadeur de la République de
Venise, qu'il corrobore et qu'il complète.*

*Cette pièce inédite, tirée des archives de la maison d'Este,
consiste en une relation envoyée par Alberto Cantino,
correspondant en Portugal d'Hercule duc de Ferrare, et
témoin oculaire du retour à Lisbonne de la seconde des
caravelles de Gaspar Corte-Real, le 11 octobre 1501.*

*Ce prince, qui suivait avec un vif intérêt les décou-
vertes des Portugais et des Espagnols, chargea Cantino de
lui procurer une carte de leurs voyages au delà des mers.
Celui-ci en confia l'exécution à un géographe de Lisbonne,
et, l'année suivante, Hercule d'Este recevait un planisphère,
à notre avis le document cartographique du XVIᵉ siècle le
plus important qui nous soit parvenu.*

Ce magnifique monument de la géographie resta oublié

pendant près de trois siècles dans la collection particulière des ducs de Ferrare, au palais ducal de Modène où il se trouve encore.

Après une longue attente et de pénibles mécomptes dont le récit, sans intérêt pour le lecteur, pourrait servir d'enseignement aux écrivains qui, dégagés de tout motif personnel, ne reculent devant aucun sacrifice pour arriver à la vérité, nous avons obtenu un calque parfait de la section exposant l'ensemble des découvertes transatlantiques accomplies jusqu'en l'année 1502.

Un fac-similé de cette partie de la carte comprenant le Nouveau-Monde ainsi que le littoral océano-européen et une partie de l'Afrique, accompagne le présent ouvrage. Nous y avons ajouté le texte de la lettre d'envoi d'Alberto Cantino : écrit qui établit l'authenticité et fixe la date de ce précieux document.

Le planisphère de Cantino, outre l'intérêt exceptionnel qu'il présente comme exposé des régions visitées ou découvertes par Gaspar Corte-Real, révèle des faits qui soulèvent un problème de cosmographie dont l'importance ne saurait échapper au lecteur.

Non seulement les géographes reconnaîtront dans les

contours occidentaux le prototype des délinéations du nouveau continent qu'on remarque dans toutes les éditions de la Géographie de Ptolémée publiées en Italie, en Allemagne et en France, jusqu'au milieu du XVIᵉ siècle, mais ils verront avec surprise que le littoral de la péninsule floridienne et de la partie orientale des Etats-Unis a été découvert, exploré et nommé, par des navigateurs dont on ignore le nom et la nationalité, douze ans au moins avant la plus ancienne expédition dans ces régions dont on ait gardé le souvenir.

Nous profitons de la publicité qui sera donnée à cet ouvrage pour adresser de vifs remerciements aux personnes qui ont secondé nos efforts, notamment à M. Cesare Foucard, le savant directeur des archives d'Etat à Modène, qui a eu l'obligeance de relever sur l'original le texte des lettres de Cantino publiées dans notre Appendice; à M. Ernesto do Canto, de l'île Saint-Michel, qui, en mettant à notre disposition les nobiliaires manuscrits de sa précieuse bibliothèque et en revisant nos données, nous a permis d'apporter plus de précision dans la partie généalogique de ce travail; à M. de Brito Rebello, habile paléographe à qui nous devons les pièces copiées directement aux archives de la Torre do Tombo; à M. Caspari, ingénieur hydrographe, dont nous avons emprunté la méthode pour déterminer les positions relatives dans la carte de Cantino, et qui a bien voulu revoir nos calculs; enfin, à MM. Malatesta, Zattera et Antilli, professeurs à l'Ecole militaire de Modène, qui ont exécuté le beau calque si fidèlement reproduit ici par MM. Adam et Stanislas Pilinski.

Nous ne saurions non plus oublier les patientes démarches de MM. Dalla Vedova, Uzielli et Malvano, de Rome, George W. Wurts, secrétaire de la légation des États-Unis dans cette ville, le général Menabrea, C. Ressman, chargé d'affaires d'Italie à Paris, le marquis Giuseppe Campori, le colonel D'Ayala et le commandant Corvetto, à Modène, pour nous aider à obtenir ce calque si longtemps et si ardemment désiré.

Paris, le 15 mars 1883.

LES CORTE-REAL

CHAPITRE PREMIER

FAMILLE DES CORTE-REAL

I

E premier membre de cette famille dont l'histoire ait gardé le souvenir, est Vasco Annes ou Vasqueanes da Costa[1], de Tavira[2], au pays d'Algarve, province du Portugal méridional. Selon le docteur

---

1. Nous empruntons la plupart de nos détails généalogiques à un nobiliaire manuscrit des premières années du xvie siècle, et qui fait autorité en Portugal : *Libro dos principaes linages de Portugal composto por Xisto Tavares, Quartanario da S. Sè de Lisboa;* Bibliothèque nationale de Paris, fonds portugais, n° 50, in-fol., feuillets 215 à 217. *Infra,* appendice XXXIX. Nos autres renseignements généalogiques sont pris du *Nobiliario* manuscrit de Antonio de Lima, dont notre ami M. Ernesto do Canto, de l'île de San Miguel, aux Açores, a généreusement mis des extraits à notre disposition.

2. « *Mui honrado de Tavira.* » Ant. de Lima, *loc. cit.,* tome 1.

Gaspar Fructuoso[1], Vasqueanes aurait été Français
d'origine, descendant d'un Raymond da Costa, venu
en Portugal pour combattre les Maures sous les murs
de Lisbonne (1147)[2].

Vasqueanes da Costa florissait sous le règne du
roi Fernando[3], nécessairement après l'année 1367 ,
date de l'avènement de ce monarque au trône.

Nous tenons d'un témoin oculaire, Fernam Lopez,
qu'il seconda les efforts du grand-maître de l'Ordre
d'Aviz lors de ses luttes contre l'Espagne, dans les
dernières années du XIVe siècle[4].

Vasqueanes eut deux fils d'une épouse légitime
dont on ignore le nom[5], lesquels furent : Vasqueanes,
qu'on surnomma Corte-Real, Gil Vaz **da Costa** et
Affonso Vaz[6] da Costa.

1. « *E segundo alguns affirmão os Corte-Reas são Fidalgos Francezes e descendentes de hum D. Reymão da Costa, que veio aventureiro com outros muitos
Fidalgos como D. Rol.... e outros que n'aquelles tempos vierão de França, quando
ajudarão a tomar Lisboa aos Mouros...* » **Fructuoso**, *Saudades da Terra*, lib. **VI**,
cap. IX (inédit). *Infra*, appendice **XXXVIII**.

2. Comme la maison de Portugal était originaire de la Bourgogne, on
peut supposer que ce da Costa, en français *de la Coste*, appartenait à la famille
de ce nom, branche de la maison bourguignonne de Frotier.

3. « *Em tempo del Rey Fernando.* » **Tavares**.

4. **Fernam Lopez**, *Chronica del Rey D. Joam I*, Lisboa, 1644, in-fol.,
Part. I, cap. CLIX, page 311. On doit regretter que ce célèbre chroniqueur,
qui vécut de 1380 à 1449, soit si sobre de détails. Il se contente de mentionner notre héros : « *Vascoeannes, pay de Vascoeannes Cortereal,* » dans sa
iste de « *alguãs pessõas que ajudaram ao Maestre a defender o Reyno.* »

5. Tavares laisse les noms de la femme de Vasqueanes da Costa en blanc :
« *foi casado com.... filha de....* » *Libro dos linages*, feuillet **227**. Antonio de
Lima n'attribue à Vasqueanes da Costa que des bâtards.

6. Affonso ne laissa pas d'enfants, mais Gil Vaz eut une nombreuse postérité décrite par Tavares.

II

LES historiens ne sont pas d'accord sur l'origine du surnom de *Cour Royale* donné à Vasqueanes.

D'après Xisto Tavares[1], le roi Duarte aurait ainsi nommé ce courtisan à cause de la grande hospitalité qu'il exerçait à la cour de Portugal. Jeronymo Corte-Real, poète célèbre qui chanta les hauts faits de son homonyme, attribue[2] ce nom à la vaillance dont Vasqueanes aurait fait preuve en affrontant deux chevaliers français qui étaient venus jeter le gant aux gentilshommes de la cour de João Ier, et que nul n'osait combattre. Villasboas dit[3] que ce nom fut donné

---

1. « *Vasqueanes Cortereal, filho de Vasqueanes, se chamou Corte-Real por lhe por este apelido el Rey dom duarte cuyo criado e priuado era por ser grande agasalhador de homés na corte.* » TAVARES, *Libro dos princip. linages*, feuillet 215, recto.

2.
> « *Dous fortes, e animosos estrangeiros*
> *E ante el Rey Dom João se apresentarão*
> *Dizendo ser de França aventureiros. . . . . .*
> *Corte, em que tal varão costuma acharse,*
> *Que em preço, e alta fama assi a enriquece,*
> *Sempre Corte-Real deve chamarse,*
> *Pois com tão justas causas o merece :*
> *E pois que só por vós pode affirmarse,*
> *Que meu estado, e Corte se ennobrece,*
> *Fique Corte-Real vosso appellido,*
> *Pera que tal valor sejà sabido.* »

JERON. CORTE-REAL, *Naufragio e lastimoso successo da perdição de Manoel de Souza de Sepulueda*. Lisboa, 1783, petit in-4, chant XIII, pages 258 et 260.

3. « *Nome que lhe deu El Rey D. João Primeiro, pela facilidade com que se offereceo ao desafio dos cavaleiros de Inglaterra.* » ANTONIO DE VILLASBOAS, *Nobiliarchia Portugueza*. Lisboa, 1676, in-4, page 265.

à Vasqueanes par le roi pour avoir défait en Angleterre
deux chevaliers anglais. Fructuoso relate[1] que ces
chevaliers étaient des Allemands. Enfin, pour Francisco Soares Toscano[2], Vasqueanes, doué d'une
force herculéenne, fut l'un des fameux douze pairs
d'Angleterre.

Si ces raisons sont faibles comme étymologie, le
récit témoigne au moins de traditions chevaleresques
dont le premier des Corte-Real peut bénéficier.

Alcade-major de Tavira et de Silves, gouverneur
général des places frontières de l'Algarve[3], Vasqueanes, fut aussi député à l'Assemblée de Lisbonne
qui proclama roi de Portugal le grand-maître de
l'ordre d'Aviz, sous le nom de João Ier, le 6 octobre
1384[4].

Il se distingua au siège de Ceuta, où il fut le premier à entrer dans la place[5] et à y arborer l'étendard
du Portugal, le 15 ou le 21 août (on ne sait au juste)
1415. De cet exploit daterait l'autorisation donnée par
le roi João Ier d'ajouter aux armes parlantes de la

---

1. « *Foi porque em tempo d'elrei D. João, primeiro do nome, vindo dois
cavalleiros allemães mui esforçados.* » **Fructuoso**, *Saudades da Terra*; *infra*,
appendice XXXVIII.

2. F. **Soarez Toscano**, *Paralelos de Principes, e Varões illustres antigos.*
Lisboa, 1623, in-4, cap. LXXXV.

3. « *Alcayde mór de Tauira e Silues,* » **Tavares**. « *Fronteiro mór,* » **Jerqn.
Corte-Real**, *loc. cit.*

4. **Manoel dos Santos**, *Monarchia Lusylana,*, Part. VIII, Lisboa, 1727,
in-fol., cap. XXIII, page 616.

5. « *O primeiro homê que foy dentro, foy Vazque Anes Corte Real,* » **Fernam
Lopez**, ou, plutôt, **Azurara**, *loc. cit.*, Pars III, cap. LXXI, page 208.

famille de da Costa un bras armé d'une lance d'or saisie d'un pennon flottant[1].

Vasqueanes se serait marié avec une femme qu'un ordre royal, paraît-il, l'avait forcé à prendre pour épouse. On ne connaît ni son nom ni celui de sa famille. Certains rapportent, dit Jeronymo Corte-Real, que le « terrible *Fronteiro-Mór* de l'Algarve, » par haine de son beau-père, aurait fait disparaître la femme qui portait son nom, en l'enfermant dans un cachot. « Il la précipita dans la tombe, je le crois et je l'affirme! » dit le poëte, qui ajoute : « Emprisonnée ou enterrée, toujours est-il qu'elle disparut à jamais[2]. »

1. « *Trazia por armas a cruz simples vermelha q. elle, para memoria do successo* [d'avoir vaincu les deux Anglais en combat singulier?] *ajuntou ás armas antiguas dos Costas, pondoa em chefe em campo de prata, sobre as seis costas do escudo, assentadas em palla, em campo vermelho; tymbre hum braço armado com hũa lança de ouro, e ferro da sua cor, com bandeira de prata de duas pontas, com troçaes de ouro.* » VILLASBOAS, *loc. cit.* Cette description est corroborée par celles des lettres-patentes de João III, du 10 mars 1544, octroyant à Manoel, fils de Vasqueancs III, les armes que portait ce dernier. SANCHEZ DE BAENA, *Archivo Heraldico.* Lisboa, 1873, in-4, tome I. page 473. Voir le frontispice du présent ouvrage.

2. JERONYMO CORTE-REAL, dans son treizième chant, page 258, dit :

« *El Rey Dom João primeiro da louuada*
Memoria, lá em Tauira desterrado
O tinha, porque aquella, que julgada
Por molher se lheu deu com real mandaõ,
Nunca vista foi mais, nem mais achada;
. . . .
Huns dizem, que a escondeo de raiua pura,
Por fazer desprazer ao sogro imigo
Outros dizem, que a pos em prisaõ dur'
Em carcere secreto, por castigo.
Outros, que lhe deu logo a sepultura
Desta opiniaõ sou eu, e assi o digo.
Pois escondida, ou presa, ou sepultada,
Nunca atégora foi já mais acnada. »

Vasqueanes n'aurait laissé que des enfants illégitimes : João Vaz et Fernão Vaz Corte-Real.

Le résumé qui précède a pour base les nobiliaires portugais et la tradition; cependant une série d'actes authentiques de la Torre do Tombo, dont nous publions la liste dans l'Appendice de cet ouvrage[1], portent à présumer que entre Vasqueanes da Costa et João Vaz Corte-Real, il a existé deux Vasqueanes Corte-Real. On est aussi fondé à croire que les généalogistes ont confondu ces homonymes et attribué à un seul des faits concernant l'un ou l'autre.

Pour que le Vasqueanes de Tavares ait pu être député aux Cortés de Coimbre en 1385, il faut qu'il soit né au moins en 1360. Or les documents en question se rapportent tous à un Vasqueanes Corte-Real qui, du mois de décembre 1449 au 10 mai 1486, reçut du roi Manoel des pensions et des concessions de propriétés situées à Tavira[2], pour services rendus à la couronne, notamment, ce semble, à l'un des sièges de Ceuta[3]. Si un individu né en 1360 pouvait, à la ri-

---

1. Appendice I.

2. *Doação de um chão junto a's Fomgas de Tavira de 8 junho 1458, confirmada em 29 maio 1489 para fazer 2 moinhos junto á Acudada na Atalaya de Tavira que era de Luis Affonso, seu thio de 30 junho 1458.*

— *Doação da horta d'el rei em Tavira de 19 junho 1462.*

— *Doação da Torré Velha sobre a parte da Ribeira em Tavira de 15 maio 1483. Para mudar um caminho na sua quinta em Tavira de 19 setembro 1475, etc.*

Voir les vingt documents inédits de la Torre do Tombo, décrits dans notre Appendice I, et dont nous devons la liste à M. JACINTHO DE BRITO REBELLO, de Lisbonne.

3. *Doação da Torre do mar em Tavira de Ceuta a 6 novembro 1459. Ibidem.*

gueur, être l'objet des faveurs royales en 1449, à l'âge de quatre-vingt-dix ans, — en supposant que Vasqueanes Ier, nécessairement majeur en 1385, ait vécu si vieux, — il n'a pu recevoir quoi que ce soit cent vingt-six ans après sa naissance. On ne peut dire non plus que ces documents s'appliquent à Vasqueanes, fils de João Vaz et troisième du nom, car ce Vasqueanes ne mourut qu'en 1538, et s'il est vrai que plusieurs de ces concessions peuvent lui être attribuées, par exemple celles qui datent à partir de l'année 1475, il est de toute évidence que des actes promulgués en 1449 ne sauraient le concerner. Cependant les généalogistes ne connaissent que ces deux Vasqueanes Corte-Real, et un troisième qui vint beaucoup plus tard.

Il est donc permis de supposer que le Vasqueanes des nobiliaires et le premier qui porta le nom de Corte-Real, était le fils de Vasqueanes da Costa, mais qu'il eut lui-même un fils [1], appelé également Vasqueanes Corte-Real, lequel serait le Vasqueanes mentionné dans les actes les plus récents de la Torre do Tombo, et le père de João Vaz Corte-Real.

Cette généalogie cependant n'est qu'hypothétique, et nous devons faire les réserves que suggère une homonymie possible. Notons aussi, dans cet ordre d'idées, que des documents authentiques donnent au Vasqueanes Corte-Real mentionné dans les actes pré-

---

1. Cette disposition nous permet d'expliquer pourquoi Tavares affixe le nom de Corte-Real à Vasqueanes, fils de Gil Vaz, qui, selon ce généalogiste, n'aurait été qu'un da Costa, neveu de son Vasqueanes Corte-Real Ier.

cités de la Torre do Tombo, un frère, Diogo[1], lequel vivait en même temps que lui, et qui n'est pas désigné sous le nom de famille de Corte-Real, mais bien sous celui de da Costa. Ce nom le rapprocherait de Vasqueanes Corte-Real Ier, n'était l'impossibilité qu'un homme né au moins en 1360, comme ce Vasqueanes, ait pu contracter avec son frère au 5 septembre 1475, c'est-à-dire cent quinze ans après sa naissance.

L'acte précité du 5 septembre 1475[2] laisse aussi entrevoir la famille dans laquelle Vasqueanes Corte-Real II contracta mariage et pourquoi le nom de Vaz fut porté par ses fils.

Léonore Vaz, veuve de Luiz Affonso Painho, avait épousé en deuxièmes noces Diogo da Costa. Du chef de son premier mari, elle avait le droit de nommer l'administrateur d'une certaine fondation pieuse. L'acte de 1475 est une sorte de transaction concernant cette œuvre, et, selon l'analyse qu'un de nos amis a bien voulu en faire, Léonore Vaz était la belle-mère de Vasqueanes Corte-Real, deuxième du nom. Ce dernier aurait donc épousé la fille de la femme de son frère cadet, et les enfants issus de ce mariage, João Vaz et Fernão Vaz, seraient parfaitement légitimes, et non des bâtards : « *filhos bastardos,* » comme le dit Xisto Tavares.

Mais il resterait à expliquer pourquoi Diogo, frère,

1. « *Contracto com Diogo da Costa seu irmão de 5 setembro 1475* ».

2. Index des documents de la Torre do Tombo se rapportant à Vasqueanes Corte-Real. Appendice I. D'après ce document, Diogo se maria avec une veuve, Léonor Vaz, dont Vasqueanes Corte-Real II épousa la fille.

dit-on, de Vasqueanes Corte-Real II, est nommé dans les actes Diogo da Costa, tandis que ses autres frères, Gil et Affonso, sont appelés Vaz[1], nom qui, d'après l'acte en question, n'est entré dans la famille que par suite du mariage de leur frère aîné. Il y a évidemment dans ces désignations plusieurs confusions patronymiques et généalogiques que le manque de documents ne nous permet pas d'éclaircir.

1. On peut conjecturer que Vasqueanes Corte-Real Ier se maria également avec une Vaz, mais ce ne put être Léonore, car celle-ci, selon l'acte précité, vivait encore en 1471, date qui ne permet pas d'en faire l'épouse de Vasqueanes Corte-Real Ier, né au moins en 1360.

Joāo Vaz Corte-Real, fils de Vasqueanes Corte-Real II[1], fut d'abord huissier-major (*Porteiro Mór*) de Fernão duc de Viseu (père du roi Manoel et frère du roi Affonso V), et devint, au 2 avril 1474, capitaine-donataire de la partie méridionale de l'île de Terceire (Angra)[2], puis, le 4 mai 1483, de l'île de Saint-Georges[3]. Cette dernière capitainerie lui fut confirmée le 5 avril 1488[4].

Il épousa Maria de Abarca, fille de Pedro de Abarca, de la ville de Tuy, en Galice. Cordeyro semble dire[5] que Abarca n'est pas un nom de famille, mais seulement de lieu ou d'origine : *Ponte da Barca*. Suivant certains généalogistes portugais, João Vaz aurait enlevé[6] celle qui devint sa femme. C'est une tradition

1. « *Filho bastardo de Vasqueanes.* » TAVARES, feuillet 227, verso.
2. Appendices II et III.
3. Appendices IV et XXXII.
4. Appendice VI.
5. « *Casado com huma fidalga chamada D. Maria, de alcunha a Galega, por ser oriunda da Ponte da Barca em entre Douro e Minho.* » Le P. CORDEYRO, *Historia Insulana das ilhas a Portugal sugeytas no Oceano Occidental.* Lisboa, 1717, in-fol., page 251.
6. « *Indo a Galiza roubou a Maria de Abarca por ser muito fermoza, natural do Lugar de Abarca ; da qual fala Fr. Prudencio do Sandoval na Linhage dos da*

que nous ne pouvons contrôler, mais qui semble
aller à l'encontre du fait que Pedro de Abarca,
frère, et Izabel, sœur de Maria de Abarca, suivi-
rent João Vaz Corte-Real à l'île de Terceire et s'y
établirent[1].

Nous parlerons dans le chapitre suivant des ex-
ploits maritimes que les écrivains portugais attribuent
à ce dernier.

Selon Drummond, João Vaz se serait adonné au
commerce, et on lui devrait la canalisation de la rivière
qui passe à Angra, ainsi que la construction des forti-
fications de cette ville, de la forteresse dos Moinhos,
du chœur du monastère de Saint-François, et, le
15 mai 1492, de l'hôpital du Saint-Esprit[2].

Étant en l'île de Madère, il fit son testament le
17 septembre 1494, et le ratifia au même lieu le

casa de Astorga, » JACINTO LEITAõ MANSO DE LIMA, *Familias de Portugal, tiradas
dos melhores nobilitarios do Reino;* tome VI, Ms. cité par M. LUCIANO CORDEIRO,
De la découverte de l'Amérique, Paris, 1875, in-8, page 51, note.

1. « *João Vaz Corte-Real. Veio o dito reger a Ilha casado com Maria Abarca,
em cuja companhia vieram Pedro Abarca e Izabel Abarca, irmaõs da dita Maria
Abarca.* » MANOEL LUIZ MALDONADO, *Phenix Angrense,* Ms. de la bibliothèque de M. Ernesto do Canto, feuillet 19 des généalogies. Selon ce chroniqueur, Pedro de Abarca, frère de Maria, épousa Margarida Alvares Merens,
de laquelle il eut Joanna, épouse de Pero Annes do Canto, premier du
nom aux Açores, et Izabel de Abarca, qui épousa João Borges le vieux,
ancêtres d'une nombreuse lignée qui se continue dans cet archipel.

2. « *D'Hospital d'Angra foi instituido em 15 de mais de 1492 por João
Vaz Corte-Real e mais confrades nomeados em um compromisso por elles feitos e
ordenado confirmado por el rei D. Manoel em 3 de agosto de 1508, e dotado pelo
mesmo rei com dez mil reis de esmolla annual, por alvara de 5 do dito mes e
anno.* » Notes manuscrites de DRUMMOND, copiées par feu João Teixeira
Soares, et communiquées par M. Ernesto do Canto.

16 décembre suivant. Il le rédigea de nouveau à Terceire, le 3 février 1496[1], et mourut en sa capitainerie d'Angra le 2 juillet de cette année[2]. On l'inhuma sous le maître-autel du couvent de Saint-François[3].

Sa veuve, Maria de Abarca[4], lui survécut au moins dix-huit ans, car nous voyons qu'elle fut encore représentée en sa qualité de tutrice de Fernão Corte-Real, enfant illégitime de son fils Gaspar, lors de l'appel interjeté par les héritiers de Léonardes, le 28 janvier 1514[5].

Elle était la cousine germaine de Diogo Alvares Vieira, également de Terceire.

Du mariage de João Vaz avec Maria de Abarca

---

1. « *Dois testamentos... O. 1ª feito na ilha da Madeira em 17 de setembro 1494 e aprovado a 16 de dezembro do dito anno. O. 2ª feito na ilha 3ª, a 3 de fevereiro de 1496.* » P. L. Manso de Lima, *loc. cit.*

2. Manoel Luiz Maldonado, *loc. cit.*

3. « *E jaz sepultado na capella mor do mosteiro de S. Francisco, com sua mulher D. Maria d'Abarca.* » Drummond, *Annaes da Ilha Terceira. Publicados pela Camara Municipal d'Angra do Heroismo.* Angra, *Imprensa do Governo,* 1850-1864, 4 vol. in-8, tome I, page 71.

4. « *Seu fallecimento, já depois do anno de 1510.* » Drummond, *loc. cit.*

5. « *Ruy Dias e Gaspar Gonçalves por parte de Maria d'Abarca.* » Ibidem, page 94.

Quant au frère de João Vaz, Fernão Vaz Corte-Real, peut-être est-ce le Fernão Vaz que nous trouvons remplissant les fonctions de surintendant des domaines *(almoxerife)* à Angra en 1488 et 1497 (Appendice V et VII). Il laissa un bâtard issu d'une négresse. Ce mulâtre *(«era baço filho de huã negra;»* Tavares), nommé Antonio Corte-Real, alla aux Indes en qualité de *Patraõ mór* et fit souche, mais nous l'éliminons de notre liste, car ses enfants ne sauraient compter dans la lignée légitime des Corte-Real.

naquirent trois fils : Vasqueanes, Miguel et Gaspar[1], et trois filles : Joanna[2], Eyria[3] et Izabel[4].

C'était un homme avide, injuste et cruel[5].

1. Voir, *infra*, les chapitres consacrés à ces trois fils de João Vaz Corte-Real, sujet principal de notre travail.

2. Joanna épousa Guilherme Moniz Barreto. Ce serait même pour la doter que João Vaz dépouilla João Coelho, compagnon de Jacome de Bruges. *(Ci-dessous, note 5.)* De ce mariage naquirent des enfants.

3. Eyria épousa Pedro de Goes da Silva qui l'assassina. DRUMMOND *Annaes,* tome I, page 68.

4. Izabel épousa Jobst de Hürter, dit de Utra, second du nom, lequel succéda à son père dans la capitainerie de l'île de Fayal, le 31 mai 1509. *Cf.* la liste des capitaines-donataires de Fayal et de Pico, de 1466 à 1680, *Archivo dos Açores,* tome I, n° 2, page 154.

Ce Jobst de Utra avait une sœur, Joanna de Macedo (nom de famille de sa mère), laquelle épousa en premières noces, dans l'année 1486, le fameux Martin Behaïm, astronome et cosmographe de l'expédition de Diogo Cam sur la côte d'Afrique en 1484. F.-W. GUILLANY, *Geschichte des Seefahrers Ritter Martin Behaim, nach den ältesten vorhandenen Urkunden bearbeitet.* Nürnberg, 1853, grand in-4, page 36.

5. *« ... Disputou á mão armada elle e seus creados e filhos com o valente companheiro do capitão Bruges, Gonçalo Annes da Fonseca, pertendendo estender os marcos da sua capitania alem da ribeira Sêcca, onde este havia tomado sua data e habitava; e foram tão decididos e terminantes os resultados, por varias vezes, que o esbulhado Gonçalo Annes da Fonseca foi preso, recolhido no castello dos Moinhos, unica segura prisão da ilha, e nelle esteve recluso 8 annos... O mesmo procedimento praticou injusta e deshumanamente contra João Coelho, outro companheiro do capi-ão Bruges, que havendo tomado uma grande data de terras, em que se comprehendia o pico de D. Joanna, lh'a tomou depois de roteada, dispondo della á sua vontade. (Dizem que a doou a Guilherme Moniz, para casar com sua filha D. Joanna, donā o picou tomou o nome. — Note de Drummond). Para sustentar posses tão injustas, e litigios de tanta importancia, não haviam justiças na ilha que despachassem contra João Vas; tudo eram suspeições, tudo aggravos, não só em sua vida, senão ainda no tempo da viuva Maria d'Abarca, e filhos do doado Gaspar Corte-Real. »* DRUMMOND, *Annaes da Ilha Terceira,* tome I, page 70.

IV

Vasqueanes Corte-Real, troisième du nom et fils aîné de João Vaz, naquit avant l'année 1450[1], à Tavira ou à Lisbonne. Il succéda à son père, le 1er mars 1497, dans les capitaineries d'Angra et de Saint-Georges.

Les entreprises de Gaspar Corte-Real avaient été effectuées en partie à ses frais, mais aussi avec l'aide de ses deux frères. Lorsque Gaspar et Miguel eurent perdu la vie, Vasqueanes, faisant valoir non seulement les dépenses qu'il avait supportées, mais le fait que les dettes contractées dans le dernier voyage de découvertes étaient encore à sa charge, sollicita du roi que les priviléges octroyés à Gaspar, concernant les terres nouvelles, lui fussent transférés. Dom Manoel y consentit, et le 17 septembre 1506[2], des lettres-patentes furent entérinées à cet effet et reconfirmées le 17 septembre 1522[3].

Quand la femme de Vasqueanes, Joanna da Silva, mourut[4], Manoel, par une ordonnance datée du

1. Nous déduisons cette date du fait que son plus jeune frère, Gaspar, naquit, selon nos calculs, vers 1550, et qu'entre eux deux il y eut un autre frère, Miguel. *Infra,* chapitre III, paragraphe 1.

2. Appendices XXIII et XXXII.

3. Appendice XXIX.

4. Voir à la page suivante, la note 6.

9 septembre 1518, lui transféra la pension *(tença)*
dont elle avait joui de son vivant.

Intendant *(vedor)* du roi Manoel dès avant l'année
1501[1], alcade-major de Tavira, et résidant constamment
à Lisbonne où le retenait sa charge, Vasqueanes ne
vint jamais aux Açores, laissant à des conseillers *(ouvidores)*[2] ou à son plus jeune frère Gaspar[3], le soin
d'administrer ses capitaineries. Il fit une campagne en
Afrique et se distingua devant Tanger[4].

Damiam de Goes le qualifie « d'excellent gentilhomme et de bon chrétien, menant une vie exemplaire et faisant de grandes charités en secret. » C'est
lui qui, ne voyant pas ses deux frères revenir du
Nouveau-Monde, voulut aller les rejoindre.

Il mourut nonagénaire, au printemps de l'année
1538[5].

De son mariage (antérieur à l'année 1497[6]) avec
ladite Joanna da Silva, fille de Garcia de Mello, com-
mandeur de l'ordre du Christ et alcade-major de

1. « *Vasqueannes Corte-Real fidalgo de nossa casa e nosso veador.* » Appendice XVI.

2. DRUMMOND, *Annaes,* tome I, page 81.

3. Voir *infra,* chapitre III, paragraphe I.

4. ANTONIO DE LIMA, *Nobiliario,* Ms.

5. Les lettres-patentes transférant les capitaineries à son fils Manoel son
datées des 3 et 21 août 1538. Appendices XXXI et XXXII.

6. « *Elle era casado com Dona Joana da Sylva, filha de Garcia de Mello.* »
Lettre du roi Manoel, 5 avril 1497. Appendice XI. Joanna da Silva mouru
le 9 septembre 1518, et non, comme le rapporte Luis de Sousa, après le
10 septembre 1524, ainsi qu'il appert du transfert fait à son mari de la pension dont elle jouissait.

·Serpa[1], lui naquirent cinq fils : Manoel, qui suit,
Christovão[2], Miguel[3], Bernardo[4] et Jeronymo[5], et, ce
semble, trois filles : Maria, Felipa[6] et Mecia[7].

1. ANTONIO SOARES DE ALARCAO, *Relaciones Genealogicas*, Madrid, 1656,
page 56. Elle reçut le 10 septembre 1524 une pension de João III : « *Fez em
10 de setembro mercê a Dona Joanna da Silva, molher de Vasqueanes Corte-Real,
veador que foy de el Rei Dom Manoel, de duas mil coroas de tença, — vale cada
coroa 120 reis : saõ 240,000 reis.* » F. LUIS DE SOUSA, *Annaes de Elrei Dom
João III, publicados por A. Herculano*, Lisboa. 1844, in-8, page 114.

2. Christovão, qui semble avoir été l'aîné, mourut sans laisser de postérité.

3. Miguel se fit prêtre : « *Miguel que era clerigo e morreo mancebo.* » TA-
VARES.

4. Bernardo, alcade de Tavira (ANTONIO DE LIMA) et grand musicien :
« *grande musico e tangedor de viola, e de muito gentil voz* » (FRUCTUOSO, *Saudades*, lib. VI, cap. IX), épousa Maria de Menesses, fille de Manoel de Brito.
Tavares dit : « *de que tem filhos,* » mais il ne les nomme pas. Cordeyro lui
attribue seulement une fille, Joanna, qui épousa Martim Correa da Silva. Ce
point est important à établir, car, si après 1578 il y eut des Corte-Real pré-
tendant descendre par la ligne masculine et légitime, ils ne pouvaient provenir
que de ce Bernardo. Ce dernier, selon Antonio de Lima, aurait laissé deux
bâtards nommés Jeronymo et Christovão Corte-Real.

5. Jeronymo mourut sans laisser de postérité. C'est lui qui, par une
ordonnance de João III, du 17 octobre 1541 (*Reg. na Chanc. de D. João III,*
lib. XXXII, f. 69, verso, cité par M. le vicomte SANCHEZ DE BAENA, *Archivo
Heraldico*, tome I, page 265, n° 1050), fut autorisé à porter les armes des
Corte-Real.

6. Maria épousa Pedro d'Eça. Felipa mourut célibataire.

7. Dans l'arbre généalogique des Pessagno (L.T. BELGRANO, *Documenti
e genealogia dei Pessagno, genovesi; Atti della Societa Ligure di Storia Patria,*
Genova, 1881, in-8, tome XV, page 308), il est fait mention d'une « *Dona
Micia, filha de Vasco Earmes* (sic) *Corte-Real,* » qui épousa Alvaro, fils naturel
de Carlo Pessagno, amiral d'origine génoise au service du Portugal. C'est
probablement une troisième fille de Vasqueanes III, à moins que ce ne soit la
Mecia, fille, selon Antonio de Lima, de Vasqueannes, fils de Gil Vaz Corte-
Real   lisez da Costa).

V

Manoel, fils aîné de Vasqueanes Corte-Real, troisième du nom, succéda à son père le 3 août 1538[1] dans ses majorats et capitaineries des Açores, lesquels lui furent confirmés le 21 suivant et reconfirmés le 7 août 1576[2] et le 21 mars 1577[3].

Dès le 15 septembre 1524[4], il avait obtenu d'importants priviléges. Le 19 août 1529[5] et le 28 mars 1530, le roi lui transféra tous les biens de Pedro Goes da Silva, assassin de sa femme Eyria Corte-Real, fille de Jão Vaz et tante dudit Manoel.

Le 10 mars 1544[6], João III l'autorisa à porter les armes de son père, et, le 12 juillet 1574, la capitainerie de Terre-Neuve lui fut confirmée par le roi Sébastien[7], après y avoir envoyé une colonie en 1567.

1. Appendice XXXI.

2. Appendice XXXVI.

3. Lettres-patentes du 27 juin 1582, Appendice XXXVII.

4. *Confirmação da Saboaria preta e branca das ilhas Terceira.* F. Luis de Souza, *Annaes de D. João III*, publiées par A. Herculano, Lisboa, 1844, in-8, page 114.

5. « *Em 2 d'abril [1527] carta a Manoel Corte-Real de toda a fazenda que foy de Pero de Goes da ilha de Terceyra, que perdeo por matar sua mulher mal e como não devia.* » Luis de Sousa, *loc. cit.*, page 108.

6. Appendice XXXIII.

7. Relevé par le Dr. Teixeira Soares sur le livre III, feuillets 139-141, des *Confirmações Geraes*; Ms. de la Torre do Tombo.

De son mariage avec Brites, fille de Inigo Lopez de Mendoça, gentilhomme espagnol de Valladolid, et veuve en premières noces de Manoel de Lima[1], lui naquirent trois fils : Vasqueanes, qui suit, João Vaz[2], second du nom, Jeronymo[3] et une fille[4].

1. Elle survécut à Manoel, et épousa, en troisièmes noces, Francisco de Faro. CORDEYRO, *Historia Insulana*, page 313.

2. Ce João Vaz mourut célibataire.

3. COSTA E SILVA relate, dans son *Ensaio Biographico Critico*, tome IV, page 6, que le fameux poète Jeronymo Corte-Real était ce même Jeronymo II fils de Manoel, mais sans citer ses autorités. Notons, à l'encontre du bibliographe portugais, que Jeronymo, le poète, épousa certainement Luiza de Vasconcellos, c'est-à-dire Luiza de Vasconcellos ou da Silva, fille de Jorge de Vasconcellos, dont il eut une fille, femme d'Antonio de Souza, qui publia les poèmes de son beau-père. C'est de Souza qui l'affirme dans l'introduction de son édition du *Naufragio de Sepulveda*. Antonio de Lima donne, il est vrai, à Jeronymo, fils de Manoel, une épouse nommée Luiza da Silva, mais dont il n'aurait pas eu d'enfants. Enfin le continuateur de Tavares dit, en parlant de Jeronymo, fils de Manoel, qu'il mourut célibataire. Antonio de Lima, cependant, attribue à Jeronymo, le poète, des filles bâtardes. Ce serait alors l'une d'elles qui aurait épousé Antonio de Souza.

4. « *João Nunez da Cunha caso con.,... filha de Manoel Çorte-Real.* » TAVARES, *loc. cit.* page 113, recto.

VI

João Vaz et Jeronymo Corte-Real étant morts sans laisser de postérité, Vasqueanes, quatrième du nom, leur frère cadet, ce semble, succéda à Manoel dans ses capitaineries d'Angra et de Saint-Georges après le 21 mai 1577[1]. Elles lui furent confirmées le 28 novembre 1578. Le 26 mai 1579[2], le roi Henrique lui confirma la capitainerie de Terre-Neuve.

Il mourut en novembre 1581[3].

De son mariage avec Catharina da Silva, fille de João Mascarhenas, lui naquirent un fils, Manoel, qui périt à la bataille de Kasr-el-Kébir[4], aux côtés du roi Sébastien, le 5 août 1578, sans laisser de postérité, et deux filles : Margarida, qui suit, et Brites[5].

Hakluyt relate[6] qu'en 1574, « *Anus* (sic) *Cortereal captayne of the yle of Tercera,* » envoya à la côte américaine un navire à la recherche du passage du Nord-Ouest, qu'il aurait découvert.

1. A cette date, son père vivait encore. Appendice XXXVI.

2. Lib. III des *Confirmações Geraes,* feuillet 277.

3. Ant. Caetano de Souza, *Historia genealogica da Casa Real Portugueza,* Lisboa, 1735-49, pet. in-fol., tome XII, page 381.

4. « *Manoel Corte-Real que moreo na batalha.* » Lettres-patentes du 27 juin 1582. Appendice XXXVII.

5. On a des lettres-patentes du 24 mars 1589, par lesquelles Philippe II octroie à l'amiral João d'Azevedo deux commanderies pour qu'il épouse Brites, fille de Vasqueanes et de Catharina da Siva. José Justino d'Andrade e Silva, *Collec. de Legislação,* tome I, page 173.

6. *Divers Voyages,* page 7 de la réimpression; London, 1850, in-8.

VII

CHRISTOVÃO, Miguel, Bernardo et Jeronymo, fils de Vasqueanes Corte-Real troisième du nom, oncles du Vasqueanes précité et grands-oncles de Manoel tué à Kasr-el-Kébir, étant décédés sans laisser d'héritiers mâles, avec ce dernier s'éteignit la lignée masculine des Corte-Real.

Les capitaineries d'Angra et de Saint-Georges passèrent alors à une femme, Margarida, fille de Vasqueanes Corte-Real, quatrième du nom, et sœur dudit Manoel[1].

Margarida Corte-Real épousa Christovão de Moura, fameux renégat portugais[2] qui, en secondant les intrigues de Philippe II, fut la cause principale de l'annexion du Portugal à l'Espagne en 1580.

Le 24 août 1579, Moura fut autorisé à porter le

---

1. « *Mas como esta capitania estava jà dada de juro, e herdade, e tirada da ley mental, e confirmada por El Rey D. Sebastião no livro do tombo da Camera de Angra, fol. 308 e 419, por isso ficou esta capitania a Dona Margarida Corte-Real, irmãa do dito ultimo Manoel de Corte-Real.* » CORDEYRO, *Historia Insulana*, page 252.

2. « Moura était arrivé à Madrid comme page de la reine Juana, sœur de Philippe II ; il s'était élevé dans la faveur du roi (d'Espagne) par toutes les ressources de l'art du courtisan.... Il allait parvenir, bien qu'étranger, de simple page aux plus hautes dignités du royaume. » H. FORNERON, *Histoire de Philippe II*, Paris, 1882, in-8, tome III, pages 90 et 104.

nom de Corte-Real[1], et le 27 juin 1582[2], le roi d'Espagne le récompensa de sa trahison en lui concédant les capitaineries dont sa femme était titulaire. Terceire, dont elle n'avait que la moitié, devint même un seul apanage[3]. En 1594, Moura fut créé marquis de Castel-Rodrigo. Quant à Margarida, elle mourut le 25 juin 1610, laissant un fils et trois filles, postérité dont nous n'avons pas à nous occuper[4].

Dans l'état actuel de la question, et seulement à titre provisoire[5], la généalogie des Corte-Real, dans la ligne masculine et directe, peut donc se résumer de la manière indiquée dans le tableau qui suit.

1. Appendice XXXVII.

2. *Ibidem.*

3. Le 14 août 1582, Moura avait été déjà investi de la capitainerie de Praia. *Archivo dos Açores*, tome IV, N° 20, page 168.

4. Pour cette postérité, voir l'arbre généalogique gravé par Antonius Vassal, à Bruxelles, et placé en tête du Ms. de la Bibliot. nation. de Paris, Cabinet des Titres, N° 850, et le *Nobiliario de D. Pedro, Conde de Bracelos*, Roma, 1640, in-fol., page 335, note E. Si les Moura descendants directs de Margarida succédèrent dans les titres des Corte-Real, les revenus des majorats de ces derniers furent transférés à Luiz, comte de Vimioso, par ordonnance royale du 8 août 1651, parce que son oncle, Manoel de Moura, suivit le parti espagnol contre le Portugal. *Registro de la Camara de Praia*, Ms., feuillet 212.

5. Nos doutes proviennent surtout du fait qu'en Portugal on choisissait autrefois pour nom de famille le plus illustre. Il se peut donc que des descendants de Gil Vaz da Costa, dont plusieurs s'appelaient Vasqueanes, aient pris le nom de Corte-Real. C'est aux érudits portugais, plus rapprochés des sources, que nous laissons le soin de séparer le bon grain de l'ivraie.

Généalogie, dans la ligne masculine, de la famille de Corte-Real.

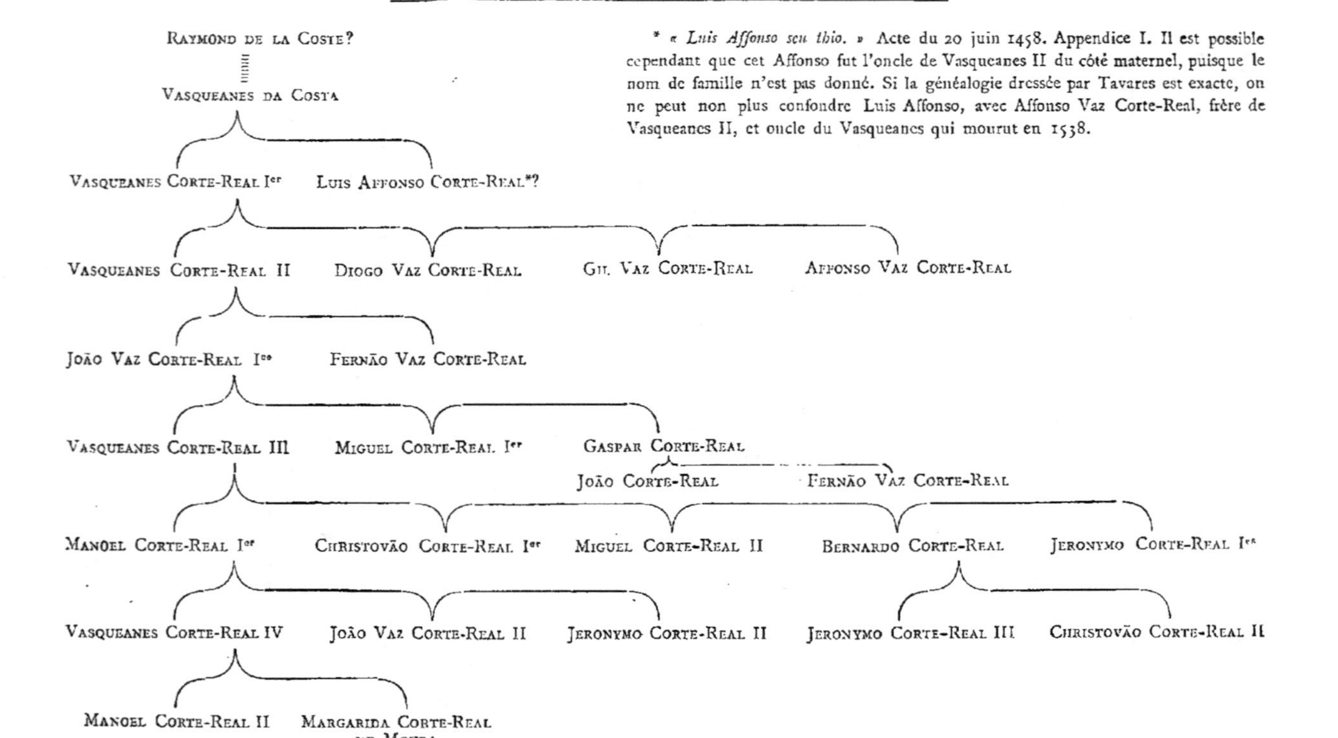

* « *Luis Affonso seu thio.* » Acte du 20 juin 1458. Appendice I. Il est possible cependant que cet Affonso fut l'oncle de Vasqueanes II du côté maternel, puisque le nom de famille n'est pas donné. Si la généalogie dressée par Tavares est exacte, on ne peut non plus confondre Luis Affonso, avec Affonso Vaz Corte-Real, frère de Vasqueanes II, et oncle du Vasqueanes qui mourut en 1538.

CHAPITRE II

VOYAGES DE JOÃO VAZ CORTE-REAL

L est avéré que, dès avant l'année 1474, les Portugais méditaient d'atteindre par mer les côtes occidentales de la Chine et du Japon. Dans une lettre bien connue qu'adressa Paolo Toscanelli au chanoine Fernam Martins, à Lisbonne, le 25 juin 1474, le célèbre astronome florentin s'exprime en ces termes : « J'ai appris avec plaisir que vous étiez en des termes d'intimité avec votre généreux et très magnifique souverain [Affonso V]. Je vous ai déjà parlé d'une route maritime pour aller au pays des aromates, plus courte que celle que vous suivez par la Guinée. C'est pour cela que le roi sérénissime me demande aujourd'hui des éclaircissements sur ce sujet, ou, plutôt, des explications suffisamment claires pour que des hommes, même médiocrement savants, puissent comprendre l'existence de cette route[1]. » Suivent alors des considérations cosmographiques que Toscanelli transmit à Christophe Colomb sur la demande de ce dernier, dix-huit ans avant son voyage mémorable, et qui sont les raisons mêmes[2] que le célèbre navigateur génois invoqua en 1492 pour décider les Rois-Catholiques à le seconder dans ses efforts.

Des historiens portugais affirment que ces idées ne restèrent pas à l'état de projets, et que des navigateurs de leur nation, notamment João Vaz Corte-Real, père de Gaspar, tenta l'aventure bien avant Christophe Colomb, en 1464.

1. « *De tua valitudine, de gracia et familiaritate cum rege vestro generosissimo et magnificentissimo principe iocundum mibi fuit intelligere. Cum tecum allias loculus sum de breviori via ad loca aromatum per maritimam navigacionem quam sit ea quam facilis per Guineam, querit nunc Serenissimus rex a me quandam declaracionem ymo potius ad occulum ostensionem ut etiam mediocriter doti illam viam caperent et intelligerent.* » *Copia misa xpofaro colonbo per paulum fixicum, cum vna carta nauigacionis.* D'après la copie faite par Christophe Colomb lui-même, et publiée dans notre *Bibliotheca Americana Vetustissima, Additions,* pages 16-18.

— « *Ego autem quamvis cognoscam posse hoc ostendi per formam spericam ut est mundus... non mir'n.in si voco occidentales partes ubi sunt aromata cum communiter dicantur orientales, quia navigantibus ad occidentem semper ille partes inveniuntur per subterraneas navigaciones.... itaque per ygnota itinera non magna maris spac'a transeundum.* » *Ibidem.*

2. « *Ostendens omnino necessarium, si quis, Æthiopum Meridionalibus littoribus relictis, in pelagus ad manum dexteram Occidentem versus cursum dirigeret, ut is procul dubio continentem terram aliquando obviam esset habiturus. Qua persuasione Christophorus inductus, in aula Regum Castellæ sese insinuans, viros doctos alloquitur...* » BART. SENAREGA, *De Rebus Genuensis Comment.,* dans MURATORI, *Rerum Italic. Scriptores,* tome XXIV, col. 535. Emprunté à ANTONIO GALLO, *De Navigatione Columbi,* MURATORI, *loc. cit.,* tome XXIII, col. 301.

— « *Entendia que aquel dicho espacio que habia entre el fin oriental, cali*

Ce que nous savons des explorations maritimes des Portugais sous les règnes de Duarte et d'Affonso V[1], les efforts du prince Henri, la donation faite le 21 juin 1473 à Ruy Gonçalves da Camara[2], les lettres-patentes octroyées à Fernam Tellez le 28 janvier 1474[3], la lettre de Toscanelli précitée, témoignent assez de l'esprit d'entreprise des marins de cette nation pour que la tentative attribuée à João Vaz Corte-Real ne paraisse pas improbable.

A l'appui de cette thèse, on invoque surtout un passage de l'*Historia Insulana* du P. Cordeyro, lequel n'écrivit son ouvrage qu'au commencement du XVIIIe siècle. Selon cet écrivain, João Vaz Corte-Real et Alvaro Martins Homem, arrivant du pays des morues *(baccalos)*, que par l'ordre du roi de Portugal

por *Marino* [Marin de Tyr], *y las dichas islas de Cabo-Verde, no podia ser más que la tercera parte del circulo mayor de la esfera...* » Las Casas, *Historia de las Indias*, lib. I, cap. v; emprunté au prototype des *Historie*.

— « *La primera tierra que se habia de topar habia de ser la tierra del Gran Khan; lo cual creyó ser ansí Cristobal Colon.* » *Ibidem*, cap. xii.

— « *Plinio escribe que la mar é la tierra hace todo una esfera,... El Aristotel dice que este mundo es pequeño y es el agua muy poca.* » Colomb, Relation du troisième voyage, dans Navarrete, *Coleccion*, tome I, page 260.

1. Gil Anes, Diniz Dias, Antam Gonsalves, João de Santarem et Pedro de Escobar, Antonioto Usidomare et Antonio Nolli, l'œuvre des Pessagno, etc. Pour cette famille d'amiraux génois au service du Portugal depuis le 24 juillet 1332, consulter L. T. Belgrano, *Documenti e genealogia dei Pessagno, genovesi*, dans les *Atti della Società Ligure di Storia Patria; Genova*, in-8, tome XV, 1883, pages 243-310.

2. Torre do Tombo, Mss., *Livro das Ilhas*, fol. 1, verso.

3. *Donacion a Fernam Tellez de las Foreiras i mas islas que descubriese, ó hiciese descubrir*, 28 janvier 1474 et 10 novembre 1475. F. A. de Varnhagen, *La Verdadera Guanahani de Colon*, Santiago, 1864, in-8, pages 110-114.

ils étaient allés découvrir[1], débarquèrent à Terceire. Trouvant que par suite de la mort de Jacome de Bruges[2], capitaine-donataire depuis le 21 mars 1450, la capitainerie de cette île était vacante, ils la sollicitèrent de dona Brites, veuve de Fernão, duc de Viseu, et tutrice de son fils[3]. Cette princesse ayant divisé Terceire en deux capitaineries, elle octroya l'une, la capitainerie d'Angra, à Corte-Real, l'autre, celle de Praia, à Homem. Ceci se serait passé en l'année 1464[4].

Notons tout d'abord que ce récit est emprunté au chapitre ix du livre VI (inédit) des *Saudades da Terra*, du docteur Gaspar Fructuoso; avec cette différence que ce dernier ne parle pas de Homem comme découvreur du pays des morues[5]. Il importe aussi de

---

1. « *Que vinho da terra do Bacalhao que por mandado del rey de Portugal tinham ido descubrir.* » *Historia Insulana*, pages 250 et 311.

2. « *Jacome de Bruges se finara da vida deste mundo podio aver oito anno pouco mais ou menos,* » dit Diogo, duc de Viseu, le 17 mars 1483. *Archivo dos Açores*, tome I, n° 1, page 29. Jacomo de Bruges serait donc décédé vers 1475. Le fait est qu'il disparut à cette époque sans qu'on entendît plus jamais parler de lui. Des écrivains disent qu'il fut assassiné par Diogo de Teive : « *Diogo de Teive depois da imputação de que assassinara Jacome de Bruges... »* *Archivo dos Açores*, tome IV, page 221.

3. Diogo, lequel, comme héritier de son père, grand-maître de l'ordre du Christ, possédait le droit de juridiction temporelle et spirituelle sur les îles Açores.

4. « *Mil et quatrocentos et sessenta et quatro.* » Cordeyro répète cette date erronée dans son texte de la *Carta de doação.* Voir *infra*, Appendice III.

5. « *E vindo João Vaz Corte-Real do descobrimento da Terra Nova dos Bacalhaus, que por mandado de elrei, foi fazer, lhe foi dada a capitania d'Angra da ilha Terceira.* » Appendice XXXVIII.

rappeler que la *Carta de Doação* partageant la capitainerie entre Corte-Real et Homem ne peut être de l'année 1464, puisque dans cet acte dona Brites est qualifiée de veuve de l'infant dom Fernão, lequel ne fut poignardé par João II que le 18 septembre 1470.

Il faut donc remonter à Fructuoso pour trouver l'origine de ce dire, mais le critique reste encore assez éloigné de l'événement, puisque ce chroniqueur n'écrivit son histoire qu'en 1590[1], c'est-à-dire plus de cent vingt ans après le voyage en question. Ajoutons que le docteur Fructuoso, écrivain aussi prolixe que dépourvu de critique, nous le verrons bientôt, n'était pas supérieur aux chroniqueurs de son temps. Aussi ne doit-on accueillir ses propos qu'avec une extrême circonspection.

Aux termes du récit de l'historien açoréen, Corte-Real « arrivait de la découverte de la Terre-Neuve des Baccalos. » Sa tentative avait donc été couronnée de succès, et, conséquemment, dès 1474, voire même dès 1464, les Portugais auraient découvert le continent de l'Amérique septentrionale. Il est extraordinaire qu'un fait aussi important ne se trouve mentionné ni dans Garcia de Resende, ni dans Antonio Galvam, ni dans Damiam de Goës, et qu'aucune des chroniques portugaises du XVI⁵ siècle qui parlent, non

---

1. « *Será nesta era 1590,* » dit-il au chapitre XXVIII, page 159 de l'édition des *Saudades* donnée par M. ALVARO RODRIGUEZ DE AZEVEDO. Funchal, 1873, in-4.

seulement de Gaspar Corte-Real, mais de Christophe Colomb et d'Améric Vespuce, voire de João Vaz Corte-Real[1], n'aient pas revendiqué pour ce dernier la gloire d'avoir été le premier à fouler le sol du Nouveau-Monde.

Est-ce donc que cette source d'informations ne se trouvait qu'aux Açores? L'hypothèse n'est guère admissible, car, selon ce récit, à peine João Vaz venait-il de débarquer à Terceire qu'il se hâta de se rendre à Evora pour solliciter la capitainerie devenue vacante par la mort de Jacome de Bruges. N'est-il pas dans la nature des choses que le premier argument mis en avant pour l'obtenir aurait été justement la grande découverte qu'il venait d'accomplir, et alors, comment supposer qu'aucune trace n'en soit restée dans les Archives du Portugal?

Pense-t-on aussi que le Portugal n'eût jamais exercé de revendications de ce chef, et que João II aurait accepté la ligne de démarcation fixée par la bulle d'Alexandre VI du 4 mai 1493, à « cent lieues à l'ouest de l'archipel des Açores et du Cap-Vert, » quand cette terre des Baccalaos est située, même sur les cartes portugaises les plus anciennes, par au moins 43° de longitude[2]?

Rappelons enfin qu'on possède encore un globe terrestre construit à la demande des autorités muni-

---

1. Lorsqu'ils rappellent que João était le père de Gaspar. DAMIAM DE GOES. Appendice XXXV.

2. En réalité, le point de Terre-Neuve le plus rapproché de l'Europe (la pointe est du cap Saint-Jean) est par 54° 52'.

cipales de Nuremberg, en 1492, sous les yeux de
Martin Behaim et suivant ses indications[1]. Sur le vélin
dont ce globe est recouvert, les possessions des Portugais et leurs découvertes maritimes sont nettement
tracées. C'est ainsi qu'on lit dans les parages des îles
africaines : « Ces îles furent découvertes par les navires qu'envoya le roi de Portugal, l'an 1484[2]; » et
sur le cap de Bonne-Espérance : « Ici l'on érigea les
colonnes du roi de Portugal, le 18 janvier 1485[3]. »
Ces légendes, il est vrai, ne concernent que le sud,
mais le savant cosmographe connaissait aussi bien les
régions septentrionales; il note même la morue ou
stokfish, et paraît en limiter la provenance à l'Islande.
Il indique également des terres au nord, mais elles
sont anonymes et ne portent ni pavillon portugais ni
légendes rappelant, comme dans les autres parties de
son globe, les découvertes accomplies par les marins
du Portugal. Ces délinéations septentrionales sont, il
est vrai, purement imaginaires, mais elles prouvent
que l'attention de Behaim avait été portée de ce côté,
et qu'il a inscrit tout ce qu'on savait dans son pays
d'adoption, à l'époque où son globe a été construit,
des régions de l'ouest et du nord-ouest.

Behaim, nous l'avons vu, était le beau-frère du

---

1. E.-W. Ghillany, *Geschichte des Seefahrers Ritter Martin Behaim,*
Nürnberg, 1855, in-4.

2. « *Diese Inseln wurden gefunden mit den schiffen die der Konig aus portugal ausgeschickt zu disen porten des Mohrenlandes a 1484.* »

3. « *Hie wurden gesetzt die saülen des Konigs von portugal año domini
1485, d. 18 jan.* »

gendre de João Vaz Corte-Real[1]. Il vécut aux Açores, à Fayal, de 1486 à 1490, et João Vaz Corte-Real lui-même passa dans une île de cet archipel très rapprochée de Fayal, à Terceire, les dernières années de sa vie[2]. Ils ont dû se rencontrer. La Cosmographie était .a science spéciale de Behaim, et les découvertes maritimes, à l'époque surtout des grandes explorations accomplies par les deux Dias, devaient être l'objet principal de ses méditations.

Peut-on supposer qu'il n'en parla jamais avec João Vaz Corte-Real? Comment se fait-il, cependant, que lui aussi ignore la découverte de la terre des Baccalaos, et qu'il omette de mentionner un voyage datant

1. « *Ritter h. Jobsten v hürter... meinen hern Schwer,* » dit Behaim dans l'inscription ajoutée sur son globe aux îles Açores. Or ce Jobst était le père de Jobst II, qui épousa Izabel Corte-Real. Voir la liste des capitaines-donataires de ¡Fayal et Pico de 1466 à 1680, *Archivo dos Açores,* tome I, nᵒ 2, page 154.

2. Lorsqu'à la veille de quitter le Brabant pour retourner en Portugal, Behaim écrit à son cousin, le 11 mars 1494, il lui dit que ses lettres devront être adressées : » *Dño Martino Boheïmo Militi in Vlisbona alemano regni portogalie, genero capitanij Insularum azores faial et pico et Insularum flemengorum ubi ubi sit,* » et que le facteur du roi de Portugal à Anvers !es lui fera parvenir. Mais avant cette date de 1486, époque de son mariage avec Joanna de Macedo, fille de Jobst de Hürter, jusqu'à son départ pour Nuremberg en 1490-1491, Behaim avait vécu auprès de ce dernier, à Fayal. Effectivement on a une seconde lettre dans laquelle Behaim relate qu'il est arrivé chez son beau-père, et prie qu'on lui écrive à Gênes, d'où la lettre ira à Lisbonne, de là à Madère et ensuite aux Açores : « *Sag Ulrich Fetterer, ich bit in das er mir schreib gen Jenua von da wirt man mir gen Ulixbona di briff in die illha de madera wol bestellen vnd also forti in di illhas dos Azores.* » GHILLANY, *loc. cit.,* pages 106 et 107.

au moins de l'année 1474, dont l'honneur rejaillissait sur une famille à laquelle il était allié?

Certains écrivains cherchent à tourner la difficulté que ces raisons soulèvent, en n'interprétant plus les assertions de Fructuoso et de Cordeyro dans un sens aussi absolu. Ils cessent maintenant d'y voir le fait d'une découverte accomplie. A leurs yeux, ce n'est maintenant qu'un simple effort, non suivi de résultats. Ici encore, la critique doit faire ses réserves.

Nous avons la *Carta de Doação* par laquelle le roi Manoel, au 12 mai 1500, en concédant à Gaspar Corte-Real les terres que ce hardi navigateur pourrait découvrir dans le voyage qu'il est à la veille d'entreprendre, rappelle ses premières tentatives. Pourquoi le roi ne parle-t-il pas aussi à cette occasion, selon l'usage, des efforts que João Vaz, son père, aurait dirigés dans ce but? Nous doutons que Gaspar Corte-Corte-Real eût hésité à s'en targuer, et que le roi Manoel eût manqué de les rappeler, si un fait si méritoire avait jamais été porté à leur connaissance.

On cite alors les termes de la concession de la capitainerie : « Et moi, dit dona Brites, considérant d'autre part les services que João Vaz Corte-Real a rendus à feu mon mari, à moi-même et à mon fils,.... en récompense desdits services je lui octroie la capitainerie d'Angra[1]. »

1. *E considerando eu d'outra parte os serviços que João Vaz Corte-Real, fidalgo da casa do dito Senhor meu filho, tem feito ao infante meu Senhor seu padre que Deus haja, e depois a mim, e a elle... em galardão dos ditos serviços lhe fiz mercê....* » Appendice III.

Ces services signalés, nous les connaissons. Ce n'est pas en allant à la recherche de terres nouvelles et en revenant sans avoir atterri, que João Vaz a bien mérité de la veuve et du fils de son ancien maître. Ce n'est guére non plus une tentative avortée que dona Brites a voulu récompenser. Ce qu'elle rappelle en une formule d'ailleurs banale et de chancellerie, ce sont les services rendus à toute sa famille par João Vaz Corte-Real, alors qu'il était *Porteiro Mór* de Fernando, duc de Viseu, son époux.

Fructuoso reconnaît à João Vaz bien d'autres mérites. Selon lui, le capitaine-donataire d'Angra, chevalier intrépide, n'accepta jamais un combat, sur terre ou sur mer, sans en sortir vainqueur[1]. Qui ne voit dans ce langage pompeux un écho des hauts faits que la tradition attribuait à Vasqueanes Corte-Real, premier du nom, lequel Fructuoso confond avec son fils, João Vaz? Cette confusion devient tout à fait apparente lorsqu'on voit le crédule chroniqueur clore le panégyrique de ce dernier en rappelant que, pour le récompenser d'avoir jeté un si grand lustre sur son règne, le roi donna à João Vaz le nom de Corte-Real[2]. Fructuoso semble, il est vrai, douter de cette étymologie, mais c'est pour en suggérer une autre qui rend plus évidents encore son manque de critique et l'er-

---

1. « *Nunca deu batalha, no mar nem na terra, que nao vencesse.* » Appendice XXXVIII.

2. « *Que por dar muito lustre a corte de elrei de Portugal, dizem alguns que he poz elrei este nome, Corte-Real, dizendo que sua corte era real quando ella estava nella.* » *Ibidem.*

reur qu'il a commise. « On doit tenir pour plus certain, lit-on dans ses *Saudades*, que le nom de Corte-Real provient de ce que, du temps de João Ier, deux chevaliers allemands très valeureux et renommés vinrent jeter le gant aux courtisans du roi de Portugal. João Vaz le releva et vainquit les deux champions. Le monarque alors s'écria : «Comme tu as illustré à un si haut degré la cour de Portugal, tu porteras dorénavant le surnom de *Cour-Royale*. »

Que ce soit pour avoir jeté un si grand lustre sur le règne du roi de Portugal par ses libéralités, ou bien pour avoir vaincu deux chevaliers allemands, qu'on donna le surnom de Corte-Real à un da Costa, toujours est-il que, selon Fructuoso, ce da Costa était João Vaz, tandis qu'en réalité ce fut le père, voire le grand-père de ce dernier, qui reçut cette distinction.

Sur la foi d'autrui, mais sans y contredire, le Dr. Fructuoso rapporte encore que João Vaz Corte-Real découvrit non seulement le Brésil, mais aussi les îles de Terceire, de Saint-Georges et du Cap-Vert [1]. Ainsi, l'historien des Açores confond Corte-Real avec Cabral, sans se douter que lorsque ce dernier, le 24 avril de l'an 1500, par un heureux hasard, vint atterrir au Brésil (déjà découvert, d'ailleurs, le 26 janvier précédent par Vicente Yañez Pinzon), João Vaz Corte-Real était mort depuis quatre années.

---

1. « *E alguns querem dizer que descobrio a mesma ilha Terceira e alguma partes do ponente, e do Brazil, Cabo Verde, aonde foi o primeiro, que houve vista da ilha do Fogo.* » *Ibidem.*

Quant aux îles de Terceire et de Saint-Georges, si le Dr. Fructuoso pouvait ignorer que tous les anciens portulans, depuis celui de la collection des Médicis, dressé en 1351, jusqu'aux cartes catalanes des premières années du xvᵉ siècle, exposent l'archipel presque entier des Açores, y compris ces deux îles, il eût dû se rappeler maints passages de ses *Saudades,* où il attribue la découverte de Terceire et de Saint-Georges à tout autre qu'à João Vaz Corte-Real.

Gaspar Fructuoso est donc un écrivain complétement dépourvu d'esprit critique, et lorsqu'on se rappelle que c'est lui le premier, le seul, qui attribue à João Vaz Corte-Real la découverte de la terre des Baccalaos, on ne saurait ajouter qu'une foi médiocre à son récit. Nous devons aussi reconnaître qu'on ne peut tirer des documents produits jusqu'ici, non seulement la preuve que João Vaz Corte-Real a découvert l'île de Terre-Neuve, mais même qu'il entreprit jamais aucune expédition dans la direction du Nouveau-Monde.

CHAPITRE III

GASPAR CORTE-REAL

———

I

ASPAR Corte-Real était le plus jeune des trois fils issus du mariage de João Vaz Corte-Real avec Maria Abarca. Son père, titulaire de charges qui le retenaient à la cour, n'ayant obtenu la capitainerie d'Angra, dans l'île de Terceire, que le 14 avril 1474, époque à laquelle Gaspar était certainement déjà né, ce dernier a dû naître dans la péninsule, à Tavira ou à Lisbonne. En quelle année?

Nous voyons qu'au mois de juin 1480, João Vaz lui concéda des terres considérables situées dans l'île de Terceire[1]. Cette donation paraît impliquer que Gaspar était alors majeur de vingt-cinq ans, ce qui

———

1. Ce sont les terres que Diogo de Teive, au nom de Jacome de Bruges, avait concédées à João Leonardes, cinq ans auparavant. Appendice XXII, et *infra*, page 38.

reporterait sa naissance avant le 5 juin 1455. João Vaz, seigneur absolu, exerçant le pouvoir dans une colonie lointaine, a pu cependant, comme beaucoup de grands dignitaires en Portugal, au xv⁰ siècle, violer la loi et concéder des terres à son fils mineur; mais les circonstances suivantes démontrent qu'en effet, Gaspar avait alors atteint sa majorité. La concession fut confirmée par l'infante dona Brites, mère et tutrice du duc Diogo, seigneur suzerain[1]. Ensuite, dans un procès intenté par des ayants droit au sujet de cette donation même[2], on remarque que les contestants, au cours de leur instance, relevèrent plusieurs vices rédhibitoires dont l'acte de concession en faveur de Gaspar était entaché. Or, parmi ces causes de nullité, l'incapacité pour raison de minorité n'est pas invoquée, ce qu'on n'eût pas manqué de faire si, en 1480, Gaspar Corte-Real avait été âgé de moins de vingt-cinq ans. Nous voyons aussi qu'un fils illégitime de ce dernier, Fernão Vaz, vint au monde en 1475[3]. Dans l'ordre régulier des choses, cette dernière date recule au delà de 1455 l'année de la naissance de Gaspar, puisqu'en 1475 il n'aurait eu que vingt ans.

---

1. « *João Vaz as deu [a] seu filho Gaspar Corte-Real allegando que a data fóra confirmada pela Senhora Infanta.* » Appendice XXII.

2. Les pièces de ce procès constituent notre Appendice XXII.

3. Selon Diogo das Chagas, qui paraît avoir compulsé toutes les pièces du procès Leonardes, les ayants droit interjetèrent, le 20 juin 1503, un nouvel appel devant Affonso de Mattos, corrégidor de l'île de Terceire, alléguant qu'on eût dû assigner en personne Fernão Vaz, fils de Gaspar, attendu qu'il était alors âgé de vingt-huit ans : « *por sér jà em edade de 28 annos.* » DRUMMOND, *Annaes da Ilha Terceira*, tome I, page 29.

D'autre part, nous ne devons pas oublier que Vas-queanes, l'aîné de ses frères, ne mourut qu'en 1538, tandis que sa mère, Maria Abarca, vivait encore au 20 février 1510, voire en 1514, dates qui ne permettent pas au critique de reporter avant le milieu du xv⁰ siècle l'époque approximative de la naissance du grand navigateur portugais.

Nous inclinons donc à croire que Gaspar Corte-Real naquit vers 1450.

On ne sait rien de sa jeunesse. Selon Damiam de Goes, il aurait été au service du roi Manoel, alors encore que duc de Beja. Cadet de famille, n'ayant d'autre titre que celui de gentilhomme, tandis que ses frères occupaient des emplois considérables à la cour, nous présumons que Gaspar alla s'établir de bonne heure à l'île de Terceire. Selon notre hypothèse, sa majorité suivit de très près la nomination de son père au poste de capitaine-donataire d'Angra. Grand accapareur de terres[1], hardi et sans scrupules, ce dernier dut se constituer promptement un domaine considérable aux Açores, et on s'explique qu'il ait songé à le faire gérer par le plus jeune de ses fils. Gaspar, d'ailleurs, ne tarda pas à devenir lui-même propriétaire dans cette partie de l'île que son frère gouvernait, sinon en personne, au moins par des mandataires. Voici à quelle occasion.

Les capitaines-donataires avaient le droit de concéder des terres incultes pendant un certain nombre

---

1. *Supra,* chapitre i, page 13, note 5, et Appendice XXII.

d'années. Diogo de Teive, en sa qualité de lieutenant de Jacome de Bruges, capitaine-donataire de l'île de Terceire avant sa division en deux gouvernements, avait concédé à un nommé João Leonardes de ces « *Terras de Sesmaria*,[1] » le 18 août 1475[1], à la condition de les défricher dans une période de cinq ans. Avant que ce délai ne fût expiré, au mois de juin 1480, João Vaz Corte-Real, abusant de son autorité, s'empara des terres concédées à Leonardes, et au mépris de la loi qui n'autorisait les concessions perpétuelles que par actes notariés, de son chef il octroya ce domaine, absolument, à son fils Gaspar[2].

Gaspar jouit de ces terres sa vie durant, car c'est seulement en 1503 qu'un arrêt de la haute cour en déposséda sa succession[3].

Le 3 janvier 1488, conjointement avec l'*almoxerife* Fernão Vaz, qui était peut-être son oncle, il concéda[4] à un nommé João Pacheco, habitant d'Angra, des terrains situés dans la capitainerie de ce nom. Le

1. Dans une *Carta de Doação* du 28 janvier 1475 (selon un ancien texte copié par Teixeira Soares, et 1474, d'après le livre XIV, feuillet 147, de la chancellerie de D. João III), Diogo de Teive est cependant mentionné comme étant déjà décédé : « *João de Teive, e que ficaram por morte do dito seu pae.* » *Archivo dos Açores,* tome I, page 24.

2. Appendice XXII. « *Dividia esta herdade a canada* da Ponta *que começa nas faldas do pico* da Vigia, *e a estrada que vae à bahia da Salga. Comprehende esta grande data o melhor e mais pingue terreno, que pertence a dita villa de* S. Sebastião. » DRUMMOND, *Annaes,* tome I, page 63, note 10.

3. Le procès, néanmoins, ne fut terminé que le 28 janvier 1514. *Ibidem* page 94.

4. Appendice V.

10 janvier 1497, l'un et l'autre concédèrent à João Vieira, familier ou serviteur de Miguel Corte-Real, d'autres terres sises aussi dans cette partie de Terceire[1].

Nous remarquons que Gaspar est qualifié dans les actes de « *capitão,* » ce qui, au premier abord, semble signifier qu'il possédait, dès 1488, le titre de capitaine. Cette appellation est trop brève pour permettre au critique de l'accepter textuellement. Le fait que Fernão Vaz figure également dans le document, avec la qualification d'*almoxerife*, c'est-à-dire d'administrateur des domaines, nous porte à croire au contraire qu'il ne s'agit pas ici de biens particuliers, mais d'une concession de terres relevant de la couronne. Il y aurait alors un lapsus dans le texte, et c'est « *em nome do capitão* » qu'il faudrait lire.

Ce que le critique doit donc retenir de ces actes, c'est qu'en 1497 Gaspar Corte-Real était établi à Angra, et qu'il administra cette capitainerie en qualité de lieutenant de son père, puis de son frère Vasqueanes, comme Diogo de Teive avait gouverné l'île entière pour Jacome de Bruges.

1. Appendice IX.

II

C'était l'époque où l'esprit d'entreprise des marins portugais se préparait à prendre son plus grand essor.

Les efforts du prince Henry de Portugal[1] avaient produit des résultats inespérés, et, encouragés par les découvertes de João de Santarem et de Pedro de Escobar, qui devaient bientôt aboutir à celles de Diogo Cam, des frères Diaz et de Vasco de Gama, les Portugais méditaient, vingt ans au moins avant le célèbre voyage de Christophe Colomb, de franchir l'Océan Atlantique dans la direction de l'ouest. La correspondance échangée par l'ordre d'Affonso V, en 1474, entre le chanoine Fernam Martins et Toscanelli nous en offre la preuve évidente[2]. On peut même faire remonter aux premières années de la

---

1. C'est à dessein que nous omettons de mentionner « l'influence exercée par l'école de Sagres, » école dont l'existence même est très problématique. Telle est du moins l'opinion de deux érudits portugais très versés en ces matières : M. Ernesto do Canto et feu João Teixeira Soares de Sousa. *Cf. Archivo dos Açores,* tome IV, N° 20, page 18.

2. Voir le chapitre intitulé *Les Précurseurs,* dans notre *Christophe Colomb, son origine, sa vie, ses voyages, sa famille et ses descendants* (sous presse), et, pour le texte original latin de la lettre de Toscanelli, *Bibliotheca Americana Vetustissima, Additions,* Paris 1872, grand in-8, pages 16-18.

seconde moitié du xve siècle des projets, voire des
tentatives, dans cette direction. C'est ainsi du moins,
qu'on interprète la donation faite par Affonso V à l'infant Fernando, le 10 décembre 1457[1], de certaines
îles à découvrir dans l'Océan, et celle qu'accorda ce
roi, le 19 février 1462, à João Vogado[2], et audit
infant[3], le 29 octobre suivant, d'îles que des marins
prétendaient avoir découvertes ou vues au nord-ouest
de l'archipel des Canaries.

Les habitants des îles portugaises de l'Atlantique,
notamment ceux de Madère et des Açores, ne se lais-
sèrent pas devancer par leurs compatriotes de la péninsule. Les lettres-patentes accordées par Affonso V,
le 21 juin 1473, à Ruy Gonçalves da Camara[4], capi-

1. « *Em Cintra a 10 de dezembro de 1457, faz D. Affonso V, doaçao ao
infante D. Fernando de quaesquer ilhas, que depois d'esta data se acharem.*» 2 — *dos
Misticos, f. 156, v, 1· de D. Affonso V, f. 118, v.* » José de Torres, *Memoria
a' cerca da originalidade da Navigação do Oceano Atlantico Septentrional, e do
Descobrimento de suas ilhas no seculo XV;* dans la *Revista dos Açores,* Ponta
Delgada, 1851, in-8, tome I, page 290.

2. « *Em Lisboa, a 19 de fevereiro de 1462, faz o mesmo rei doação a João
Vogado de duas ilhas novas* Lovo *e* Capraria, *que se diziam jà descobertas, mas não
povoadas. (Livro das Ilhas, f. 97.)* » *Ibidem.*

3. « *Em Lisboa, a 29 de outubro do mesmo anno, faz o mesmo rei mercè ao
dito infante D. Fernando, de uma ilha, que Gonçalo Fernandes, de Tavira, diz que
vira vindo das pescarias do rio do Oiro, a oes-nor-oeste das Canarias e da Madeira,
e a que se não pudera chegar por o tempo ser contrario. Esta doação teria effeito em·
qualquer tempo em que tal ilha se achasse, ou por navios do mesmo infante, ou
pelos de qualquer outra pessoa. (2· dos Misticos, f. 155.)* » *Ibidem.*

4. « *Em Carnide, a 21 de Junho do mesmo anno(1473), faz o mesmo rei
mercè a Ruy Gonçalves da Camara, de uma ilha que por si ou seus navios achasse
no oceano, não alem do Cabo Verde.* » *(Libro das Ilhas, f. 1, v.) Ibidem.*

taine-donataire de San-Miguel et fils du fameux Zarco,
ne lui concèdent, il est vrai, que les îles qu'il découvrira dans l'Océan, sans dépasser l'archipel du Cap-
Vert, mais celles du 10 novembre 1475, accordées
à Fernão Tellez, n'imposent pas cette limite. Elles
octroient toutes les îles que le donataire découvrira
dans l'Atlantique, voire l'île fantastique des Sept-
Cités, et elles approuvent le contrat intervenu à ce
sujet entre Tellez et Joam Teive, fils de Diego, habitant de Terceire[1].

Dix ans après, sous l'impression produite par la
nouvelle des explorations de Diogo Cam, les marins
de Madère et des Açores cherchent à renouveler leurs
tentatives. Le 30 juin 1484, donation est faite à Fernão Dominguez do Arco[2], habitant de Madère, de l'île
qu'il va chercher. C'est à cette occasion que le lecteur
doit se souvenir de la concession accordée à un
autre Madéréen que Christophe Colomb vit arriver
à Lisbonne en 1484, et solliciter du roi une caravelle afin d'aborder à des terres inconnues qu'il pré-

---

1. *«Nas partes do Mar Ouciano.... quaesquer yllhas que lhe achar aquelle a que
as elle mandar buscar novamente... nom semdo porem as taes illhas nas partes de
Guinée,* » disent les lettres-patentes du 28 janvier 1474, publiées par FRAN-
CISCO AD. DE VARNHAGEN, *La Verdadera Guanahani de Colon*, Santiago, 1864,
n-4, page 110, mais celles du 10 novembre suivant disent explicitement :
« *Achariam as Sete-Cidades, ou algumas outras illhas povoadas, que ao presente
nom som navegadas.* » *Loc. cit.,* page 114.

2. *«Una illha que ia buscar.»* Le document original que Varnhagen regrettait
de ne pouvoir citer tout en l'ayant lu, disait-il, dans un des registres de la
chancellerie du roi João II *(loc. cit.,* p. 107), se trouve à la Torre do Tombo,
Libro das Ilhas, feuillet 19, verso ; TORRES, *loc. cit.,* page 290.

tendait apercevoir chaque année[1], toujours au même endroit.

Ces concessions ne sont pas les seules. Le 3 mars et le 4 août 1486[2], João II concède à Fernão d'Ulmo, capitaine en l'île de Terceire, « la grande île ou terre-ferme qu'on présume être l'île des Sept-Cités, qu'à ses frais il se propose de découvrir, » et le monarque approuve la cession consentie par Fernão d'Ulmo, le 24 juillet et le 4 août suivant, de la moitié de ses droits en faveur de João Affonso do Estreito, de Funchal[3]. Enfin, rappelons Alvaro et João da Fonte, de Santa Maria de l'archipel des Açores, qui, selon le Dr. Fructuoso[4], auraient dépensé tout leur bien « à chercher l'île nouvelle. »

La découverte du Nouveau-Monde par le grand

1. « *Dice aqui el Almirante que se acuerda que, estando en Portugal el año de 1484, vino uno de la isla de la Madera al Rey á le pedir una carabela para ir a esta tierra que via, el cual juraba que cado año la via.* » Journal de bord de Christophe Colomb, dans NAVARRETE, *Coleccion de los Viages y Descubrimientos*, Madrid, 1825, in-4, tome I, page 5.

2. « *Queria dar achada huma grande ylha ou ylhas, ou terra firme per costa, que se presume seer a ylha das Sete cidades... a sua propria custa...* » Lettres-patentes publiées par DE VARNHAGEN, *loc. cit.*, page 116, doc. IV.

3. *Ibidem*, pages 117-120, doc. V et VI. Ces pièces, dont de Varnhagen omet d'indiquer la provenance, se trouvent à la Torre do Tombo, *Lib. de Ilhas, f. 123, sequitur*. M. Ernesto do Canto, qui a eu l'extrême obligeance de les faire copier à notre requête, nous a également communiqué un autre acte du 3 mars 1486, concernant ce transfert, et qui se trouve dans le même recueil.

4. « *Alvaro da Fonte, e Joam da Fonte, que gastou toda a sua fazenda no descobrimente da ilha nova, sem a boder achar.* » FRUCTUOSO, *Saudades da Terra. Historia Genealogica de Sam Miguel*, Ponta Delgada, 1876, in-8, page 73, et page 249 où, par erreur, le nom est imprimé *da Ponte*.

navigateur génois ne put que raviver chez les Açoréens l'espoir de trouver au delà des mers des pays inconnus. Leurs entreprises durent être souvent renouvelées. Le souvenir en est aujourd'hui perdu, et cependant les lettres-patentes accordées, le 28 octobre 1499, à João Fernandez[1], de Terceire, qui, très probablement, est le « *Johan. Fernandus in Insulis de Surrys* » à qui Henry VII octroya, le 19 mars 1501[2], des priviléges étendus pour un voyage de découvertes maritimes à l'ouest, démontrent la persistance de ces hardis projets.

Il est difficile d'admettre que Gaspar Corte-Real,

1. Cet acte, nouvellement découvert par M. J. I. DE BRITO REBELLO, qui a bien voulu le copier pour nous sur l'original conservé à la Torre do Tombo, lib. XVI de D. Manoel, verso du feuillet 39, est en ces termes :

« Dom Manuel, &. A quamtos esta nossa carta virem fazemos saber que Joham Fernamdes, morador em a nossa ilha Terceira nos disse que por serviço de deos e nosso sse queria trabalhar de hyr buscar e descobrir algumas ilhas de nossa conquista aa sua custa e vemdo nos seu bõo desejo e preposito aalem de lho termos em serviço a nos praz e lhe prometemos por esta de lhe darmos como de fecto daremos a capitania de quallquer Ilha ou Ilhas asy povoadas como despovoadas que elle descobrill (sic) e achar novamente e esto com aquellas remdas homrras proveitos e imtaresses com que temos dadas as capitanyas das nossas ilhas da Madeira e das outras et por sua guarda e nossa lembrança lhe mandamos dar esta carta per nos a sinada e assellada com o nosso sello pemdemte.

Dada em a nossa cidade de Lixboa a XXBIIJ° [28] dias do mes doutubro. Andre Fernamdes a fez anno de nosso Senhor Jhuũ X° de mill iiij Lr IX [1499]. »

2. *A Memoir of Sebastian Cabot ; with a review of the History of Maritime Discovery. Illustrated by documents from the Rolls* [par Richard Biddle]. London, 1831, in-8, pages 227 et 312, et, pour deux autres Açoréens, João Gonzales et Francisco Fernandez, frère peut-être de l'autre, qui reçurent de semblables lettres-patentes de Henry VII, le 9 décembre 1502, voir RYMER, *Fædera* Hagæ Comitis. 1741, in-folio, tome V, pars IV, page 186

jeune, ardent, et cadet de famille, établi à Terceire,
n'ait pas partagé à cette époque même la louable am-
bition de se créer un domaine dans les îles inconnues
de l'Océan.

Toujours est-il qu'à la fin du xve siècle, à une
époque qu'il est aujourd'hui impossible de préciser,
Gaspar Corte-Real, de sa propre initiative et à ses
frais, entreprit une ou plusieurs expéditions maritimes. Le roi Manoel, dans un acte daté de l'an 1500,
les rappelle en ces termes : Attendu que Gaspar
Corte-Real, gentilhomme de notre maison, s'est autrefois grandement efforcé, de son chef et à ses dépens, avec des navires et des hommes, en dépensant
son bien et au péril de sa vie, de découvrir des îles et
une terre-ferme, et que dans le but de réussir il veut
maintenant continuer et faire tout ce qu'il est possible
pour trouver lesdites îles et terres.... en vertu de notre
pouvoir royal et absolu, nous lui octroyons et faisons
donation de toutes îles ou terres-fermes qu'il pourra
découvrir[1]..... »

On ne sait dans quelle direction furent tentées ces
expéditions, mais nous présumons qu'elles cinglèrent
vers l'ouest, car les chercheurs d'aventures portugais
ne pouvaient se diriger que de ce côté quand ils n'exploraient pas la côte d'Afrique. Les premières tenta-.

---

1. « *Por quamto Gaspar Corterreall, fidalguo da nossa casa, os dias pasados se
trabalhou per sy e a sua custa com nauyos e homes de buscar e descubrir e achar
com muyto seu trabalho e despesa de sua fazemda e peryguo de sua pesoa algumas
ilhas e terra firme...* » Lettres-patentes du 12 mai 1500. Appendice XII.

tives de Gaspar, pas plus que celles attribuées à son
père par la légende, ne furent couronnées de succès.
S'il en eût été autrement, mention serait faite de ces
découvertes dans les lettres-patentes du roi Manoel,
car le premier soin de l'heureux navigateur eût
été de se faire concéder par son souverain toute contrée transatlantique, île ou continent, qu'il aurait eu
la bonne fortune de découvrir.

Aux termes des lettres - patentes précitées du
12 mai 1500, Manoel octroya à Gaspar Corte-Real
le gouvernement absolu, pour ce dernier et ses
descendants, de toutes les îles et terres qu'il découvrirait ou retrouverait *(sic)*, avec droit de haute et
basse justice, sans appel, ainsi qu'un quart net de
tous les revenus directs et indirects, de père en fils, à
perpétuité. A défaut de fils, ces droits descendaient à
la fille aînée, et, la ligne féminine venant à s'éteindre,
au parent le plus proche.

III

GASPAR Corte-Real ne tarda pas à profiter du privilége qu'il venait d'obtenir du roi Manoel.

Selon Damiam de Goes[1], l'expédition, composée d'un seul navire, mais bien équipé; « *huma nao bem esquipada de gente e de todo ho mais necessario,* » serait partie de Lisbonne au commencement de l'été de l'année 1500 : « *Partio do porto de Lisboa no começo do verão do anno de mil e quinhentos.* »

Antonio Galvam dit[2], au contraire, qu'il y avait deux navires équipés aux frais de Gaspar Corte-Real, et qu'ils appareillèrent non du port de Lisbonne, mais de l'île de Terceire : « *Partio da ilha Terceira com dous manios, armados a sua custa.* » Le fait est que cette expédition, comme la suivante, fut faite de compte à demi avec son frère Miguel.

Selon ce dernier historien, notre navigateur aurait atteint alors le 50° de latitude nord : « *foy à quella clima que está debaixo do norte em circoenta graos daltura.* »

De Goes est plus explicite : il ajoute que Gaspar

---

1. *Chronica do Felicissimo Rei dom Emanvel.* Lisboa, 1566, in-fol., cap. LXVI, feuillet 65 ; *infra*, Appendice XXXV.

2. *Tratado que compôs o nobre e notauel capitão Antonio Galvão, dos diuersos e desuayrados caminhos.* (S.a.a.l. sed Lisboa, 1563), in-8, verso du feuillet 29. *Infra*, Appendice XXXIV.

Corte-Real découvrit une terre septentrionale où régnait un climat très froid et qu'il nomma, à cause des grands arbres qui la couvraient, *la Terre-Verte*: « *Nesta viagem descobrio perá quella banda do Norte, huma terra que por ser muito fresca, e de grādes aruoredos, quomo ho sam todas has que jazé peràquella bāda, lhe pos nome terra verde*[1]. »

Comme les lettres-patentes autorisant ces voyages sont du 12 mai 1500, et que dans une relation adressée au duc de Ferrare, que nous citerons bientôt, il est dit que Corte-Real s'embarqua de nouveau à Lisbonne au mois de janvier 1501, les premières découvertes du hardi marin portugais doivent dater de septembre ou d'octobre 1500.

Plusieurs écrivains ont attribué ce voyage à des Vénitiens, mais Richard Biddle a démontré[2] que la phrase : « *conjuncta cuidam plagæ alias a Nostris peragratæ*, » prêtée à Pietro Pasqualigo, qui mentionna le premier cette expédition, n'est qu'une interpolation d'Archangelo Madrigano, auteur de la traduction latine[3], si inexacte, des *Paesi*.

1. *Chronica,* feuillet 67.

2. *A Memoir of Sebastian Cabot; with a review of the History of Maritime Discovery.* London, 1831, in-8, chap. v., page 252.

3. *Itinerarium Portugallensium e Lusitania in India et inde in occidentem et demum ad aquilonem.* Mediolani, 1508, in-fol., cap. CLXVI, feuillet 80.

IV

A peine de retour en Portugal du premier voyage
fructueux qu'il eût entrepris, Gaspar Corte-Real
arma une nouvelle expédition. Cette fois encore, ses
frères l'aidèrent de leur bourse, Miguel, sous la condition que la moitié du profit et des découvertes lui
serait acquise[1].

Cette expédition se composait de trois navires :
« *partira desta cidade com tres nauyos a descobrir terra
noua*[2]. » Elle mit à la voile de Lisbonne, au mois de
janvier 1501 : « *Gid* [au 17 octobre 1501] *son nove
mesi passati che questo Serenissimo Rè mandò*[3].... »

Le 8 octobre 1501, un des trois navires revint
dans le port de Lisbonne. Pietro Pasqualigo, ambassadeur de la république vénitienne auprès du roi de
Portugal, comprenant l'importance pour sa patrie des
renseignements que la caravelle apportait, se hâta

---

1. « *Por quamto elle dito miguell corte reall tinha feito muyto gasto e despesa
de sua fazemda no dito descobrimento.... gaspar corte reall avendo respeito a isso lhe
prometera de partir com elle da dita terra que asy descobrisse...* » **Lettres-patentes
du 15 janvier 1502. Appendice XX.**

2. *Ibidem.*

3. Lettre de Cantino au duc de Ferrare. Appendice XVII.

4

d'interroger le capitaine et les gens de l'équipage. La dépêche que le zélé diplomate dut envoyer à la Seigneurie n'a pu être retrouvée. Les *Diarii* de Marin Sanuto n'en font pas non plus mention; mais la collection de voyages, publiée en 1507 à Vicence, sous le titre de *Paesi Nouamente retrouati*[1], contient une lettre adressée le 19 octobre 1501 par Pasqualigo à ses frères, résidant à Venise, dans laquelle il donne la première relation que l'on connaisse de ce voyage de Gaspar Corte-Real.

Elle est ainsi conçue :

« Le 8 de ce mois est arrivée ici une des deux *(sic)* caravelles que ce Roi Sérénissime envoya l'année dernière, sous le commandement du capitaine Gaspar Corterat *(sic)*, à la découverte d'une terre vers la tramontane. On rapporte qu'ils ont trouvé à deux mille milles d'ici, entre le nord-ouest et l'ouest, un pays jusqu'alors complètement inconnu. Ils ont parcouru environ six ou sept cents milles de la côte de cette terre sans jamais en trouver la fin, ce qui les porte à croire que c'est la terre-ferme. Cette terre fait suite à l'autre terre découverte, l'année passée, au septentrion. Les caravelles n'ont pu arriver jusque-là à cause de la mer qui était gelée et de la grande quantité de neige. Leur opinion [concernant l'existence d'un continent] se trouve confirmée par la multitude de grands fleuves qu'ils y ont trouvés; car, assurément, une île ne saurait en contenir un aussi grand nombre et de si considé=

---

1. *Bibliotheca Americana Vetustissima*, N° 48.

rables. Ils disent que ce pays est très peuplé et que
les maisons des habitants, construites en bois, sont
de grande dimension et recouvertes en dehors de
peaux de poissons. On a amené ici sept indigènes,
hommes, femmes et enfants. L'autre caravelle, qu'on
attend d'heure en heure, doit en apporter cinquante
autres[1]. Ils sont tous de même couleur, de même
figure, de même taille et de même aspect, très semblables à des tziganes, et vêtus de peaux de différents
animaux, mais surtout de loutres, dont ils mettent le
poil en dehors l'été et en dedans l'hiver. Ces peaux
ne sont ni cousues ensemble ni tannées, mais telles
qu'elles ont été détachées de l'animal, et ils s'en cou-
vrent les épaules et les bras. Ils se lient les parties
honteuses avec des cordes faites de forts nerfs de
poisson, et ressemblent ainsi à des hommes sauvages.
Ils sont très craintifs et doux. Ils ont les bras, les
jambes et les épaules remarquablement bien confor-
més. Leur visage est peint à la manière des Indiens,
quelques-uns avec six signes, d'autres avec huit au
moins. Ils parlent, mais personne ne les comprend,
quoiqu'on leur ait, à ce que je crois, adressé la parole
dans toutes les langues possibles. Leur pays ne contient pas de fer, mais ils fabriquent des couteaux et
des pointes de flèches avec certaines pierres. Ils ont

1. Selon une légende inscrite sur un portulan portugais des premières
vingt années du xvie siècle, ces caravelles apportèrent à Lisbonne, non seu-
ement des naturels du Nouveau-Monde, mais aussi des ours blancs : « *Secum
tulit homines silvestres et ursos albos*. » KUNSTMANN, *Die Entdeckung America's*,
Atlas, planche 4.

aussi apporté un tronçon d'épée dorée qui paraît
avoir été fabriquée en Italie. Un des enfants portait aux
oreilles deux petits disques d'argent confectionnés certainement à Venise. Ceci me porte à croire qu'il s'agit
d'une terre ferme, car il n'est pas possible qu'un navire soit jamais parvenu jusque-là sans qu'on en ait
eu connaissance. Ils ont une très grande quantité de
saumons, de harengs, de morues et autres poissons
semblables. Ils ont aussi beaucoup de bois, de hêtres,
et surtout de pins bons à faire des mâts et des vergues
pour les navires. Il résulte de tout cela que ce Roi
Sérénissime espère tirer beaucoup de profit de ce pays,
soit à cause des bois pour les navires dont il a besoin,
soit par les hommes qui seront d'excellents manœuvres et les meilleurs esclaves qu'on ait jamais eus.

J'ai cru très utile de vous informer de tout cela, et
je ferai de même si, à l'arrivée de la caravelle-capitane,
j'apprends quelque chose de nouveau[1]. »

Trois jours après le retour de la première caravelle,
le 11 octobre, un autre navire de l'expédition, mais
qui n'était pas celui que montait Gaspar Corte-Real,
arriva à Lisbonne.

Il y avait alors dans cette ville un nommé Alberto
Cantino, qui était en correspondance suivie avec Hercule d'Este, duc de Ferrare. Nous ne savons en quelle
qualité il habitait le Portugal. Bien qu'il intitule son

---

5. *Copia de una Lettera de Dño Pietro Pasqualigo oratore della Illustrissima
Signoria in Portogallo scripta a soi fratelli in Lisbona adi XIX. Octobrio. del.
M.CCCCCI.* Appendice XVIII.

noble correspondant : « *Dignissimo ac Domino meo Singularissimo,* » rien ne prouve qu'Alberto Cantino fut agent diplomatique ou orateur, ainsi qu'on disait alors, du duc de Ferrare. Nous avons vainement fait chercher son nom dans les listes des fonctionnaires de la maison d'Este. Il n'est pas même certain qu'il fût Ferrarais. Ce n'était peut-être qu'un de ces négociants italiens, établis dans les ports de la péninsule, comme Lorenzo Girardi[1], Simone del Verde[2], Berardi[3], Bartolomeo Marchioni[4] et son facteur Gio-

1. Lorenzo Girardi, Florentin établi à Lisbonne, qui transmit à Toscanelli la lettre par laquelle Christophe Colomb demandait des renseignements pour se rendre au « pays des épiceries. » *Historie Del S. D. Fernando Colombo,* in Venetia, 1571, in-4, cap. VII, feuillet 15, recto. LAS CASAS, *Historia de las Indias,* lib. I, cap. XII, tome I, page 92, le nomme Lorenzo Birardo.

2. Simone Verde ou del Verde dal Borgo San Lorenzo in Mugello, Florentin établi à Cadix. Voir ses lettres adressées à Piero Niccoli, les 20 mars 1493 et 10 mai 1494. (Correspondance de Machiavelli, conservée à la Bibliotheca Palatina. Un extrait en a été publié par M. C. GARGIOLLI, dans le *Propugnatore,* Bologna, 1875, pages 101-105.) Voir également la lettre adressée le 2 janvier 1498, par del Verde à Mateo Cini, marchand florentin établi à Venise, *Bibl. Americ. Vetust.,* page 470. Ce Simone avait un frère, Gherardo, qui fut le compagnon de Vespuce dans son troisième voyage. « *Gherardo Verdi, fratello di Simon Verdi di Cadisi, el quale viene in mia compagnia.* » BALDELLI, *Il Milione di Marco Polo,* Firenze, 1827, in-4, tome I, page 59.

3. Juanoto Berardi, armateur florentin établi à Séville au moins dès le 6 avril 1490, et jusqu'à sa mort arrivée en décembre 1495. Il était en rapports personnels avec Colomb et Americ Vespuce qui fut chargé de liquider sa succession commerciale. NAVARRETE, *Coleccion de Viages,* tome III, page 315.

4. Bartolomeo Marchioni, Florentin établi à Lisbonne, qui en mars 1501 équipa un des navires de l'expédition de João da Nova (celui que commandait un autre Florentin, Fernando Venet). BARROS, *Decada primeira da Asia,* Lisboa, 1752, in-fol., lib. V, cap. x, feuillet 105, et lettre de Lorenzo Cretico, l'ambassadeur vénitien, dans les *Paesi Nouamente retrouati,* lib. VI, cap. ccxxv.

vanni da Empoli[1], Benvenuto Benvenuti[2], Francesco
Lotti[3], etc., etc., qui sans cesse à l'affût de nouvelles
des pays lointains, s'empressaient de les communi-
quer à leurs parents et amis, quand ils ne correspon-
daient pas directement avec leurs princes ou les gens
de la cour. Ce n'était cependant pas un personnage
sans importance, puisqu'il se trouvait présent lorsque
le capitaine de cette caravelle rendit compte au roi
des incidents de son voyage.

Après avoir été « toucher et contempler » les malheureux indigènes, « capables de faire d'excellents
manœuvres et les meilleurs esclaves qu'on eût encore
vus, — *li homini ch' seranno per excellentia da fatiga, et
gli meglior schiavi se habia hauti sin hora,* » Cantino
envoya, le 19 octobre, au duc de Ferrare, une lettre
relatant ce qu'il lui avait été donné de voir et d'en-

---

1. Voir sa relation d'un atterrage au Brésil en 1503, dans RAMUSIO,
Raccolta, Venezia, 1563, in-fol., tome I, feuillet 145.

2. Benvenuto di Domenico Benvenuti, Florentin établi à Lisbonne, qui
apporta ou envoya, vers 1504, à René II, duc de Lorraine, la relation des
quatre voyages d'Americ Vespuce. *Lettera di Amerigo Vespucci delle Isole
nuouamente trouate* (*s. a. a. l.*), in-4, feuillet 12, et, *infra*, chap. IV, § x,
note 11.

ALLEGRETTO ALLEGRETTI parle aussi, sous l'année 1493, de renseignements concernant des voyages d'outre-mer qu'il tenait de commerçants italiens : « *Questo affiamo per più Lettere de' nostri Mercatanti di Spagna.* » *Diarij
Senesi*, dans MURATORI, *Ital. Script.*, tom. XXIII, col. 827.

3. Francesco Lotti, compagnon de Vespuce, devait porter à Pierfrancesco
de Medicis la carte et le globe faits par le navigateur florentin : « *E farà una
carta in figura piana, e un Apamundo in corpo sperico, il quale intendo di man-
darvi per la via di mare per un Francesco Lotti nostro Fiorentino.* » BANDINI,
Vita e Lettere di Amerigo Vespucci, Firenze. 1745, in-4, page 85.

tendre. Nous extrayons de ce document, jusqu'ici
inconnu ou inédit, le passage suivant :

« Neuf mois se sont déjà écoulés depuis que ce
Roi Sérénissime envoya vers le nord deux navires
bien équipés, dans le but de chercher s'il était possible
qu'on pût découvrir dans ces lieux des terres ou des
îles: et maintenant, 11 de ce mois, un de ces navires
est de retour sain et sauf et avec un chargement. Il a
rapporté des gens et des nouvelles que je n'ai pas cru
devoir laisser passer sans en informer Votre Excellence, et ainsi j'écris exactement et distinctement ci-
dessous tout ce que le capitaine a exposé au Roi en
ma présence. — D'abord ils racontent que lorsqu'ils
eurent quitté le port de Lisbonne, ils naviguèrent
pendant quatre mois de suite toujours dans la même
direction et vers le même pôle, et pendant tout ce
temps ils n'ont jamais rien vu; et dans le cinquième
mois, voulant toujours avancer, ils disent qu'ils trouvèrent des masses démesurées de neiges congelées
surnageant sur la mer et s'avançant sous l'impulsion
des vagues. Du sommet de ces blocs coulait une eau
douce et limpide produite par la chaleur du soleil,
laquelle descendait à travers les petits canaux qu'elle
se creusait elle-même. Les navires ayant déjà besoin
d'eau, ils s'approchèrent avec les canots et en prirent
pour leurs besoins. Craignant de demeurer en ce lieu
à cause de l'imminence du danger, ils pensèrent à s'en
retourner, mais soutenus par l'espoir, ils se résolurent
à pousser dans la même direction pendant quelques
jours encore, autant que possible, et ils résumèrent

leur voyage. Le deuxième jour ils rencontrèrent la mer gelée et, forcés de renoncer à l'entreprise, ils commencèrent à se tourner vers le nord-ouest et l'ouest. Ils voyagèrent pendant trois mois dans cette direction, toujours favorisés par le beau temps. Le premier jour du quatrième mois, ils aperçurent entre ces deux directions, un très grand pays dont ils s'approchèrent avec grande joie, et plusieurs grands fleuves d'eau douce coulant dans ce pays vers la mer. Ils remontèrent un de ces fleuves pendant environ une lieue et, étant descendus à terre, ils trouvèrent une grande quantité de fruits excellents et variés, des arbres et des pins d'une telle dimension en hauteur et en grosseur qu'ils seraient trop grands pour servir de mâts au plus grand navire qui soit en mer. Aucune espèce de blé ne pousse dans cette contrée, et les indigènes affirment ne vivre que de pêche et de la chasse aux animaux qui sont en quantité dans le pays, tels que cerfs très grands couverts d'un poil très long. Ils se servent de leurs peaux pour s'habiller et pour construire des habitations et des bateaux. Il y a des loups, des renards, des tigres, des zibelines. Ils assurent qu'il s'y trouve, chose miraculeuse à mon avis, autant de faucons voyageurs qu'il y a de moineaux chez nous, et j'en ai vu et ils sont très beaux. Ils se sont emparé d'environ cinquante de ces indigènes, hommes et femmes, et les ont amenés au Roi. Je les ai vus, touchés, observés, et, commençant par leur taille, je dirai qu'ils sont un peu plus grands que nous avec des membres proportionnés et bien formés. Les cheveux

des mâles sont longs, selon notre usage, et flottants
en boucles, et ils ont le visage peint de gros dessins,
à la façon des Indiens. Leurs yeux, de couleur presque
verte, donnent à toute leur physionomie, quand ils
vous regardent, un air de grande fierté. Leur langage
ne se comprend pas, cependant il n'a aucune âpreté;
au contraire, il est plutôt humain. Leurs façons et
leurs gestes sont très doux; ils rient beaucoup et
montrent grand plaisir; voilà pour les hommes. Les
femmes ont les seins petits, une très petite taille et
leur visage est fort gentil. Leur couleur est plutôt
blanche; le mâle, au contraire, est beaucoup plus
foncé. En resumé, sauf le terrible regard de l'homme,
ils nous ressemblent, selon moi, tout à fait en toute
autre chose. Ils sont complètement nus, excepté dans
les parties honteuses qu'ils cachent sous une peau des
cerfs susdits. Ils n'ont point d'armes ni de fer; ainsi
tout ce qu'ils travaillent ou ce qu'ils font, c'est avec
des pierres pointues très dures dont ils se servent
pour tailler toutes choses, même les plus dures.

Ce navire a fait le voyage de retour ici en un mois,
et l'on assure qu'il y a 2,800 milles de distance.
L'autre navire a résolu de longer cette côte en naviguant jusqu'à ce qu'il réussisse à établir s'il s'agit
d'une île ou d'un continent. Et ainsi le roi les attend,
lui et les autres, avec impatience, et quand ils seront
arrivés, s'ils rapportent quelque chose digne de Votre
Excellence, je l'en avertirai immédiatement[1]. »

1. Le lecteur trouvera le texte original complet de cette lettre, tirée des
archives de la maison d'Este, à Modène, *infra*, Appendice XVII.

V

Après Cantino et Pasqualigo, Lopez de Gomara, dont les écrits ne remontent pas avant l'année 1551, est, à notre connaissance, l'écrivain le plus ancien qui parle des Corte-Real. Il place en l'année 1500 les événements de 1501, puisque son récit mentionne les Indiens réduits en captivité : « *Tomo por esclavos hasta sesenta hombres de aquella tierra*[1]. » Nous croyons que sa seule autorité est la traduction latine de la lettre de Pasqualigo, dont l'édition publiée à Milan en 1508 était dans toutes les mains. L'assertion que Corte-Real donna son nom aux îles situées à l'entrée du golfe « Cuadrado, » par plus de 50° de latitude nord : « *Déjò su nombre a las islas que estan a la boca del golfo Cuadrado y en mas de cinquenta grados,* » est une inférence tirée de quelque carte lusitano-espagnole encore inconnue.

1. « *Fué allá Gaspar Cortes Reales, el año de 1500, con dos carabelas. No halló el estrecho que buscaba. Dejó su nombre á las islas que están á la boca del golfo Cuadrado y en mas de cincuenta grados. Tomó por esclavos hasta sesenta hombres de aquella tierra, y vino muy espantado de los muchas nieves y heladas.* » Gomara, *Primera y segunda parte de la Historia general de las Indias;* Caragoça, 1552, in-fol., et page 177 de l'édition de Vedia.

Le récit de Ramusio[1] a également pour base la lettre de Pasqualigo, commentée au moyen de cartes espagnoles ou portugaises, sinon lusitano-françaises, comme la phrase : « *un gran fiume detto di San Lorenzo,* » porte à le croire.

Aucun des écrivains portugais ou espagnols n'est mieux informé.

Galvam dit seulement, concernant cette expédition, que le navire monté par Corte-Real se perdit, tandis que l'autre revint en Portugal : « *se perdeo o nauio em que elle hia, e o outro tornou a Portugal[2].* »

Damiam de Goes est aussi bref, mais il assigne le 10 mai 1502 comme date du départ : « *Partio de Lisboa ahos dez dias de Maio, de M. D. II cō duas naos sem nunqua delle se mais hauer noua[3].* »

Osorio en sait encore moins que Goes : « *Rursus anno MDI se in eamdem regionem contulit ut latius littora illius omnia pervagaretur et gentis mores et instituta perdisceret. Sed quid illi acciderit, aut quo fato absumptus fuerit, nunquam scire potuit[4].* »

---

1. « *Il primo (per quel che si sa) fu Gasparo Cortereale Portoghese, che del 1500 v' ando con due carauelle, pensando di trouar qualche stretto di mare, donde per viaggio piu breue che non è l'andare attorno l'Africa potesse passare all' Isole delle Specierie. esso nauigó tanto auanti, che venne in luogo, doue erano grandissimi freddi, in gradi 60 di latitudine trouò vn fiume carico di neue, dalla quale li dette il nome, chiamandolo Rio Neuado.* » Ramusio, *Terzo volume delle Navigationi et Viaggi;* Venetia, 1565, in-fol., feuillet 417, A.

2. Appendice XXXIV.

3. Appendice XXXV.

4. Hieronymo Osorio, *De rebus Emmanvelis;* Olyssipone; 1571, in-fol., lib. II, pages 84-85.

Malgré la légende accusant Philippe II d'avoir enlevé de la Torre do Tombo, pour les transporter à Simancas, tous les documents se rapportant aux découvertes maritimes des Portugais, Antonio de Herrera, historiographe royal, ne fait aussi que copier Lopez de Gomara, et servilement[1], lorsqu'il parle des Corte-Real.

. C'est donc seulement dans les lettres de Pasqualigo et de Cantino, commentées à l'aide d'une carte envoyée par ce dernier au duc de Ferrare, et dont nous parlerons bientôt, que le critique devra, dorénavant, chercher les éléments d'une histoire analytique de ce mémorable voyage.

1. Comparer *supra* la note 1 de la page 58, avec l'extrait suivant : « *Gaspar Corte-Real.... no hiço mas que dexar su nombre à las Islas, que estàn à la boca del Golfo Quadrado, en mas de 50 Grados : traxo 60 Hombres de aquella Tierra, i vino espantado de las muchas nieves i heladas....* » *Decad.* I, lib. VI, cap. XVI, page 169.

VI

ARTHÉLEMY de Las Casas, qui écrivit son *Historia
de las Indias* entre les années 1527 et 1561, parle
aussi dans cet ouvrage des Corte-Real. Il semble même
vouloir dire que Christophe Colomb a vu ou connu
personnellement Miguel et Gaspar.

C'est incidemment que le zélé apôtre des Indiens
mentionne ces deux noms, mais le passage est assez
curieux pour être rapporté en entier :

« Un pilote portugais, nommé Vicente Diaz, habitant de Tavira, revenant de Guinée par l'île de Terceire des Açores, ayant passé les parages de l'île de
Madère et de l'Est, vit ou crut voir une île qu'il prit
absolument pour une terre véritable. Arrivé à Terceire, il révéla son secret à un très riche négociant
génois, son ami, appelé Lucas de Cazana[1], et l'engagea

1. Luca di Cassana était fils de Bartolomeo, capitaine d'une des galères
envoyées par les Génois en 1481 contre les Turcs, lors de la guerre d'Otrante.
Ses deux frères, Antoñio et Francesco, vivaient encore à Gênes où ils rem-
plissaient certains emplois, l'un en 1472 et 1479, l'autre en 1487. Ils étaient
nobles, et, bien que déjà décédés, on les inscrivit sur le Livre d'or en 1528.
(DESIMONI, lettre particulière et *Scopritori Genovesi*, page 55.) D'après M. SAN-
CHES DE BAENA (*Archivo Heraldico,* page 441), Luca aurait été petit-fils, et
non frère d'Antonio, et si un de ses frères, marié à Séville, se nommait
effectivement Francesco, l'autre, qui avait pris femme à Terceire, s'appelait
Andrea. Le 22 juillet 1530, João III octroya à Luca, alors à Lisbonne, des
armoiries.

si fortement à équiper une expédition que ce dernier y consentit. Après avoir obtenu l'autorisation
du roi de Portugal, Lucas chargea son frère, Francesco de Cazana, qui résidait à Séville, d'armer
promptement un navire et de le confier audit pilote
Vicente Diaz; mais Francesco se moqua du projet
et refusa de le mettre à exécution. Le pilote étant
revenu à Terceire, Lucas entreprit alors lui-même
l'armement.

« Trois ou quatre fois Vicente Diaz s'avança à la
recherche de ladite terre jusqu'à plus de cent lieues,
mais sans rien trouver, de telle sorte que lui et son
armateur désespérèrent de jamais la découvrir. Et tout
ceci, Christophe Colomb dit en son recueil de notes
le tenir de Francesco de Cazana, ajoutant en outre
avoir vu deux fils du capitaine qui découvrit l'île de
Terceire, nommés Miguel et Gaspar Corte-Real, aller
à diverses époques chercher ladite terre, et qu'ils périrent dans l'entreprise, l'un après l'autre, sans qu'on
sût jamais comment[1]. »

On retrouve ce même récit, mais sans aucun détail
supplémentaire, dans les fameuses *Historie* attribuées à Fernand Colomb, fils de Christophe, presque
dans les termes qu'emploie Las Casas. Prenant lui-

---

1. « *Y todo esto dice Cristóbal Colon, en sus libros de memorias, que le dijo el
mismo hermano Francisco de Cazana, y añidió más, que habia visto dos hijos del
capitan que descubrió la dicha isla Tercera, que se llamaban Miguel y Gaspar Corte
Real, ir en diversos tiempos à buscar aquella tierra, y que se perdieron en la de-
manda el uno en pos del otro, sin que se supiese cosa dellos.* BART. DE LAS CASAS,
Historia de las Indias, lib. I, cap. XIII, page 101.*

même la parole, l'auteur des *Historie* termine par cette phrase :

« Et ce frère Francesco de Cazana m'a dit et affirmé qu'il connaissait deux fils du capitaine qui découvrit *(sic)* l'île de Terceire, nommés Miguel et Gaspar, lesquels allèrent plusieurs fois à la découverte de ladite terre, et qui enfin, en l'année 1502, périrent dans cette tentative l'un après l'autre, sans qu'on en entendît plus parler, et que ceci était bien connu de beaucoup de personnes[1]. »

Ces deux récits sont identiques, et l'un a été copié sur l'autre, avec cette différence toutefois que dans les *Historie*, les détails concernant les Corte-Real ne sont pas empruntés à des recueils de notes *(libros de memorias)* de Christophe Colomb, mais seulement à une conversation que Fernand aurait eue à Séville avec Francesco de Cazana ou Cazzana, vingt ans peut-être après la mort de l'Amiral.

Selon les *Historie,* ce n'est donc pas Christophe Colomb qui a vu ou connu Miguel et Gaspar Corte-Real, mais bien Francesco de Cazana.

Rien ne s'oppose d'ailleurs à ce que Christophe Colomb ait rencontré les Corte-Real à Lisbonne ou aux Açores et appris leur catastrophe, car s'il ne dé-

---

1. « *Et mi fu detto, et affermato dal fratel suo sopradetto, hauer conosciuti due figliuoli del Capitano, il qual discoprila detta Isola Terza, chiamati Michele; e Gasparo Cortereale, i quali in diuersi tempi andarono per iscoprir quella terra, te finalmente l'anno 1502 perirono nell'impresa, l'uno dopo l'altro, senza che si sapesse doue, ne come: et esser ciò cosa nota a molti.* » Historie Del S. D. Fernando Colombo, Venise, 1571, in-4, cap. IX, feuillet 23.

barqua en personne dans aucune de ces îles lors de ses quatre voyages[1] au Nouveau-Monde, il a pu visiter les Açores avant de venir s'établir en Espagne, et l'on sait que Colomb a vécu en Portugal plusieurs années avant 1482[2], et jusqu'en 1484.

Las Casas, d'ailleurs, ne connaît guère les faits passés en Portugal ou aux Açores, que par les *Decadas de Asia* de Juan de Barros, qu'il cite fréquemment, et, relativement à l'existence de Colomb dans ces pays, il n'a d'autre source d'information que le prototype des *Historie,* non encore retrouvé.

1. La seule fois qu'il atterrit aux Açores, ce fut aux îles de Santa Maria et San Miguel, au retour de son premier voyage, du 18 au 22 février 1493; mais si une partie de son équipage alla y faire un pèlerinage, Çolomb ne descendit pas à terre. Journal de bord, dans NAVARRETE, *loc. cit.,* tome I, pages 154-157.

2. Il est difficile de préciser l'époque de l'arrivée de Colomb en Portugal. Les seules dates positives proviennent de son testament, où il fait un legs en faveur de Baptista Espindola (Spinola), qui « vivait à Lisbonne en 1482, » et du fait que Toscanelli, qui lui envoya en Portugal la lettre de Martins, mourut le 15 mai 1482. Nous savons, d'autre part, que Colomb était encore à Savone les 20 mars et 26 août 1472. *Cf.* dans notre *Christophe Colomb* (sous presse), le chapitre IV, intitulé : *Sa vie en Portugal.*

VII

LA lettre de Pasqualigo et celle de Cantino peuvent se résumer de la manière suivante :

L'expédition, composée non de deux, mais de trois navires, appareilla du port de Lisbonne à la fin de décembre 1500 ou au commencement du mois de janvier 1501.

Le vent les poussa dans la même direction pendant quatre mois : *« quatro mesi continui, sempre per quello vento et a quel polo caminarno, »* sans amener aucune découverte.

Au commencement du cinquième mois, ils rencontrèrent de fortes banquises : *« Et intracti nel quinto meso volendo pure inanti seguire, dicono, che ritrovarno masse grandissime de concreta neve andare mosse da londe sopra il mare a galla. »*

Le second jour de cette rencontre, les glaces les ayant empêchés de passer outre, ils virèrent le cap au nord-ouest : *« Nel secondo giorno del quale ritrovarno el mar gelato et constructi ha abandonare la impresa, cominciarno a circondare verso maestro et ponente, »* et ils naviguèrent dans cette direction par un beau temps constant pendant trois mois : *« Ove tre mesi sempre con bon tempo, a quella volta continuarno, »*

5

Le premier jour du quatrième mois ils aperçurent, entre le nord-ouest et l'ouest, une grande contrée : « *Et vel primo giorno del quarto mes heberno vista, fra questi dui venti, dun grandissimo paese.* » Ils abordèrent, et par un grand fleuve d'eau douce qui se jette dans la mer, ils pénétrèrent environ une lieue dans le pays : « *Et correndo molti et grandi fiumi dolci per quella regione al mare, per uno de epsi, forsi una legha fra terra intrarno.* »

Là, ils s'emparèrent d'environ cinquante habitants des deux sexes : « *Degli homini et de le donne de questo locho ne pigliarno circha da cinquanta per forza.* »

Corte-Real renvoya alors en Portugal deux de ses navires, comptant avec le troisième explorer lui-même la côte, afin de s'assurer si ce pays était une île ou bien une terre ferme : « *Ha deliberato andar tanto per quella costa, che vole intendere se quella è insula, o pur terra ferma*[1]. »

Un de ces deux navires ayant à bord sept des naturels, hommes, femmes et enfants, arriva à Lisbonne le 8 (le 9) octobre 1501 : « *Adir VIII. del presente ariuo qui una de le doe Carauelle.... Hanno conducti qni VII. tra homini et femene e putti de quelli,* » annonçant l'arrivée d'heure en heure du second navire avec cinquante autres sauvages : « *Et cum laltra Carauella che se aspecta de hora in hora ne nien altri. cinquanta*[2]. »

Trois jours après, le 11 octobre, l'autre caravelle,

---

1. Cet extrait et les précédents sont empruntés au texte de Cantino.
2. Texte de Pasqualigo, appendices XVIII ᴀ et XVIII.

avec sa cargaison humaine, fit aussi son entrée dans le port de Lisbonne. La traversée au retour fut d'un mois, et le parcours de 2,800 milles : « *Questo naviglio è venuto di la a qua in un mese, et dicono esservi 2,800 milia de distantia.* »

Ce voyage aurait donc été d'environ neuf mois. Mais de quelle durée fut la traversée à l'aller? Si l'on interprète le récit de Pasqualigo littéralement, sept mois se seraient écoulés avant que Gaspar Corte-Real n'atterrît, puisque ce n'est que le premier jour du quatrième mois après l'obstacle des banquises rencontrées quatre mois auparavant, que le hardi marin aperçut la terre.

Comme la caravelle fit la traversée au retour en un mois, les Portugais n'auraient mis qu'un mois à explorer, d'abord une partie au moins du littoral de la contrée découverte l'année précédente, et ensuite remonté un fleuve et de six à sept cents milles de côtes jusqu'alors inconnues.

Les éléments nous manquent pour corriger ce que ces données ont certainement d'excessif.

Le point d'atterrage est aussi difficile à établir.

Le fait que Corte-Real, voyant la route obstruée par les glaces, se tourna vers le nord-ouest et l'ouest : « *comminciarno a circondare verso maestro et ponente,* » montre que jusqu'alors il avait toujours eu le cap droit sur l'ouest. Le navigateur portugais devait donc se trouver par environ 38° 50', ce qui est la latitude de Lisbonne, et conséquemment à la hauteur de l'embouchure de la Delaware.

Mettant le cap sur le nord-ouest, il navigua ensuite, constamment par un bon vent, pendant trois mois.

En supposant que ce bon vent constant : « *sempre con bon tempo,* » ne lui ait permis de franchir qu'une moyenne de vingt-cinq milles par jour, ce serait deux mille deux cent cinquante milles au nord de la Delaware, ou par environ 76° nord, presque au fond de la baie de Baffin, que Gaspar Corte-Real aurait atterri. Maintenant, si on ajoute les six à sept cents milles de côtes reconnues par lui encore plus au nord de ce point, la latitude devient fantastique.

Dans sa lettre du 19 octobre 1501, Pasqualigo dit que ces terres nouvelles furent trouvées à deux mille milles de Lisbonne, entre le nord-ouest et l'ouest : « *ii. M. miglia lonzi da qui tra maestro et ponente.* » La dépêche que le diplomate vénitien envoya le jour précédent à la Seigneurie de Venise, et que nous venons de retrouver dans les *Diarii* de Marin Sanuto, porte seulement : « *lontan di qui miglia 1800*[1].»

Cantino, au contraire, rapporte que ce pays est à deux mille huit cents milles de distance : « *2,800 milia de distantia.* »

Nous devons maintenant décrire la carte qu'il envoya au duc de Ferrare en 1502, et qui complète son récit.

---

1. *Infra,* appendice XVIII A.

CHAPITRE IV

LA CARTE DE CANTINO

I

ERCULE d'Este semble avoir pris de bonne heure un vif intérêt à ces découvertes maritimes qui reculaient les limites du monde connu[1]. Les détails que Cantino lui donna sur l'expédition de Gaspar Corte-Real augmentèrent son désir d'être exactement renseigné sur toutes ces merveilleuses entreprises, et il chargea son zélé correspondant de lui procurer une carte nautique.

---

1. Voir, en outre, des lettres de Cantino des 3 janvier, 7 juin et 19 juillet 1501, et celles que Giovanni Trolti envoya de Milan au duc de Ferrare le 21 avril et le 10 mai 1493, dans notre *Christophe Colomb, sa vie, son origine, ses voyages, sa famille* (sous presse). C'était un prince ami des sciences. Un de ses premiers actes en arrivant au pouvoir fut d'agrandir l'université de Ferrare. C'est aussi sous son règne que l'imprimerie fut établie dans cette ville. Voir l'admirable ouvrage de GREGOROVIUS, *Lucrèce Borgia,* Paris. 1876, in-8, tome II, pages 86-88.

Cantino s'adressa à un cartographe de Lisbonne, mais italien d'origine, à ce que nous pensons, qui lui construisit un planisphère aussi exact, pour l'époque, qu'habilement dessiné.

A la fin de l'automne de l'année 1502, se rendant en Italie, Cantino emporta avec lui ce précieux document. Après l'avoir remis, lors de son passage à Gênes, au riche patricien Francesco Cataneo[1], pour être expédié à Ferrare, il écrivit de Rome à Hercule d'Este la lettre suivante :

« Très illustre et très Excellent Duc et Seigneur, mon Seigneur respecté;

« J'ai compris ce que votre Excellence m'a demandé par la lettre qu'elle m'a envoyée en réponse à celle que je lui avais adressée naguère, notamment ce qui concerne la carte nautique.

« Par cette humble réponse, je préviens Votre Excellence que j'ai laissé ladite carte à Gênes, aux mains de messire Francesco Cataneo, qui m'a payé vingt ducats stricts, c'est-à-dire de trois livres chacun.

« En vérité, cette carte m'a coûté en Portugal, par contrat, douze ducats d'or; mais contraint par le besoin et ne sachant à qui m'adresser, je me suis vu obligé d'accepter cette somme et de faire ce que j'ai dit à Votre Excellence.

---

1. Francesco Cataneo, d'une des plus vieilles familles patriciennes de Gênes, fut ambassadeur de la république en France et en Aragon. On a des lettres de lui adressées au doge Foscari, de Venise, et publiées dans les *Epistola Principum*, Venet., 1571.

« La carte est si réussie, et j'espère qu'elle plaira tellement à Votre Excellence, que V. E. ne regrettera pas d'avoir dépensé cette somme, et de ce que V. E. déboursera en sus des douze ducats que ladite carte m'a coûté, V. E. me constituera son débiteur.

« Votre Excellence voudra bien m'aviser de ce que je dois faire à cet égard, et, en attendant, me tenir au nombre de ses fidèles serviteurs.

« De l'Illustre et Excellentissime Duc,
le serviteur soussigné,

« ALBERTO CANTINO[1].

« Rome, le 19 novembre 1502. »

Cette carte fut conservée soigneusement dans les archives de la maison d'Este, à Ferrare, jusqu'en 1592, année où César d'Este, ayant été dépouillé de son duché par Clément VIII, se retira à Modène. Sa belle bibliothèque l'y suivit.

Par suite du protocole du 20 juin 1868, intervenu entre le gouvernement italien et l'archiduc François d'Autriche, les cartes géographiques de cette célèbre collection furent cédées à la bibliothèque d'Este. Le planisphère de Cantino en faisait naturellement partie.

Bien que le palais ducal de Modène ait été affecté à l'École militaire, c'est encore dans une de ses salles, mais provisoirement, que se trouve aujourd'hui ce beau monument de la géographie.

---

1. Nous donnons le texte complet de cette lettre en italien dans notre Appendice XX.

Signalé il y a dix ans par M. Giuseppe Boni[1], et, depuis, par MM. Gustavo Uzielli[2] et Theobald Fischer[3], ce précieux document est néanmoins resté jusqu'ici inédit. Grâce à de persévérants efforts, nous avons été assez heureux pour en obtenir un calque parfait[4] qui, reproduit en fac-similé, accompagne le présent ouvrage.

1. « *Gran Carta Geografica miniata in pergamena, larga metri due e centimetri venti, alta un metro e centimetri cinque. Di sotto si trova scritto. Carta da navigare per le Isole nuovamente trovate in la parte dell'Indie : Dono Cantino al Sig. Duca Hercole. (Ercole primo morì l'anno 1505.) Contiene il terzo viaggio di Cristoforo Colombo (1498). — Vi è notata la conquista di Vasco Gamma della penisola di Goa, e della costa di Pescheria (1499). Vi è notata la Terra nuova scoperta dal Cav. Corte-Real (1501). Vi è notata la Terra di S. Crux, scoperta dal Cav. Costa Cabral (1501). Questa terra di S. Croce fu visitata e meglio esplorata (1502) da Amerigo Vespucci, che le mutò nome e la chiamò Brasile. Si può quindi determinare che questa Carta fu fatta dopo il 1501, e prima del 1503.* »

A la fin on lit :

« *Tutte queste Carte io le dono alla R. Bibliotheca Estense perchè in essa siano custodite e conservate.* « *Colle condizioni stesse portate dal Protocollo 20 Giugno 1868, tra il Governo Italiano e S. A. R. l'Arciduca Francesco d'Austria d'Este.* (*Nota dei Doni*; dans les *Cenni Storici della R. Biblioteca Estense in Modena con appendice di documenti*. Modena, tipogr. Capelli, 1873, in-8, pages 70-72.)

2. *Studj Bibliografici e biografici sulla Storia della geografia in Italia publicati per cura della deputazione ministeriale istituita presso la Società Geografica Italiana*; Roma, 1875, grand in-8, page 354.

3. *Catalogue d'une collection de mappemondes et cartes marines du XIIIᵉ au XVIᵉ siècle, choisies dans les archives, bibliothèques et musées d'Italie.* Publié par Ferd. Ongania, Venise, 1882, Nᵒ 16.

4. Exécuté par MM. Narciso Malatesta, Giuseppe Zattera et Alessandro Antilli, professeurs à l'École militaire de Modène.

II

Ce beau planisphère est tracé sur plusieurs feuilles de parchemin collées ensemble sur toile, et il mesure dans sa totalité 2 mètres 20 centimètres de largeur par 1 mètre 5 centimètres de hauteur. Il est richement enluminé et ornementé de très fines miniatures représentant des villes, des bosquets et des oiseaux, voire, dans l'intérieur de l'Afrique, des nègres dansant. De nombreux pavillons aux armes du Portugal, de l'Espagne et de l'Angleterre sont placés sur les contrées attribuées à ces royaumes.

Traversée par la ligne équinoxiale, ici rehaussée en or, et par les deux tropiques, colorés en carmin, la carte est aussi parsemée de roses des vents aux brillantes couleurs, toutes orientées Nord et Sud, Est et Ouest, sans variations, et coupée de lignes nombreuses quadrillées suivant les aires desdites roses.

La calligraphie est semi-gothique, mais quelques noms, notamment sur la côte du Brésil, sont d'une écriture cursive portugaise du commencement du xvie siècle.

Le tracé, le dessin et les teintes sont de premier jet et de la même main. La facture générale rappelle le

travail des cartographes italiens du xvie siècle. Il est
probable que l'artiste auquel nous devons les configurations de cette carte a également inscrit les noms
et les légendes semi-gothiques. Ce ne serait donc pas
l'œuvre d'un cartographe portugais, mais bien celle
de quelque habile Vénitien ou Génois établi dans le
port de Lisbonne[1].

Le système de projection est celui de la carte plate.
Les parallèles terrestres sont représentées par une série
de droites parallèles entre elles, et également espacées,
c'est-à-dire que la longueur du degré de latitude est
constante dans toute l'étendue de la carte. La longueur du degré de longitude est aussi constante,
comme l'indiquent les méridiens ici représentés par
une succession de droites équidistantes perpendicu-
laires aux précédentes. On ne saurait donc voir dans
la carte de Cantino une des projections de Ptolémée[2],
car ce dernier trace les parallèles suivant des arcs de
cercles, tandis qu'ici les tropiques et le cercle polaire
sont représentés par des lignes absolument droites.

En résumé, le planisphère de Cantino n'est qu'une
carte plate projetée sur le système de la rose des
vents, selon l'antique méthode empruntée par les

1. Comme, par exemple, le fut Barthélemy Colomb : « *Sed Bartholomæus
minor natu in Lusitania demun Ulyssiponae constituerat, ubi intentus quæstici
tabellis pingendis operam dedit, queis ad usum Nauticum justis illineationibus, et
proportionibus servatis maria, portus, littora, sinus, insulæ effigiantur.* » ANT.
GALLO, *de Navigatione Columbi*, dans MURATORI, *Ital. Scrip.;* tome XXIII,
col. 302.

2. Telles qu'elles sont exposées dans l'excellent *Traité des Projections* de
M. GERMAIN, chap. XXIV, pages 177 et 192.

Portugais aux Catalans, aux Vénitiens et aux Génois.

Ce n'est d'ailleurs qu'une représentation conventionnelle ne jouissant d'aucune propriété géométrique susceptible d'exactes constructions. Le critique y remarque aussi l'absence de mesures itinéraires. Il relève bien plusieurs échelles doubles, de douze divisions chacune, mais leur dimension relative n'est pas donnée[1]. Elles paraissent ne se rapporter qu'à la sphère terrestre et aux coordonnées sphériques, et nous ne pouvons, conséquemment, savoir quelles dimensions absolues l'auteur de cette carte attribuait au globe.

A en juger, cependant, par la différence de longitude entre le cap San Roque et la Guinée méridionale, qui est de 55° sur cette carte et de 45° dans la réalité, on peut admettre que pour le cartographe de Cantino

---

1. Il est presque certain, cependant, que chacune de ces divisions répond à un degré de longitude du parallèle de 45°. Quant au degré de latitude, il nous paraît devoir être ici de 16 lieues 2/3, selon le compte généralement adopté par les marins portugais, au moins pendant les premières années du xvi° siècle. M. F. DE ENCISO, *Suma de Geografia*, Sevilla, 1519, in-folio, feuillets 3 et 7, et FRANCISCO FALERO, *Tratado de la esfera*, Sevilla, 1535, in-4, fixent le degré à seize lieues deux tiers. Un ancien pilote portugais donne cependant au degré dix-sept lieues et demie : « *Avisarte as que nõ des menos ao grao de norte he sull de. 17. legoas he meya, porque esta naveguaçam heã bo e verdadeira porque foi espermemtada per num Andre Pirez em o mar oucijano.* » ANDRES PIREZ, *Arte de Navegar*. Ms., Bibl. nat. de Paris, fonds portugais, n° 40 (ancien 7168, feuillet 29, signalé par Varnhagen.) Pirez semble avoir écrit son ouvrage vers 1517 (« *desda era de 1517 anno,* » f. 36, recto). Une citation de PEDRO MARTYR D'ANGHIERA : « *Ipsi vero contra omnium opinionem aiunt gradum continere leucas septemdecim cum dimidia,* » Decad. V, cap. VII, également relevée par le savant brésilien, *Examen de quelques points de l'histoire du Brésil*, Paris, 1858, in-8, page 35, prouve que cette estimation était une innovation portugaise.

le rayon terrestre était de cinq millions de mètres au lieu de six. Cette approximation n'est toutefois admissible qu'en partant du principe que l'Océan atlantique n'a pas été rétréci, comme, par exemple, dans le planisphère de Ribeiro, uniquement pour diminuer l'étendue de la carte[1].

Au verso, dans un angle de la partie supérieure, à droite du lecteur, et d'une écriture cursive italienne du commencement du XVIe siècle, on relève la rubrique suivante :

Carta da nauigar per le Isole nouam [te] *tr...*
in le parte de l'India : dono Alberto Cantino
Al S. Duca Hercole.

---

1. Il est intéressant de rapprocher de ces données le résumé de Martin Cortés, fameux cosmographe espagnol de la première moitié du XVIe siècle

      « 4 grains d'orge font un doigt,
        4 doigts un palme,
        4 palmes un pied,
        5 pieds un pas [romain ou *passus*],
    125 pas un stade,
        8 stades un mille,
        1 mille 1000 pas,
        3 milles une lieue,

En France, on compte quinze lieues au degré.

En Espagne, seize lieues deux tiers et dix-sept lieues et demie pour un degré du Grand Cercle. » MARTIN CORTÉS, *Breve compendio de la Esfera, y de la Arte de Navigar* (rédigé en 1545). Sevilla, 1551, in-fol.

III

Limitant notre analyse au littoral du Nouveau-Monde, nous diviserons cette partie de la carte en trois sections.

La première section part de ce qui pour Cantino est l'extrémité méridionale du continent américain, laquelle, sur sa mappemonde, au lieu de s'infléchir, comme dans la réalité, jusque vers le 55° 58' de latitude sud, et le 69° 36' de longitude ouest, se projette en sens inverse et se termine arbitrairement en un promontoire situé par environ 38° 30' S. et 22° 0' O[1].

1. Pour déterminer la position géographique des points de la carte relevés dans notre travail, nous avons opéré de la manière suivante :

Pour la *latitude*. Après avoir déterminé les distances de l'équateur au tropique du Capricorne et au cercle polaire, lesquelles, sur la carte de Cantino, sont respectivement de 208^{mm} et 560^{mm}, soit environ $\frac{208}{560} = \frac{24° 40}{65° 20}$, (ou 8^{mm},4 pour la longueur de chaque degré de latitude), nous mesurons la distance en millimètres du point à l'équateur, et nous divisons cette distance par 8,4. Le quotient donne le nombre de degrés de latitude.

Pour la *longitude*. Le degré de latitude multiplié par le cosinus de 45° ayant donné le degré de longitude égal à 6^{mm}, nous mesurons la distance en millimètres du point à un méridien. Divisant ce nombre par 6, le quotient est le nombre de degrés de longitude par rapport au méridien choisi. Le point de départ pour nos longitudes est le méridien de Paris.

Nous arrêtons cette division à la pointe occidentale
de l'île de Cuba : limite extrême des découvertes
accomplies dans la direction du nord-ouest par Christophe Colomb, et, selon les documents connus, limite
aussi des pays explorés avant l'année 1512 par les
Espagnols et les Portugais.

Dans cette section, les côtes sont tracées d'une
façon assez exacte. La précision relative du premier
infléchissement qui, du côté de l'Atlantique, s'étend
de l'Orénoque jusqu'à l'équateur, pour s'accentuer
davantage en déclinant abruptement vers le sud, serait
faite pour surprendre si les explorations de Colomb
en août 1498, et surtout celle de Vicente Yañez Pinzon
au mois de janvier 1500, n'expliquaient cette exactitude dans une carte construite en l'année 1502.

Sur cette côte dentelée on remarque trois grands
golfes dénommés : *Golfo del unfiersno (sic pro « Inferno »), Golfo de las perlas* et *Golfo fremosso*.

Quatre échancrures indiquent des embouchures de
rivières portant les noms de *Rio d. Brasil, Rio de sã
franc°, Rio grande* et *Rio de Fonseca*.

Le *Rio grande* est probablement l'Orénoque, tandis
que le *Golfo fremosso*, ici continué par un grand fleuve,
sur les rives duquel se trouve planté le pavillon de
Castille et Léon, indique peut-être l'estuaire du Ma-
ranham, reconnu par Pinzon avant septembre 1500.

Le littoral porte, tantôt sur les flots qui le baignent,
tantôt sur la partie terrestre, vingt-huit noms et deux
indications. L'une : « *todo este mar ho de agua doçe,* »
inscrite en regard d'une large embouchure, se rapporte

évidemment aux bouches de l'Orénoque, telles que Colomb les avait pressenties lors de son troisième voyage (1498-1500). L'autre indication : « *montanas altissimas*[1], » est placée entre ce que nous appelons aujourd'hui Caracas et le golfe de Venezuela où, effectivement, se trouve une chaîne de montagnes.

Beaucoup plus au sud, du côté de l'Atlantique, entre l'équateur et le tropique du Capricorne, on remarque un bosquet et des arbres de haute futaie, au pied desquels paissent trois grands perroquets de l'espèce des aras.

Ce sont les perroquets qui produisirent une si vive impression sur les navigateurs portugais, lors de la découverte du Brésil, qu'ils en firent le signe distinctif de cette contrée. Lorenzo Cretico, l'ambassadeur vénitien, qui était présent lorsque Pedralvarez Cabral revint à Lisbonne en juillet 1501, dit même que ces régions furent alors nommées « *la terra dagli Papaga*[2]. »

Nous relevons également en ce lieu la légende suivante :

1. Il y a ici, dans la carte de Cantino, les mots inintelligibles : « *montanbis albissimas,* » que nous corrigeons en adoptant la désignation donnée par Waltzemüller : « Hautes montagnes. »

2. « *Scop[er]to una terra noua la chiamão d[e]li Papaga : p[er] esser gene* (sic) *di lõgeza d[e] brazo .i. et mezo di uarii colori : li quali ne hauemo uisto;* » cap. ccxvv des *Paesi.* On lit encore sur le globe de Schôner, construit en 1520 : « *America vel Brasilia sive Papagalli terra.* »

« — *a vera cruz* ✝ *chamada p̄no m̄e aquall
achou pedraluares cabrall fidalgo da ca
ſſã del Rey de[1]   portugall
τ elle adeſcobrio   indo por capitã
moor de quatorτe na   os que o dito
Rey mandaua acaliqut y en el caminho indo
topou com eſta terra acem[2] aqual terra ſe cree
ſer terrã firme em aqual a[3] muyta gente de deſ
cricam andam nuos omes τ molheres como
ſuas mais[4] os pario ſam mais brancos que vacos[5]
τ teem os cavellos muyto corredios foy deſcoberta
eſta dita terra em aera de quinhentos.* »*

C'est-à-dire :

« La Vraie Croix ainsi nommée, que trouva Pedro
Alvarez Cabral gentilhomme de la maison du roi de
Portugal, et il la découvrit en naviguant comme
capitaine-major de quatorze navires que ledit roi
envoyait à Calicut, et, suivant sa route, il rencontra
cette terre, laquelle terre on croit être la terre-ferme,
où il y a beaucoup de gens [doués] de raison, et

---

1. Ces blancs sont produits par un pavillon aux armes du Portugal placé
en cette partie de la légende.

2. Mot incompréhensible et barré dans l'original.

3. *Sic pro « ha. »*

4. *Sic pro « mães. »*

5. *Sic pro « baços. »*

hommes et femmes vont nus, tels que leur mère les
a enfantés. Ils sont plus blancs que basanés, et avec
les cheveux très lisses. Fut découverte ladite terre en
l'an [mil et] cinq cents. »

Les noms de lieux, en remontant vers le nord et le
nord-est, sont les suivants :

Cabo de sctà Marta,
Rio d braſil[1],*
porto ſeguro[2],*
Abaià de todoſ sanctoſ,*
Rio de sã francº,*
ſan miguel,*
andreſma[3],*

1. Les noms suivis d'un astérisque se trouvent également, mais traduits
en latin, dans la *Tabula Terre Nove* de Waltzmüller, qui accompagne le
Ptolémée de 1513.

2. Ce nom de Porto Seguro fut donné par Cabral en l'an 1500 ; « *por esta
razão Pedraluarez poso nome que ora tem, que he Porto Seguro;* » BARROS, Decad. I,
lib. IV, cap. II, tome I, feuillet 88 de l'édition de 1752, in-folio.

3. Nous avons cherché à rétablir les noms inintelligibles, en consultant
pour le Brésil et les terres adjacentes, la fameuse enquête du Fiscal, de
1513-1515 (NAVARRETE, tome III, pages 538-591); la relation des quatre
voyages de VESPUCE; les chapitres CXXXIII-CXLI du livre I de l'*Historia* de
LAS CASAS; les chapitres III, VIII et IX du livre III de l'*Historia General*
d'OVIEDO; le livre V de la première Décade de BARROS, et la collection de
pièces formant le volume de Navarrete intitulé *Viages Menores;* mais avec peu
de succès. La *Copia de una littera del Re de Portagallo mandata al Re de Cas-*
tella del viaggio e successo de India (B. A. V, Additions, Nº 18, et NAVARRETE,

cabo de sã jorge,

Cabo de Sam jorge,

canjbales,*

golfo fremosso,*

Rio grande[1]**,*

todo este mar he de agua doçe[2]**,*

cabo defeado,*

la pŭta de la galera[3]**,*

las gäyas,*

ilha de los canjbales,*

tome III, page 34), par laquelle le roi Manoel rend compte de la découverte que Pedro Alvarez Cabral venait d'accomplir, ne contient que le nom de *Santa Cruz*. Le récit de PEDRO VAZ DE CAMINHA, publié par le P. MANOEL AYRES DE CAZAL (*Corografia Brazilica*, Rio de Janeiro, 1817, in-8), mais que nous n'avons pu nous procurer, donne peut-être des désignations qui permettraient d'identifier certains noms de la carte de Cantino.

1. Oviedo semble indiquer que ce nom fut donné au « *rio de Sanct Juan,* » mais postérieurement à l'exploration de Rodrigo de Bastidas, après 1502 : « *Pero no vido el rio de Sanct Juan, que tambien le llaman* Rio Grande. » *Hist. Gen.*, lib. III, cap. VIII, tome I, page 76.

2. « Le phénomène de la *mer douce* appartient dans ces parages équatoriaux seulement à l'embouchure de l'Amazone, et Vespuce prétend l'avoir observé *après* avoir vu la première terre. » HUMBOLDT, *Examen critique*, tome V, page 62, note. Colomb remarqua cette eau douce lors de son troisième voyage : « *Y hallé quel agua dulce siempre veucia.* » NAVARRETE, tome I, page 253.

3. Ainsi nommé, de même que les trois points suivants, par Christophe Colomb : « *un Cabo á que dije de la Galea.* » NAVARRETE, *loc. cit.*, page 247.

boca del drago[1],

terra de pan^c (?),

golfo de las perlas[2],

v^o (?) tres testigos[3],

Ylha della (sic) *Rapossa**,

*cabo de las perlas**,

montanbis (sic) *albissimas*[4],

Rio de fonseca,

*costa de gente braua**,

golfo del unficisno[5],

*Ylha do brasill**,

*Ylha do gigante**[6],

1. « *A que yo llamé* del Drago. » *Ibidem.*

2. *El* golfo *que yo dije, al cual llamé* de las Perlas. » *Ibidem.*

3. « *A otras tres isletas juntas llamó los Testigos.* » LAS CASAS, lib. I, cap. CXXXVIII.

4. « *Montana altissima.* » WALTZEMULLER. C'est probablement le groupe de montagnes aux sommets neigeux de la province de Citarma, aperçu par Rodrigo de Bastidas, lors de son voyage de 1500-1502.

5. « *Golfo del Inferno,* » RUYSCH. « *Gorffo delinferno.* » WALTZEMULLER.

6. Dans la relation du second voyage de Vespuce, ce dernier dit avoir ainsi nommé cette île : « *Hi omnes nudi, ut de prioribus habitum est, eunt : appellavimusque insulam illam Gigantum ob proceritatem eorum.* » Texte de la *Cosmographiæ Introductio.* Alonso de Hojeda, au contraire, s'attribue la découverte, et, conséquemment, la susdite dénomination : « *Fué descubriendo toda aquella costa de la tierra firme desde los Frailes hasta en par de las islas de los Gigantes.* » Enquête du Fiscal, question 5ª.

> *boacoya** [1],
> *ilha Rigua**,
> *tamarique,*

A la hauteur de ces dix derniers noms, en travers du continent, on lit, en grosses lettres gothiques :

> *Toda efta terra he descoberta p mãdado del Rey de castella.*

Vient, ensuite, la mer des Caraïbes, portant, également en gothiques de grand format : « *Has antilhas del Rey de castella,* » et au-dessous, en lettres beaucoup plus petites :

> *defcobertas por colonbo*
> *almjrante que es de las aq̃les*
> *ditas ilhas fe defcobriram p̃*
> *mãdado do muyto alto z podero*
> *rofo prinçipe Rey dom fernãdo*
> *Rey de castella.*

---

1. *Coquibacoa ?* Nom donné par Hojeda : «*Hicieron asiento en una tierra que se dice Conqueboca.* » Déposition de Miguel de Toro. *Ibid.*, quest. 16ª.

Nous relevons alors l'archipel des Antilles, lequel
porte les désignations suivantes :

marigalante,

ilha deſejada,

ilha de guadalupe,

todos Santos,

las omze mjll virgines,

boriquem,

baixos de abre os olhos (sic),

ilha de cayçem——m,

ilha de jucayo,

jánucanara,

macubeza,

ilha managua,

bauestico,

haly,

Somento,

ilha Sánta,

hahueca,

tortuga,

ilha eſpanholla,

C.˙. de Samana,
Jamaigua,
Ilha yſſabella.˙.

Cette dernière île affecte, en sa partie la plus septentrionale, une forme champignonnaire éloignée de la vérité, mais qui est un point de repère utile, et sur lequel nous reviendrons.

Enfin, une grande division tracée en bleu, dans toute la hauteur de la carte, et passant par le méridien situé à 62°30' de longitude à l'ouest du méridien de Paris[1], marque la fameuse ligne de démarcation, comme l'indique la légende :

Este he omarco dantre castella. ɀ portuguall

---

1. Si nous prenons des lieues de 16 2/3 au degré, ce méridien serait, selon Cantino, à environ 480 lieues marines à l'ouest de la plus occidentale des îles du Cap-Vert, au lieu de 370, selon les stipulations du traité de Tordesillas. Reportée sur une carte de l'hydrographie moderne, la ligne de démarcation se trouve donc par 62° 30' ouest, au lieu de 50° environ.

Il importe aussi de remarquer que sur la carte de Cantino, la latitude des tropiques est de 24° 40' au lieu de 23° 30'.

IV

DE la bordure à la gauche du lecteur émerge un continent. C'est cette étendue qui constitue notre deuxième section.

La partie configurée couvre, selon Cantino, l'espace compris entre 59° et 38° de latitude nord, et s'étend en longitude de 128° 20' à 123° 20' ouest[1].

Le littoral descend en une ligne presque perpendiculaire pour aboutir à une péninsule qui s'avance vers l'orient et se termine à la pointe occidentale de l'île de Cuba, dont elle n'est séparée que par une distance d'environ deux degrés.

A l'ouest de ladite péninsule, on remarque une large échancrure comprenant trois golfes.

Il est impossible de ne pas reconnaître dans cette échancrure l'entrée du golfe du Mexique, dans cette péninsule la Floride, et dans cette côte perpendiculaire le littoral des États-Unis.

La mer qui baigne cette côte porte en grosses lettres gothiques : « *Oceanus occidentalis.* » La partie terrestre marque parmi ses nombreuses dentelures au

1. Reportée sur une carte de l'hydrographie moderne, cette région se localise en Californie.

moins six embouchures de rivières parfaitement caractérisées, et autant de fleuves qui aboutissent à l'Océan atlantique. On relève enfin, sur le continent même[1], inscrits dans un sens ou dans l'autre, vingt-deux noms, dont six au moins, bien que distinctement tracés, sont tout à fait inintelligibles :

Rio de las palmas,[2]
Rio do corno[3],
C∴ arlear (?),

1. La mappemonde ajoutée par Johann Ruysch au *Ptolémée* de 1508, porte au même endroit des contours qui rappellent ceux de la carte de Cantino, et les noms suivants, lesquels proviennent évidemment d'une carte empruntée au même prototype : « *Culear* » (C: *arlear*, — Cantino); « C. *Fundabril* » (*C:. do fim do abrill,* — Id.); « *Corveo* » (*Rio do Corno,* — Id.); « C. *Eliconti* » (*Cabo d. licôtu,* — Id.). On retrouve un plus grand nombre de ces noms dans la *Tabula Terre Nove,* du *Ptolémée* de 1513, *infra,* page . Dans le globe de Johann Schöner, construit en 1520 et conservé à Nuremberg, on relève les désignations suivantes : « *Cano doffini de abrill, Comello, Rio de do diego, Cabo del gato, Ponta roixo, Rio delas at madras, Cabo sancto, Lacabras, Logoluncor, costa alta, Cabo Bona Ventura, Coninor, Cabo dellicontis, Cofin d'mar ananno.* »

On remarque aussi, entre 53° et 67° de latitude, la *Terra Corte Realis,* et la légende : « *Hæc terra inocuta est ex mandato regis portugalliæ per Capitaniã Cortereali Anno christi 1501.* » Voir l'excellent *fac-similé* publié par F. W. Ghillhany, *Geschichte des Seefahrers Ritter Martin Behaim.* Ce n'était pas sans raison que Humboldt soupçonnait que ces noms pouvaient provenir de quelque vieille carte nautique « enfouie peut-être dans les Archives d'Italie ou d'Espagne. » *Kritische Untersuchungen,* Berlin, 1852, tome I, page 307.

2. Rivière des Palmes.

3. *Rio do Corvo?* — Rivière du Corbeau.

G∴ do lurcor (?),
C∴ do mortinho [1],
C∴ lurcar (?),
el golfo bavo [2],
C∴ do fim do abrill [3],
cornejo (?) [4],
Rio de dõ diego [5],
C∴ del gato [6],
p̃ta Roixa [7],
Rio de las almadias [8],
cabo Santo [9],
Rio de los largartos [10],
las cabras [11],

1. *C. do montinho* (abréviation populaire de *montezinho*)? — Cap du petit mont. *Do Martinho?* — de Martin?
2. *El golfo bravo?* — le golfe houleux. *Baxo* pour *baixo?* — le golfe bas.
3. Cap de la fin d'avril.
4. *Começo?* — du commencement.
5. Rivière de don Diego.
6. Cap du Chat.
7. *Punta Bayxa?* — la basse pointe. *Roixa* ou *Roxa?* — la pointe rouge.
8. Rivière des Pirogues.
9. Le cap saint.
10. Rivière des crocodiles.
11. *Las abras?* — les havres ou baies.

lago luncor (?),

costa alta[1],

cabo de bõa ventura[2],

canfure (?),

cabo d. licõtu[3],

costa del mar vçano[4],

De toutes les cartes connues, celle-ci est la plus ancienne qui donne ces désignations et qui expose cette configuration géographique. En d'autres termes, nous avons ici une carte dressée dans l'année 1502, où se trouve tracé et décrit apparemment *de visu* le littoral des États-Unis : fait aussi considérable qu'inattendu, sur lequel nous reviendrons.

---

1. La côte haute.

2. *Cabo de bõa* ou *bona ventura*, — cap fortuné.

3. *Cabo del encontro ?* — cap de la rencontre.

4. *Costa del mar Ociano ?* — côte de la mer Océane.

La plupart de ces noms sont dénaturés soit par la faute du cartographe de Cantino, soit parce que son prototype les portait déjà sous cette forme inexacte. Il faut voir dans la bizarre nomenclature de Cantino la preuve que nous n'avons ici qu'une carte intermédiaire, dont l'auteur ne connaissait peut-être qu'imparfaitement les noms qu'il copiait.

V

CETTE terre se termine abruptement par 59° de
latitude nord ; mais à une distance d'environ
douze degrés à l'est de cette région, par 59° et 50° de
latitude nord et 51° — 56° de longitude ouest, on
distingue une vaste terre. Plus loin, par 62° de latitude
nord et 35° de longitude ouest, une autre terre, de
grandes dimensions, émerge de la bordure supérieure
de la carte, et dépasse au sud le cercle arctique qui la
traverse. Enfin, sur le même plan que l'extrémité
méridionale de cette région et non loin d'elle, on voit
une île qui porte le nom de *Islanda :* point de repère
précieux que le lecteur devra se rappeler.

Ces deux contrées constituent notre troisième et
dernière section.

La plus occidentale de ces terres est fortement dentelée sur la côte orientale, laquelle se trouve parsemée
de nombreux îlots. La partie ouest frise, sans la toucher, la ligne de démarcation. De la sorte, la région
entière est rejetée en dehors des limites assignées à
l'Espagne par les bulles papales et le traité de Tordesillas. Ce qui émerge en deçà, à l'ouest, c'est le
feuillage d'arbres nombreux : autre point de repère.
Un pavillon portugais est arboré à la pointe nord-est.

Cette terre porte le nom de *Terra del Rey de portuguall,* et, sur une banderolle, l'inscription suivante :

*Esta terra he deſcoberta per mandado do muy
alto ‖ excelentiſſimo Sr. principe Rey dom
manuell Rey ‖ de portuguall aqual deſcobrio
gaſpar de corte ‖ Real caualleiro na caſſa
do dito Rey, oquall quã ‖ do a deſcobrio
mandou hû naujo com çertos o ‖ mes ʒ
molheres que achou na dita terra ʒ elle ‖ ficou
com outro naujo ʒ nũca mais veo ʒ creſe ‖
que he perdido ʒ aquj ha muitos maſtos ‖*

C'est-à-dire :

« Cette terre fut découverte par l'ordre du très
haut et Excellentissime prince le roi dom Manoel, roi
de Portugal, laquelle découvrit Gaspar de Corte-Real,
gentilhomme de la maison dudit roi, qui, lorsqu'on
la découvrit, envoya [de là] un navire avec certains
hommes et femmes trouvés dans ce pays, et il y resta
avec l'autre navire, et jamais depuis il ne revint, et
on croit qu'il a péri, et là il y a beaucoup de [bois
pour faire des] mâts. »

L'autre terre n'a que la forme d'une péninsule, et
le sol ne porte pas trace de végétation. En travers on
lit : « *A ponta d.* [*assia*], » en grosses lettres. Deux
pavillons portugais sont plantés sur le côté de l'est, et
entre ces emblèmes, sur une banderolle, se trouve la
légende suivante :

« Efta terra he defcober[1] per mandado do muy ‖ efcelentiffimo p̃ncepe dom manuel Rey de ‖ portugall aquall fe cree fer efta a ponta dafia ‖ E os que a defcobriram nam chegarõ a terra ‖ mais vironla ʒ nam viram fenam ferras muy ‖ to efpeffas polla quall fegum a opinyom dos ‖ cofmofircos fe cree fer a ponta dafia ‖ »

C'est-à-dire :

« Cette terre, découverte par l'ordre du très excellent prince dom Manoel, roi de Portugal, se trouve être cette extrémité de l'Asie, et ceux qui la découvrirent ne descendirent pas à terre, mais ils la virent et n'aperçurent que des montagnes très resserrées; c'est pourquoi, selon l'opinion des cosmographes, on croit que c'est l'extrémité de l'Asie. »

Effectivement, à l'ouest de cette terre, à une certaine distance, au delà de la « *Frislanda,* » mais sur le même plan, on lit : « *Parte de assia.* » Ces régions, que nous espérons bientôt pouvoir identifier aussi, apparaissent ici pour la première fois sur une carte.

---

1. Il devrait y avoir : « *he descoberia.* » Les seuls mots qui approchent de « *he descober,* » sont « *heu descobri,* » à la première personne du singulier, ce qui ne s'accorderait pas avec le reste de la phrase.

VI

IL importe, maintenant, de déterminer les éléments
de cette carte, leur origine et leur caractère d'authenticité et d'exactitude.

La tâche est ardue, car les cartes dressées antérieurement à celle de Cantino et qui exposent des configurations se rapportant au Nouveau-Monde, ont
disparu depuis longtemps. Nous n'en possédons plus
qu'une seule, mais elle est d'une importance capitale.
C'est la belle mappemonde construite par Juan de la
Cosa au Puerto Santa Maria d'Andalousie, en l'an
1500, et que de Humboldt découvrit dans la bibliothèque du baron Walckenaer en 1832.

De la Cosa, Basque d'origine, accompagna Christophe Colomb dans sa seconde expédition (1493-
1496) en qualité de pilote. Il s'embarqua ensuite avec
Alonso de Hojeda, le 18 mai 1499, revint en Espagne
au mois de février ou de juin 1500[1], et repartit avec
Rodrigo de Bastidas vers octobre 1501[2].

1. « *A la Bahia de Cadix à mediados de Junio de 1500.* » NAVARRETE,
Coleccion de los Viages, t. III, p. 10; *Opusculos*, t. I, p. 122. Mais si l'on s'en
rapporte à M. ENRIQUE DE LEGUINA (*Juan de la Cosa*, Madrid, 1877, in-8,
p. 70, qui paraît s'appuyer sur les *Apuntes y papeles de la Casa de Contratacion*, Mss. des Archives des Indes), de la Cosa serait revenu avec Hojeda « *à
la Peninsula... en Febrero de 1500.* »

2. L'assertion que la Cosa fut le pilote de Bastidas lors de la première

La carte du pilote basque contient nécessairement
tout ce qu'on savait en Espagne du Nouveau-Monde,
entre février ou juin et décembre 1500, en admettant
qu'il compléta son œuvre seulement à la fin de l'année. On ne doit pas non plus oublier que de la Cosa
était, au témoignage de Barthélemy de Las Casas,
« le meilleur pilote qui existât alors pour ces mers[1]. »
De son côté, il se vantait d'être plus versé en ces matières que Christophe Colomb lui-même[2]. Son autorité est donc considérable[3].

expédition de ce dernier, repose sur le dire de LAS CASAS : « *concertose con*
algunos, y en especial con Juan de la Cosa » (*Historia*, lib. II, cap. II, t. III,
p. 10). Le verbe *concertar* veut aussi dire « conférer avec, » ce qui n'aurait rien
de surprenant, puisque Rodrigo de Bastidas n'avait été jusqu'alors que notaire : « *escribano de Sevilla en el arrabal de Triana* » (NAVARRETE, t. III, p. 25).
En tous cas, si la Cosa l'accompagna à cette époque, il partit de Cadix en
octobre 1500 : « *tardo en salir hasta el siguiente octobre.* » (NAVARRETE, *loc. cit.*)
et revint en Espagne au mois de septembre 1502 : « *en el dicho año* (1502) *en*
el mes de setiembre vino à Cadiz, Bastida... habia veinte y tres meses que habia
partido de acá » (BERNALDEZ, *Historia de los Reyes Católicos*, cap. CXCVI, Sevilla,
1870, in-8, t. II, p. 253). L'assertion de HERRERA (Decad. I, lib. IV, cap. XI,
p. 116), qui place le départ de Bastidas au commencement de janvier 1501,
est donc inexacte.

1. « *Juan de la Cosa, vizcaino, que por entonces era el mejor piloto que por*
aquellas mares habia. » LAS CASAS, *Historia de las Indias*, lib. II, cap. II, tome III,
page 10.

2. « *Este testigo* (BERNARDO DE IBARRA) *vió é oyó al dicho Almirante como se*
que jaba de Juan de la Cosa diciendo, que por que lo habia traido consigno á estas
partes por la primera vez é por hombre hábil él le habia enseñado el arte de marear,
é que andaba diciendo que sabia mas que él. » Enquête de 1513, NAVARRETE,
Coleccion de Viages, tome III, pages 586-587.

3. On sait que Pedro Martyr d'Anghiera dit même avoir vu en 1514, dans
le cabinet de travail de Juan Rodriguez de Fonseca, des cartes de Juan de la
Cosa, qu'il qualifie de belles. Decad. II, lib. X, feuillet 41 de l'édition de
1532.

Comme dans la carte de Cantino, la mappemonde de Juan de la Cosa expose les contours de l'Amérique du Sud, et, dans une certaine mesure, avec plus d'exactitude. La grande convexité que le continent septentrional affecte au-dessous de l'équateur, est tout aussi nettement tracée et, en tenant compte de l'effet d'optique produit par le genre de projection que le pilote a adopté, on peut dire que la carte décrit au sud une plus grande étendue de pays, bien qu'elle soit de deux ans antérieure à celle de Cantino.

Les Antilles offrent aussi des contours plus conformes à la vérité. Par exemple, la partie septentrionale de Cuba, au lieu de cette extrémité en forme de champignon qui nous étonne dans Cantino, s'infléchit ici comme dans la réalité.

Enfin, tandis que dans cette dernière, pour le littoral qui, partant du cap découvert par Vicente Yañez Pinzon en 1499, remonte jusqu'au golfe de Darien, on relève quarante-cinq noms, il n'y en a que vingt-neuf dans la carte de Cantino, et, sauf trois[1], ces noms ne sont pas identiques dans les deux cartes. Cette partie du continent n'a donc pas été empruntée par les deux cartographes à un même prototype.

---

1. On ne relève dans la Cosa que *G. de las Perlas*, *boca del drago*, et *y^a de brasil*. **Gigan** est probablement pour *Ilha de gigante*, et *tres hermanos* pour *tres testigos*, tandis que *mar de agua duce* rappelle la légende « *todo este mar he de agua doçe*, » empruntée, ainsi que la désignation des Trois témoins (île de Trinidad), la bouche du Dragon et le golfe des Perles, au récit du troisième voyage de Christophe Colomb. On remarque également dans la Cosa un *P. Fermoso* placé dans le Brésil, vers Porto Seguro, tandis que le *golfo fremosso* de Cantino est dans la mer des Antilles.

A partir du pavillon espagnol planté aux environs du golfe de Darien, et qui marque la limite extrême des régions définies par de la Cosa entre le tropique du Cancer et le cercle polaire arctique, la côte, il est vrai, se prolonge vers le nord, mais d'une façon vague et inexacte. Il n'y a sur le littoral ni une dentelure ni un nom, et le critique ne peut voir dans ces configurations indéterminées le résultat d'explorations. Ce n'est, à notre avis, qu'une forme graphique donnée par le cartographe à la conjecture que les terres découvertes par les Espagnols et les Portugais au sud de l'équateur, et celles trouvées dans les régions hyperboréennes par les gens de Bristol, formaient une côte sans solution de continuité.

Dans la carte de Cantino, l'aspect de cette région est tout autre, et bien fait pour surprendre. Au lieu de ces lignes à peine figurées, ici, on distingue les délinéations les plus nettes, avec des caps, des estuaires et des sinuosités se rapprochant trop de la vérité pour ne pas avoir été vus et explorés par des marins de profession.

Quand on voit ce promontoire si accentué qui s'avance vers l'extrémité occidentale de Cuba, et la dis-

tance entre ces deux points, l'échancrure en forme
de golfe de cette presqu'île au sud, et au nord la ligne
droite qui se prolonge presque jusqu'au cercle arctique, la première pensée est que l'auteur de cette belle
carte a voulu tracer la péninsule floridienne et l'étendue de côtes qui constitue le littoral des États-Unis.

C'est alors qu'une question nouvelle et difficile
s'impose au critique.

Quel est le navigateur qui a découvert, reconnu et
nommé ces régions?

A quelle nation appartenait-il? était-ce un Espagnol
ou bien un Portugais?

Examinons d'abord les droits de l'Espagne à revendiquer cette importante découverte.

Les seules expéditions au Nouveau-Monde accomplies pour le compte de l'Espagne, de 1492 à 1502,
sont les suivantes :

Premier voyage de Christophe Colomb, du 3 août
1492 au 15 mars 1493. Il n'atteint pas au delà de
71° 10' de longitude[1].

Second voyage du même, du 25 septembre 1493
au 11 juin 1496. Son atterrage à l'ouest est par 77°,
et il ne voit ni ne soupçonne encore la terre-ferme[2].

Troisième voyage du même, du 30 mai 1498 au

---

1. *El primer viage y las derrotas y camino que hizó el Almirante D. Cristobal Colon.* NAVARRETE, tome I, pages 1-166; LAS CASAS, *loc. cit.*, lib. I, cap. xxxv, tome I, page 261, *sequitur.*

2. Récit du Dr. Chanca, NAVARRETE, *loc. cit.*, tome I, page 198; NICCOLO SCILLACIO, *De insulis meridiani atque indici maris. (s. a. a. l.) in-4; Bibl. Americ. Vetust.*, Nº 16; LAS CASAS, *loc. cit.*, lib. I, cap. XLIV.

25 novembre 1500. Il découvre le continent le 1er août 1498, mais n'atteint que la latitude maximum de 12° nord[1].

Premier voyage de Alonso de Hojeda, du 20 mai 1499 à la fin de juin 1500. Il ne remonte pas au delà des bouches de l'Orénoque[2].

Voyage de Pero Alonzo Niño et de Christoval Guerra, de juin 1499 à avril 1500. Ils n'atteignent que la côte de Paria[3].

Voyage de Vicente Yañez Pinzon, de décembre 1499 à la fin de septembre 1500. Le point le plus austral de ses découvertes est l'embouchure de l'Amazone[4].

Voyage de Diego de Lepe, de fin décembre 1499 ou du commencement de janvier 1500 à juin de la même année. Son point d'atterrage le plus septentrional est le cap Saint-Augustin, par 8° 20' de latitude nord[5].

Voyage de Rodrigo de Bastidas avec de la Cosa, d'octobre 1500 à septembre 1502. Ils remontent plus au nord que leurs devanciers, mais sans atteindre au

1. *La Historia del viage;* NAVARRETE, *loc. cit.,* tome I, pages 242-264; LAS CASAS, *loc. cit.,* lib. I, cap. cxxvii et cxxxii, tome II, pages 201 et 226, *sequitur.*

2. OVIEDO, *Historia General de las Indias,* lib. III, cap. iii.

3. Enquête de 1513, cinquième question; NAVARRETE, tome III, p. 543 *quitur; Ibidem,* troisième question.

4. *Paesi nouamente retrouati,* Vicentia, 1507, in-4, lib. IV, cap. cxi-cxiii PETR. MARTYR, Decad. IX; NAVARRETE, *loc. cit.,* septième question.

5. NAVARRETE, septième et huitième questions.

delà du Puerto del Retrete, dans l'isthme de Panama, par environ 7° de latitude nord[1].

Or la région de la mappemonde de Cantino qui fait l'objet de la présente analyse est, en sa partie supérieure, par 59° 30' de latitude nord, c'est-à-dire éloignée d'environ trente-cinq degrés du point septentrional extrême atteint avant le mois de décembre de l'année 1502 par les navigateurs espagnols.

1. OVIEDO, *loc. cit.*, lib. III, cap. IX, et *supra*, note.

VIII

Les voyages que nous venons d'énumérer sont les
seules expéditions transatlantiques antérieures à
l'année 1503 dont nous ayons une connaissance do-
cumentaire. On est cependant fondé à croire qu'en
dehors des voyages clandestins que le critique doit
présumer, mais dont il n'y a plus aucune trace, d'autres expéditions battant pavillon espagnol explorèrent
certaines parties du Nouveau-Monde entre l'époque
de sa découverte et celle de la confection de la carte
de Cantino.

Les capitulations intervenues entre les Rois-
Catholiques et Christophe Colomb, le 17 avril 1492[1],
et qui sont la base des revendications que ce dernier
pouvait exercer du chef de voyages transatlantiques,
ne lui accordent pas le monopole de ces expéditions.
Ñous voyons, au contraire, dans le libellé de l'ordonnance du 23 mai 1493, que ce droit appartenait bien à
Colomb, mais aussi aux Rois-Catholiques et à l'ar-
chidiacre de Séville : « *nuestra voluntades que en la dicha
armada* [le second voyage] *ni en otra manera alguna,
no vayan ni puedan ir navios algunos, ni persona, ni per-*

---

1. *Capitulaciones entre los Señores Reyes Católicos y Cristóbal Colon.*
Navarrete, tome II, pages 7 et 8.

sonas algunas salvo las que por Nos ó por vos los dichos Almirante é Arcediano [Juan de Fonseca] *á quien damos cargo de facer. la dicha armada[1].* » Tout ce que l'Amiral pouvait exiger consistait en un huitième du tonnage de chaque navire : « *la octava parte del porte dellos.* » Aussi Ferdinand et Isabelle n'hésitèrent-ils pas à promulguer, le 10 avril 1495[2], une autorisation générale de faire des expéditions au Nouveau-Monde[3], tout en réservant à Colomb la redevance que nous avons mentionnée.

Les armateurs espagnols profitèrent de cette libéralité. « Plusieurs commandants de navires, écrit Pedro Martyr d'Anghiera au cardinal Carvajal, sous la date du 11 juin 1495, ont été envoyés dans divers endroits de l'autre hémisphère, et à leur retour, je vous manderai les nouvelles qu'ils rapporteront[4]. »

Ce que furent ces expéditions, leur atterrage, leur durée, leurs résultats, et les noms des navigateurs qui les conduisirent, c'est ce qu'on ignore.

Colomb se plaignit de ce qui, à ses yeux, était une infraction à ses privilèges. Les Rois-Catholiques, deux années après, le 2 juin 1497, sans lui donner expres-

---

1. *Carta Patente, prohibiendo que vaya á las Indias ningun navio ni persona, ni se lleven mercaderias sin permiso Real ó del Almirante y del Arcediano de Sevilla,* NAVARRETE, tome II, page 52.

2. *Real provision* du 10 avril 1495, *Ibidem,* page 167.

3. *Provision real, Ibidem,* page 201.

4. « *Diversi navium ductores ad diversa alterius hœmispherii littora missi sunt. Quæ reportabunt, per me si vixero intelliges,* » P. MARTYR D'ANGHIERA, *Opus. epistolarum,* Amst., 1670, in-folio, épist. CLX, page 90.

sément gain de cause, publièrent une nouvelle ordonnance, aux termes de laquelle les autorisations que la
couronne pouvaient avoir accordées contrairement
aux privilèges de l'Amiral, étaient et seraient de nul
effet : « *defendemos firmemente que algunas personas no
sean osadas de ir contra ellas*, [les *mercedes* antérieures]
*e si el tenor dellas en algo le perjudica la dicha provision
que asi mandamos dar, que de suso va encorporada, por
la presente la vocamos.* »

L'année suivante, Colomb lui-même concéda à un
certain nombre de capitaines qui lui en avaient fait la
demande les licences nécessaires pour entreprendre
des voyages dans les régions qu'il avait découvertes.
Nous tenons ce fait d'un témoin oculaire, Andrés
Bernáldez, qui fixe la date de ces concessions à
l'époque du troisième voyage de Colomb, c'est-à-dire
avant le 30 mai 1498. Il ajoute même que ces capitaines trouvèrent en effet des îles : « *é descubrieron diversas islas*[1]. » A notre avis, il s'agit ici de Hojeda, de
Niño et de Pinzon, dont nous avons déjà décrit les
explorations.

Il y a enfin ce que relate Lopez de Gomara,
historien peu fidèle et dépourvu de critique, mais
qui peut avoir emprunté ses assertions à une source
autorisée : « Nombre de personnes se mirent à conti-

---

1. « *Y estando èl* [Christophe Colomb] *en la corte, se negoció é concertó,
é se dió licencia a otros muchos capitanes que lo procuraron, para ir à descubrir;
é fueron é descubrieron diversas islas...* » *Historia de los Reyes Católicos,* **cap.
xxxi, Sevilla,** 1870, in-8, tome II, page 79.

nuer les découvertes de Christophe Colomb, et à les compléter, certains à leurs propres dépens, d'autres aux frais du roi, et tous pensaient s'y enrichir et acquérir de la gloire... Mais comme la plupart ne réussirent à accomplir des découvertes qu'en se ruinant, il n'est resté souvenance, que je sache, d'aucun d'eux, notamment de ceux qui allèrent jusqu'au nord, en longeant la côte des Bacallaos et la terre du Labrador, qui indiquaient peu de richesses.»

« Le souvenir est aussi effacé de tous ceux qui furent à l'autre partie de Paria, de l'année 1495 à l'an 1500[1]. »

Ce passage de Gomara est confirmé, d'ailleurs, par l'ordonnance des Rois-Catholiques, en date du 3 septembre 1501[2], où défense est faite à toute personne, non spécialement autorisée, à entreprendre des voyages de découvertes « *por el mar Oceano, ni a las islas é tierra-firme.* »

De fréquents voyages au Nouveau-Monde furent donc entrepris par des Espagnols entre les années 1495 et 1503; mais les documents ne permettent en

---

1. « *Entendiendo cuán grandísimas tierras eran las que Cristóbal Colon descubria, fueron muchos á continuar el descubrimiento de todas, unos á su costa, otros á la del Rey, y todos pensando enriquecer, ganar fama y medrar con los reyes. Pero como los mas dellos no hicieron sino descubrir y gastarse, no quedó memoria de todos, que yo sepa, especialmente de los que navegaron hácia el norte, costeando los baccallaos y tierra del Labrador, que mostraban poca riqueza. Ni aun de todos los que fueron por la otra parte de Paria, desde el año de 1495 hasta el de 1500.* » F. L. DE GOMARA, *Historia de las Indias*, édition de VEDIA, tome I, page 177.

2. NAVARRETE, tome II, N° CXXXIX, page 258.

aucune façon de déterminer, voire de conjecturer, leur point d'atterrage ou leurs parcours, et toutes les hypothéses que l'on peut forger sur ce sujet sont, à notre avis, absolument sans force lorsqu'on leur oppose le silence du planisphère de Juan de la Cosa. Notre esprit est rebelle à l'idée que ces navigateurs anonymes aient pu découvrir la contrée décrite dans la carte de Cantino sans que Juan de la Cosa ait eu connaissance d'un fait aussi capital dans l'histoire des découvertes transatlantiques. S'il l'avait connu, ses configurations ne seraient en ces régions ni confuses ni innommées, et le plus septentrionnal de ses pavillons castillans ne serait pas non plus planté où nous le voyons, aux environs de l'isthme de Panama.

On verrait, au contraire, le littoral, de ce point jusqu'aux pays attribués aux Anglais, émaillé de nombreux étendards aux armes de Castille et Léon. L'habile pilote devait d'autant plus inscrire ces contrées et en prendre possession cartographiquement, que les Portugais eux-mêmes ne pouvaient que les placer, et les placèrent en effet, dans les limites assignées à l'Espagne par les bulles papales et le traité de Tordesillas.

Si la carte du grand pilote basque, datée de l'an 1500, ne fait aucune mention de ces terres, c'est donc, selon nous, qu'il en ignorait l'existence, et, conséquemment, qu'alors aucun navigateur espagnol ne les avait encore découvertes, explorées ou nommées.

Cet argument s'applique également au fameux premier voyage d'Americ Vespuce, si discuté et si problématique, que nous n'avons pas cru devoir le comprendre dans notre chronologie.

Il y a encore à dire, même après les excellents travaux de Humboldt et de M. d'Avezac, sur le premier voyage de Vespuce. Pour clore notre série d'études concernant les auteurs de la découverte du Nouveau-Monde, nous reviendrons probablement un jour sur Vespuce, et, selon notre habitude, avec des documents nouveaux. En attendant, c'est cette exploration si contestée, mais telle que le texte attribué au navigateur florentin la décrit, qui servira de base à notre critique.

L'itinéraire aurait été comme suit :

Parti de Cadix, Vespuce, après une traversée de trente-sept jours et une navigation d'environ mille lieues vers « O 1/4 S-O », atterrit par 16° de latitude nord et 75° de longitude ouest des Canaries. Il estimait se trouver alors en vue « d'une terre continentale ».

Remontant ensuite la côte, il atteignit un certain port sous le tropique du Cancer. De là, il parcourut une distance de 870 lieues dans la direction du Nord : « *tuttavia verso il maestrale* ». Ce n'est qu'après avoir encore longé la côte septentrionale pendant trente-sept jours qu'il mit le cap sur l'est-sud-est, et revint à Cadix, après une absence de dix-sept mois.

En d'autres termes, selon le dernier résumé du plus fervent des apologistes d'Americ Vespuce[1], ce dernier

---

1. F. A. DE VARNHAGEN. *Le premier voyage de Amerigo Vespucci définitivement expliqué dans ses détails.* Vienne. 1869, in-folio, page 34.

a reconnu les côtes de Honduras, du Yucatan, du golfe du Mexique et de la Floride, et effectué la circumnavigation de la presqu'île floridienne. Il aurait aussi remonté la côte septentrionale du nouveau continent au moins jusque vers 28° 30' de latitude nord.

Nous ne discuterons ici ni l'authenticité ni le caractère de ce voyage. Notons seulement qu'aux termes de cette description, de toutes les expéditions maritimes du xve siècle, celle-ci est la seule qui cadre avec les configurations géographiques que l'on relève sur la carte de Cantino[1]. Provisoirement, nous ne ferons qu'une réserve. C'est qu'en partant de la hauteur de 16° de latitude septentrionale et une longitude de 75° à l'ouest des Canaries, puis, suivant au nord-ouest la côte pendant deux jours, accomplissant ensuite un parcours dans la même direction de 80 lieues, naviguant alors, toujours au nord, l'espace de 870 lieues, et longeant encore le littoral pendant 37 jours, on arrive à une latitude bien plus élevée que 28° 30' N. Nous devons cependant reconnaître que

---

1. Un nouvel examen du récit des quatre voyages de Vespuce, tel qu'on le lit dans la *Cosmographiæ Introductio*, nous porte à croire que l'auteur de cette relation (laquelle, sous cette forme, a été certainement rédigée après le 28 juin 1504) en l'écrivant a eu sous les yeux une carte semblable à celle de Cantino. On est presque fondé à se demander si la carte portugaise que Fonseca gardait dans son cabinet de travail, et que, selon Pedro Martyr, on attribuait à Vespuce, ne serait pas le prototype même du planisphère de Cantino. « *Quarum una à Portugalensibus depicta erat, in qua manum dicitur imposuisse Americus Vespucius Florentinus.* » Decad. II, lib. X, feuillet 41 de l'édition de 1533.

la description précitée correspond au tracé et aux positions de la carte de Cantino.

Le récit du voyage de Vespuce commence aussi en ces termes : « Le roi Ferdinand de Castille ayant résolu d'envoyer quatre navires à la découverte de terres nouvelles, je fus choisi à cet effet par Son Altesse[1]..... »

Cette exploration aurait donc été faite pour le compte de l'Espagne, et c'est à une expédition espagnole, bien que commandée par un Florentin, que reviendrait l'honneur de cette grande découverte.

Or, quelle est la date assignée par Vespuce lui-même à ce mémorable voyage ?

Du mois de mai 1497 à octobre 1498 ou 1499 : « *M. CCCC XCIJ. xx mensis May die, — xv Octobris die. Anno Dñi M. CCCC. LXXXX. IX.* », lisons-nous dans le texte latin de la *Cosmographiæ Introductio* de Waltzemüller[2]. Du 10 mai 1497 au 15 octobre 1498 : « *Partimo del porto di Calis adi 10 maggio 1497... giugnemo nel porto di Calis adi 15 octobre 1498,* » porte plus exactement le texte italien, publié avant l'année 1512[3].

Que l'on adopte l'une ou l'autre de ces dates ; que

---

1. » *Ipse enim Castillæ Rex Fernandus tunc quatuor parabat naves ad terras novas occidentem versus discoperiendas, cuius celsitudo me ad talia investiganda in ipsam societatem elegit.* » *Quatuor Americi Vesputii navigationes*, dans la *Cosmographiæ Introductio*, de HYLACOMULUS (WALTZEMULLER), Deodate (Saint-Dié), 1507, in-4.

2. *Bibliotheca Americana Vetustissima*, N° 44.

3. *Lettera di Amerigo Vespucci delle isole nuouamente trouate in quattro suoi viaggi (s. a. a. l.)*, in-4, **B. A. V.**, N° 87.

l'on ne voie même dans ce premier voyage, comme le conjecture Humboldt, que celui de Hojeda, toujours est-il que l'expédition se trouve avoir été accomplie antérieurement à la confection de la carte de Juan de la Cosa, et dans des conditions telles que ce dernier a dû forcément en avoir connaissance d'assez bonne heure pour en tenir compte. Non seulement Vespuce et de la Cosa se connaissaient personnellement, mais tous deux accompagnèrent Hojeda en qualité de pilotes, justement dans cette expédition de 1499–1500[1].

Ce n'est donc pas non plus le parcours attribué à Vespuce que trace la carte de Cantino.

Le fait est que, selon les documents aujourd'hui connus, la Floride, c'est-à-dire le point le plus rapproché des Antilles, a été visitée pour la première fois par des Espagnols lors de l'expédition de Juan Ponce de Léon en 1513[2]. Tout au plus a-t-elle pu être entrevue lorsqu'en 1508, Sebastiano d'Ocampo circumnavigua l'île de Cuba. Quant aux régions situées au nord de la presqu'île floridienne, on n'a produit jusqu'à présent aucune preuve que les Espagnols y soient allés avant Lucas Vasquez de Ayllon, en 1520, et Estevam Gomez, en 1525.

---

1. Déposition de Hojeda dans l'enquête de 1513, NAVARRETE, tome III, page 544.

2. « *Nearly all former authors have placed this voyage in the year 1512. But Peschel in his :* « Geschichte des Zeitalters der Entdeckungen, » *page 521, has proved that this year is an impossible date, and that instead of it the year 1513 must by adopted.* » Dr. KOHL, *History of the Discovery of Maine*. (Tome I de la *Documentary History of the State of Maine*), Portland, 1869, in-8, page 240, note.

Des critiques seront peut-être disposés à reconnaître dans ce littoral, non celui des États-Unis, mais bien la côte orientale de la presqu'île du Yucatan. Ce serait reculer la question sans la résoudre, car les Espagnols abordèrent pour la première fois et par hasard au Yucatan, pays qu'ils déclarèrent n'avoir jamais été connu avant eux par aucun Européen, seulement lors de l'expédition de Francisco Hernandez de Cordova (aux Bahamas en quête d'esclaves), le 29 février 1517[1]. Même en admettant, comme le prétend Herrera[2], que cette terre eût été entrevue antérieurement par Solis et Pinzon, leur découverte ne nous reporterait qu'à l'année 1506.

Les objections géographiques sont au moins aussi probantes. La partie la plus septentrionale du Yucatan est dans la réalité par environ 20° 30' de latitude nord, et, conséquemment, à peu près de niveau avec l'extrémité sud-ouest de Cuba. Or, dans la carte de Cantino, c'est à la hauteur de ce dernier point que sa terre *commence* (au lieu de *finir*, comme dans la presqu'île du Yucatan) pour se continuer au nord l'espace d'au moins vingt degrés, sans indiquer aucune dépression dans le sens du golfe du Mexique.

1. « *Juan Dias de Solis, i Vicente Yañez Pinçōn reconocieron la entrada que hace la Mar entre la Tierra, que contiene el Golfo, i la de Yucatan.* » HERRERA, *Historia General*, Decad. I, lib. VI, cap. XVIII, page 170.

2. « *En 8 dias del mes de febrero del año de 1517 salimos de la Habana.... pasado venite y un dias que salimos de la isla de Cuba, vimos tierra... la cual tierra jamás se habia descubierto, ni habia noticia della hasta entonces.* » *Del descubrimiento de Yucatan*, cap. I:, de la *Verdadera Historia* de BERNAL DIAZ, page 2 de l'édition de VEDIA.

On voit aussi dans la carte du *Ptolémée* de 1513, laquelle est une continuation du prototype de Cantino,
le golfe du Mexique parfaitement tracé, et, à la latitude du Yucatan, une presqu'île bien définie, laquelle,
quoique située par une longitude trop reculée, peut,
en raison de sa latitude, être prise pour le Yucatan.
Cependant cette carte expose également la terre de
Cantino : indice, sinon preuve, qu'aux yeux des cartographes de l'époque, ce que nous appelons le Yucatan (s'ils l'ont connu), et la Floride formaient deux
presqu'îles distinctes.

Tout en se rangeant à nos objections, le critique
répondra peut-être que, entre la carte de Juan de la
Cosa, qui est datée de l'an 1500, et celle de Cantino,
exécutée en 1502, il y a un intervalle de deux années,
au cours desquelles des Espagnols, clandestinement
ou en vertu d'autorisation de la couronne de Castille,
de Colomb ou de Fonseca, ont pu explorer ces pays
et en dresser une carte que le cartographe de Cantino
aurait copiée.

Cette raison est plausible, mais, dans l'état de la
question, elle ne constitue encore qu'une hypothèse.
Aussi, avant de la discuter, devrons-nous, en bonne
logique, attendre qu'on excipe d'un document nouveau ou d'une carte nouvelle.

En tout état de cause, ce qu'il importe surtout
de retenir de notre analyse de la carte de Cantino
et des raisons que nous avons exposées, c'est le
fait, assez inattendu, que le littoral occidental des
États-Unis a été en grande partie découvert et

exploré entre le mois d'octobre 1500 et le printemps
ou l'été de l'année 1502[1].

On peut même affirmer qu'une fois connue, cette
région ne cessa d'être visitée. C'est la conséquence
que nous tirons de la *Tabvla Terre Nove* insérée dans
l'édition de la géographie de Ptolémée donnée à
Strasbourg en 1513, carte qui reproduit les délinéations continentales et la nomenclature de la mappemonde de Cantino, mais en ajoutant des désignations
de lieux qu'on ne trouve pas dans cette dernière[2]. Or
la carte de ce *Ptolémée* est aussi antérieure aux explorations espagnoles de ces parages, puisque les éléments
en furent fournis au cartographe par René II, duc de
Lorraine, qui mourut le 10 décembre 1508[3].

1. C'est, selon Navarrete (*Coleccion,* tome III, page 26), l'époque du
départ de Cadix de Juan de la Cosa en qualité de pilote avec Bastidas.

2. La carte de Juan de la Cosa est antérieure à cette date à cause de son
départ d'Espagne. Quant à celle de Cantino, nous présumons qu'elle a été
exécutée dans le courant de l'été de 1502, puisque c'est le 19 octobre de
cette année que le zélé correspondant du duc de Ferrare en annonce la
remise à Gênes.

3. *Infra,* paragraphe X, note 8.

IX

Iʟ va de soi que si nous possédions quelques-unes des cartes qui furent dressées en Espagne entre les années 1500 et 1502, et même peu après, le problème que nous soulevons pourrait être facilement résolu. Malheureusement, le premier document cartographique espagnol que l'on puisse citer après la mappemonde de Juan de la Cosa est de dix ans postérieur. C'est la gravure sur bois, fruste épave de si nombreux monuments cartographiques, qui accompagne la première édition des Décades de Pedro Martyr d'Anghiera, publiée à Séville par Jacob Corumberger, en 1511[1].

A en juger par cette carte, la péninsule floridienne ne semble pas avoir été encore connue des géographes espagnols. Au nord des Antilles, et sur le même plan que ces îles, on distingue une terre qui ne rappelle nullement celle de Cantino. Elle porte cette seule inscription : « *Illa de Beimeni parte* ». Le golfe de Honduras, au contraire, est assez exactement tracé ; ce qui s'explique par les expéditions bien connues de Rodrigo de Bastidas, de Juan de la Cosa, de Hojeda,

---

1. *Bibliotheca Americana Vetustissima,* N° 66, et *Additions,* N° 41.

de Colomb (4ᵉ expédition) et de Vicente Yañez
Pinzon, de 1502 à 1510. Quant au nom de *Beimini* ou
Bimini, il semble désigner, à cette époque reculée, la
Floride, mais non d'après des explorations positives.
Dans la carte de Pedro Martyr, ce n'est certainement
qu'un écho de la tradition recueillie par les Espagnols
lors de leurs premières explorations des Lucayes[1].
Las Casas dit même[2] que ce nom de Bimini fut donné
à la Floride par Juan Ponce de Léon. Il serait singulier que ce hardi aventurier s'en fût exclusivement
rapporté aux vagues rapports des Indiens, si cette côte
eût été déjà explorée pour le compte de l'Espagne.

Après la carte de Martyr, nous ne trouvons plus
que la mappemonde attribuée par nous à Nuño Garcia
de Toreno, et qui porte la date de 1527[3]. Si cette fois
les contours de la péninsule floridienne et du littoral
septentrional sont exactement tracés, c'est évidemment aux pilotes de Alfonso Alvarez de Pineda[4], de
Lucas Vasquez de Ayllon, et de Pamphilo de Narvaez
qu'en revient le mérite.

1. *Petr. Martyr.,* Decad. VII, cap. II.

2. « *Esta misma tierra llamó el mismo Juan Ponce Bimine, no supe de
dónde ó por qué causa tal nombre le puso, ó de dónde le vino, ó si la llamaron asi
los indios.* » Las Casas, *Historia de las Indias,* lib. II, cap. **xx**, tome III,
page 460.

3. Voyez les numéros 10 et 11 de la *Cartographie* dans notre ouvrage
Jean et Sébastien Cabot, pages 168-175.

4. En 1519. Navarrete, *Noticia Historica,* dans sa *Coleccion de viages,*
tome III, page 64.

X

Examinons maintenant les indices et les faits que l'on peut invoquer pour attribuer la découverte et la première description graphique de ces terres à des navigateurs portugais.

La carte de Cantino a été sinon dressée, au moins dessinée à Lisbonne, et toutes les légendes, ainsi que la plupart des désignations de lieux, sont en langue portugaise. Cette circonstance est secondaire, même en l'absence de traces d'un prototype espagnol, car tous ces vocables peuvent être ramenés à des noms castillans, et, dans l'hypothèse que la carte de Cantino ne serait qu'une traduction, on s'explique qu'elle ait été faite dans la langue des individus qui devaient la lire.

Un nom, cependant, indique pour certaines parties des tracés d'origine purement lusitanienne. Par exemple, celui d'*Antilhas*, donné à l'archipel qui est encore ainsi nommé, ne paraît pas pouvoir provenir, en 1502, d'une traduction de l'espagnol.

Si l'île Antillia apparaît déjà sur le portulan d'Andrea Bianco, dressé à Venise en 1436, et si Toscanelli, en

1474, et Behaïm, en 1492, la nomment[1], c'est d'une façon absolument légendaire et imaginaire. Dans la carte de Cantino, au contraire, nous avons une désignation positive, appliquée graphiquement et pour la première fois à ce groupe d'îles, innommé dans son ensemble par Colomb et même par Juan de la Cosa. Or, Las Casas rapporte que ce sont les Portugais qui donnaient le nom d'Antilles, sinon à l'archipel entier, au moins à l'île d'Hispaniola : « *Antilla llamaban los Portugueses entónces esta isla Española[2].* »

Si les Espagnols ne peuvent aujourd'hui exciper d'aucune délinéation du Nouveau-Monde datant des années qui s'écoulèrent entre 1500 et 1511[3], les col-

---

1. Behaïm l'identifie avec les Sept-Cités : « *Insula Antilia genannt Sepic citade* » (légende du globe de Nuremberg où cette île se trouve placée par 24° de latitude). Toscanelli lui donne la latitude de Lisbonne, tandis que Bianco lui attribue celle de 33°20' — 38°30', selon les calculs de Humboldt.

L'identification précitée se retrouve dans les *Historie* : « *Et dall' Isola di Antilia, che voi chiamate di Sette città.* » (Édition de Venise, 1571, feuillet 18, recto) où elle est donnée comme partie intégrante de la lettre de Toscanelli. C'est encore une interpolation de l'auteur de ce livre. Le texte original de l'astronome florentin porte seulement : « *Sed ab insula antilia vobis nota ad insulam nobilisimam cippangu sunt decem spacia.* »

2. *Historia de las Indias,* lib. I, cap. CLXIV, tome II, page 395.

3. S'il y a peu d'espoir de retrouver la mappemonde que, selon la lettre du médecin du roi Manoel, datée de la Vera-Cruz, le 1er mars 1500, possédait Pedro Vaz Bisagudo, et où le Nouveau-Monde était figuré par quatre îles, peut-être pourrait-on découvrir le planisphère du XVe siècle qui se conservait encore à Lisbonne en 1847, et que le vicomte de Santarem paraît avoir vu à cette époque. *Bulletin de la Société de Géographie de Paris,* pour mars 1847, page 160.

lections de Munich[1] possèdent encore des portulans portugais qui se placent entre ces deux dates. Ce ne sont, malheureusement, que des chaînons séparés et peu nombreux, trop disparates même pour permettre au critique d'en reconstituer la filiation. Nous devons aussi reconnaître qu'ils ne reproduisent pas les configurations de la mappemonde de Cantino : circonstance qui ne milite cependant que contre le zèle ou l'habileté des cartographes qui dressèrent ces portulans, puisqu'ils avaient à leur portée des éléments suffisants, comme on le voit par ce planisphère même, lequel est incontestablement d'origine lisbonnienne.

Mais si les premières cartes portugaises nous sont à peu près inutiles dans cette enquête, il n'en est pas de même lorsqu'on compare la partie américaine de la carte de Cantino avec certaines œuvres cartographiques allemandes et polonaises du xvie siècle.

Le premier de ces monuments, par ordre de dates, est la carte intitulée : *Universalior cogniti orbis Tabula ex recentibus confecta observationibus,* dressée par Johannes Ruysch, en 1508, et ajoutée au deuxième tirage du *Ptolémée*[2], publié à Rome d'abord en 1507, puis

---

1. KUNSTMANN, *Atlas zur Entdekungs-Geschichte Amerikas,* Munich, 1859, grand in-folio, numéros III et IV.

2. *Bibliotheca Americana Vetustissima,* n° 56. L' « *Orbis Typus Universalis, — 1501-1504,* » ou « *Charta Marina Portugalensium,* » que F. A. de Varnhagen cite comme autorité à l'appui de sa thèse (*Le premier voyage de Vespuce définitivement expliqué,* page 24) n'existe pas. Ce n'est qu'un amalgame composé par Lelewel avec quatre cartes empruntées au *Ptolémée* de 1513, comme le savant géographe le dit lui-même : « Nous avons profité de cette réunion de cartes de même origine et nous avons élaboré la carte générale

l'année suivante, avec un supplément composé de cette carte et d'additions telles que l'*Orbis nova descriptio*, de Marcus Beneventanus.

Cette curieuse mappemonde, gravée sur cuivre, expose les contours atlantiques du Nouveau-Monde d'une façon qui, en ses grandes lignes, et eu égard à l'effet d'optique produit par la projection conique qu'a adoptée le géographe allemand, ne diffère pas sensiblement de la carte de Cantino. Les noms inscrits sur la côte méridionale : *R. de Brazi, Rio Grande, Capo Formoso, Golfo del Inferno, Tamaraqua*, et nombre d'autres désignations qu'on retrouve également dans la mappemonde du *Ptolémée* de 1513 : simple amplification de la carte de Cantino ou de son prototype, comme nous le démontrerons bientôt, prouvent que Ruysch ne s'est pas inspiré du planisphère de Juan

hydrographique, extrayant des quatre cartes spéciales tout ce qui a pu se placer sur notre échelle... » (*Géographie du Moyen Age,* tome II, page 143, note.) La désignation *regalis domus* ne se trouve pas dans la carte de 1513, et elle a dû être empruntée par Lelewel à Sylvano.

Quant au portulan de Vesconte de Maggiolo (N° 8 de la cartographie de notre *Cabot*), bien qu'il ait été dressé dans le pays d'origine de Sylvano, en janvier 1511, nous ne saurions affirmer que ses contours ont été empruntés au même prototype portugais que la carte du géographe napolitain. Maggiolo cite bien la « *Terra de corte reale de rey de portugall,* » mais il mentionne également une « *Terra de los Ingres* (sic) » : dénomination que nous n'avons pas encore trouvée sur une carte portugaise du xvi° siècle, et pour cause. Le fait est que de même que les cartographes espagnols passaient sous silence les découvertes des Portugais dans la partie septentrionale du Nouveau-Monde, ces derniers omettaient de citer les explorations des Anglais, antérieures cependant aux leurs, mais qui avaient pour théâtre les régions mêmes que revendiquait la couronne de Portugal.

de la Cosa, lequel porte une nomenclature entièrement différente. Le critique peut encore voir une
preuve indirecte d'emprunts au planisphère lusitanien
dans une singulière méprise de la carte de 1508. Là
où le cartographe a inscrit : « *A baia de todos sanctos,* »
c'est-à-dire, en portugais, *la Baie de tous les Saints,*
Ruysch a mis : « *Abatia omnium Sancto* [*rum*], » ou
l'Abbaye de tous les Saints[1], tandis que la Cosa omet
la désignation sous ses deux formes.

Cette identité de contours et de noms se remarque
presque au même degré dans les terres occidentales
que nous cherchons à identifier : *Culear, C. Fundabril,
C. Eliconti,* sont bien les *C : Arlear, C : do fim do abrill,*
et *Cabo D. licōtu,* de Cantino.

1. Cette singulière erreur peut provenir également d'une autre cause,
car il est à remarquer qu'elle se trouve aussi dans la version latine des quatre
voyages de Vespuce faite à Saint-Dié en 1507. La relation du quatrième
voyage porte cette phrase : « *quem omnium Sanctorum abbatiam nuncupavi-
mus.* » Le texte italien, plus rapproché peut-être du texte primitif, dit de
même: «*Discoprimo in un porto, che li poné mo nome* la badia *di tucte e sancti,* »
ce qui ne laisse pas que d'être assez étrange. Il faut donc faire remonter ce
lapsus au texte italien, duquel il aura passé dans la version française que
Bazin de Sandacour a mise en latin. Quant à l'introduction de la désignation
« *albatia omin Scto4,* » dans la carte de Waltzemüller, nous conjecturons qu'il
y a d'abord une mauvaise lecture du graveur, puis que le géographe fribour-
geois a complété sa nomenclature non seulement d'après un document cartographique, mais aussi en suivant la version de son ami Bazin de Sandacour.
Comme celle-ci fut publiée en mai 1507, et que la carte de Ruysch ne parut
que le 13 août 1508 (comme on le voit par la dédicace au verso du frontispice), nous soupçonnons fort que ce cartographe, ignorant probablement
la langue portugaise, s'est également inspiré en partie des *Quatuor Americi
Vespucii navigationes,* dont le succès fut tel que trois éditions au moins en
furent publiées de mai à septembre 1507.

Ces terres se terminent à l'ouest par une banderolle qui porte l'inscription : « *Hvc vsqve naves Ferdinandi Regis Hispaniæ pervenervnt.* » Il ne faudrait cependant pas en conclure que Ruysch a voulu dire que cette région précisément a été atteinte par les navigateurs espagnols. Comme le dit justement Lelewel, la légende seulement « annonce l'inconnu ultérieur jusqu'à la Chine et l'Inde, où l'on espérait encore arriver directement. »

Bien que Ruysch n'indique les découvertes de Corte-Real que par le nom de *Cabo de Portogesi*, donné à l'extrémité orientale d'une terre correspondant à celle qu'attribue Cantino à l'infortuné navigateur portugais, les délinéations et les noms que nous avons décrits sont tellement typiques que nous ne pouvons voir dans la partie américaine de la mappemonde de Ruysch qu'une reproduction, plus ou moins fruste et incomplète, d'une œuvre de l'hydrographie portugaise. Si ce modèle, qu'on retrouvera peut-être, n'est pas le planisphère même de Cantino, c'est, certainement, une carte procédant, pour la partie septentrionale, de ce dernier ou de son prototype.

La première mappemonde après celle de Ruysch (si elle n'est antérieure), est la grossière ébauche qui accompagne la *Margarita Philosophica Nova*, de Grégoire Reisch, prieur de la Chartreuse de Fribourg, publiée par Grüninger à Strasbourg, en 1508[1]. Elle ne contient qu'une vague allusion aux découvertes

1. La carte de l'édition de 1515 (B. A. V., *Additions*, Nº 45) est plus explicite.

transatlantiques : « *Hic non terra sed mare est in que mira magnitudinis insula sed Ptolemæo fuerunt in-cognitæ.* »

Vient ensuite l'œuvre d'un géographe napolitain d'origine, Bernard Sylvano, d'Eboli, carte qui fait partie du *Ptolémée*, assez fantaisiste, publié à Venise en 1511[1]. Nous ne la citons que pour mémoire, car les contours du Nouveau-Monde qu'elle expose sont si vagues, et la nomenclature en est si restreinte, que nous ne pouvons guère l'utiliser ici. Notons, cependant, une délinéation et deux noms qui indiquent clairement l'existence d'une carte de l'hydrographie portugaise parmi les documents consultés par Sylvano. A la latitude, mais non tout à fait à la longitude, où se trouvent les terres corteréaliennes de Cantino, on remarque dans la mappemonde cordiforme du géographe napolitain, du côté le plus rapproché de l'Europe, d'abord une région dénommée *Terra laboratorum*, et, à l'ouest de celle-ci, une côte, portant la désignation bizarre, mais dont l'origine se devine du reste, de *Regalis domus*. Or, nous n'avons pas encore rencontré de carte espagnole antérieure à l'année 1534[2], portant mention de Corte-Real, sous aucune forme. On ne commence à lire le nom du navigateur portugais que dans la carte de Wolfenbüttel[3] : œuvre relativement tardive de l'hydrographie sévillane.

---

1. *Bibl. Americ. Vetust.*, Nº 68.

2. Carte de Wolfenbüttel dans notre *Cabot*, page 185, nº 18.

3. « *A qui se perdieron los corte Reales.* » *Ibidem.*

Une carte allemande, qui rappelle absolument la mappemonde de Cantino, c'est celle des éditions de Ptolémée publiées à Strasbourg en 1513, 1520, 1522 et 1525[1]. Comme ces trois dernières procèdent de l'édition de 1513[2], nous n'examinerons que la carte donnée dans celle-ci.

Les configurations du Nouveau-Monde et les positions sont identiques dans la mappemonde de Cantino et la *Tabula Terre Nove*, du *Ptolémée* de 1513. L'échelle, dans cette dernière, a été, naturellement, très réduite, mais les délinéations de la péninsule floridienne et de la côte qui se prolonge vers le septentrion, l'extrémité occidentale de Cuba, en forme de champignon, les détails de l'archipel des Antilles, la nomenclature, enfin tout ce que nous avons relevé dans cette partie de la carte de Cantino, se retrouve dans ladite *Tabula Terre Nove*.

Pour ne prendre que ce continent mystérieux, comment ne pas reconnaître, placés en des lieux identiques, les mêmes noms, bien que dénaturés, dans les deux listes suivantes :

---

1. *Bibliotheca Americana Vetustissima,* N⁰ˢ 74, 117, et *Additions,* N⁰ˢ 58 et 78.

2. *Ibidem,* N° 74, pages 135-136; LELEWEL, *Géographie du Moyen Age,* tome II, pages 157-160. RAIDEL, *Comment. critico-lit. de Claud. Ptolem.,* page 56. HUMBOLDT, *Examen critique,* tome IV, page 109. D'AVEZAC, *Waltze-müller,* pages 141-156.

CANTINO.	PTOLÉMÉE DE 1513.
Rio de las palmas,	*Rio de la parmas,*
rio do corno,	*rio de como,*
C. arlear,	*C. arlear,*
G. do lurcor,	*C. lurcar,*
cornejo,	*Comello,*
C. do fim do abrill,	*C. doffim de abril,*
pŭta Roixa,	*ponta roy...,*
Rio de las almadias,	*rio de las amadias,*
Cabo Santo,	*C. Santo,*
Rio de los largartos,	*rio de los garlartos,*
lago luncor,	*lago luncor,*
Coſta alta,	*Coſta alta,*
Cabo de bõa ventura,	*C. de bonauentura,*
Cabo d. licõtu,	*C. del itontir,*
Costa del mar vąano.	*C. del mar uſiano*[1]*.*

Il en est de même des noms placés sur la côte méridionale.

Le cartographe de ces planisphères strasbourgeois est le fameux Martin Waltzemüller, dit Hylacomilus,

---

1. Voir, *supra,* page 89, notes 1-11, une concordance de ces noms.

de Fribourg en Brisgau[1], qui a aussi inventé et donné au Nouveau-Monde le nom d'Amérique[2].

Mais où ce géographe a-t-il puisé les éléments de sa cartographie américaine?

Il les tenait directement de René II, duc de Lorraine[3]. La préface de Aeszler et Uebelin, les éditeurs du *Ptolémée*, le rappelle en ces termes :

« *Charta autem Marina*[4], *quam Hydrographiam vocant, per Admiralem quondam serenissimi Portugaliæ* [sic] *regis Ferdinandi* [sic] *cæteros denique lustratores verissimis peragrationibus lustrata : ministerio Renati dum vixit, nunc pie mortui Ducis illustrissimi Lotharingiæ liberius prælographationi tradita est.* »

C'est-à-dire, mot à mot :

« La carte marine ou l'Hydrographie, comme elle est appelée, corrigée au moyen de navigations très

---

1. « *Et ne nobis decor alterius elationem inferre videatur, has tabulas è novo a Martino Hylacomylo piè defuncto constructas et in minorem quam priùs unquam fuère formam redactas esse notificamus.* » Laurent Fries, avertissement, lib. VIII, cap. 11 du *Ptolémée* de 1522, et Humboldt, *Examen critique*, tome IV, pages 115-11 .

2. Humboldt, *loc. cit.*, tome IV, page 33 ; *Cosmos*, tome II, page 676 : B. A. V., page 94.

3. « Les rapports qu'avait Hylacomylus avec le duc René... et avec son fils et successeur le duc Antoine, se manifestent aussi dans la dédicace qu'il fit à ce dernier d'un petit ouvrage très rare composé conjointement avec Ringmann, sous le titre de *Instructio manuductionem prestans in cartam itinerariam Martini Hilacomili... (Argentorati... 1511.)* Humboldt, *loc. cit.*, tome IV, page 113.

4. Il s'agit ici de la grande carte, mais comme le montre Humboldt, *Examen critique*, tome IV, page 109, note, ce passage s'applique également à la *Tabula Terre Nove*.

véridiques, [accomplies] premièrement par un ex-amiral du sérénissime roi de Portugal Ferdinand, ensuite par d'autres explorateurs, a été généreusement donnée par le ministère de l'illustrissime René, en son vivant duc de Lorraine, aujourd'hui pieusement décédé, pour être imprimée avec certaines autres cartes... »

Ce n'est donc pas le prototype de la carte qui a été donné à Waltzemüller, mais des descriptions de navigations accomplies par certains explorateurs, et à l'aide desquelles ce cosmographe a pu rectifier une carte qu'il possédait antérieurement. Or, la carte même ressemble trop à celle de Cantino pour ne pas provenir au moins d'un dérivé de cette dernière. L'existence, d'ailleurs, de ce dérivé nous est démontrée par la fraction de mappemonde ajoutée à l'*Introductio in Ptolemei Cosmographiam Joannis de Stobnicza*, impri-mée à Cracovie en 1512[1]. Ce n'est qu'une informe gravure sur bois, mais on y reconnaît parfaitement les délinéations de la carte de Cantino, avec sa péninsule et son littoral septentrional, voire la terre qu'elle attribue à Gaspar Corte-Real, mais ici anonyme. Cette carte porte déjà la configuration des golfes de Honduras et du Mexique, incomplète dans

---

1. *Bibliotheca Americana Vetustissima*, Nᵒˢ 69 et 95, et *Additions*, Nᵒ 42. La carte a été reproduite en fac-simile de 38 centimètres sur 27, par MULLER, d'Amsterdam. Nous devons un calque parfait de l'original à l'extrême obligeance de M. Birk, préfet de la Bibliothèque Impériale et Royale de Vienne.

la mappemonde lusitanienne, mais que Stobnicza
continue le long des isthmes.

Les rectifications introduites par Waltzemüller ne
consistent, à notre avis, que dans l'addition de plusieurs noms de lieux à ceux que nous possédions
déjà[1]. Rien ne prouve même qu'ils ne se trouvaient
pas sur le prototype de Stobnicza, car la carte du géographe polonais n'est qu'un abrégé. D'ailleurs, on
relève sur cette dernière trois désignations qui proviennent évidemment de la même source : *monte
frogoso, Gorffo spemoso* et *de bona ventura.*

Mais quelles étaient ces « navigations » dont le résultat se trouve reporté sur l'œuvre du cosmographe
·fribourgeois? Le texte dit que ce sont celles d'un
amiral de Ferdinand, roi de Portugal, — «*Admiralem
quondam serenissimi Portugaliæ regis Ferdinandi.* »

Cette assertion est erronée, car, du temps de
René II, mort le 10 décembre 1508, il n'y avait pas eu
de roi de Portugal nommé Ferdinand depuis le
22 octobre 1383. Le seul monarque de ce nom ré-
gnant en Europe au commencement du xvie siècle,
était Ferdinand d'Aragon. De savants critiques ont
donc proposé de changer le mot *Portugaliæ* en
celui de *Castellæ.* On a d'aussi bonnes raisons pour
laisser le nom de *Portugaliæ*, et pour faire porter la
substitution sur le nom de Ferdinand, qu'on rempla-

---

1. Parmi les terres occidentales que nous discutons, on relève sur la
carte de Waltzemüller les noms suivants qui ne sont pas dans celle de Cantino : *lacco dellodro (lago del oro?), G (C?) doliuo (del olivo?), C. delago (del
gato?), larabins (?), Camnor (?).*

cerait par celui de Manoel. Mais, loin d'y contredire, nous reconnaissons volontiers que ce navigateur est Christophe Colomb. Quant aux « autres explorateurs, » il est évident que le critique ne peut en exclure Gaspar Corte-Real.

Mais où le duc de Lorraine s'est-il procuré ces renseignements cartographiques? est-ce en Portugal ou bien en Espagne, et, si ce fut dans ce dernier pays, pourquoi ne serait-ce pas le prototype même de la carte de Cantino qu'on lui aurait envoyé?

Nous ne voyons pas que les rapports entre René II et Ferdinand d'Aragon fussent empreints d'une grande cordialité. Ferdinand, prince vindicatif, ne devait guère avoir oublié que René le Bon avait autrefois été élu par les Catalans roi d'Aragon, et que son fils Jean, duc de Calabre et de Lorraine, avait envahi ce royaume, maintenu cette élection par les armes, et fait courir à Ferdinand les plus grands dangers[1].

En tout cas, il n'y a pas traces de rapports directs entre la Lorraine et l'Espagne dans les huit premières années du xvie siècle, malgré la restitution aux Angevins, en 1506, des biens qu'on leur avait confisqués dans le royaume de Naples, et peut-être pour cette raison même. On possède, au contraire, des preuves de relations avec le Portugal, et qui portent justement sur des documents géographiques envoyés de ce pays

---

1. Zurita, *Annales de Aragon*, Zaragoça, 1610-1621, in-folio, tome **IV**, feuillets 150-153 et 164. Prescott, *History of the reign of Ferdinand and Isabella*, Philadelphia, 1870, tome I, pages 54-57.

à René II. Ainsi, un récit de la première expédition d'Améric Vespuce au Nouveau-Monde fut envoyé directement de Lisbonne à ce prince[1]. La version latine des quatre voyages du navigateur florentin a été faite par Basin de Sandacour sur un texte français apporté du Portugal en Lorraine, peut-être par Benvenuto di Domenico Benvenuti, dans l'année 1504[2]. N'est-il pas naturel de croire que la carte amendée par Waltzemüller, et qui procède de celle de Cantino ou du prototype de cette dernière, provenait de la même source portugaise?

Que faut-il retenir de cette analyse? C'est que l'origine lusitanienne de la carte de Cantino est triplement démontrée, et que c'est un document qui faisait autorité dès le commencement du xvͤ siècle,

---

1. « *Illustrissimo Renato Iherusalem et Siciliæ Regi duci Lothoringiæ ac Bǎrii* » porte la description de ce premier voyage, dans la *Cosmographiæ introductio,* recto du second feuillet.

2. « *Quattuor subiungentur navigationes ex Italico sermone in Gallico, et ex Gallico in latinum verso.* » *Cosmogr. introductio,* cap. ix, verso du feuillet 9. « *Quorum etiam regionum descriptionem ex Portugalla ad te Illustrissime rex Renate, gallico sermone missam Joannes Basinus Sendacurtus insignis poeta, a me exoratus qua pollet elegantia latine interpretavit.* » *Ibid.,* feuillet iij. « *El presente aportatore che è Benuenuto di Domenico Benuenuti, dira a V. M. di mio essere...* » *Lettera di Amerigo Vespucci,* feuillet 12, recto. Ce passage ne se trouve pas dans le texte latin précité de Basin ; mais, au commencement de ce dernier, on lit : « *Movit me imprimis ad scribendum præsentium lator Benevenutus. M. T. humilis famulus, et amicus meus non pænitendus, qui dum me Lisbonæ reperiret...* » Il est possible que le texte original ait été adressé à Pietro Soderini, mais on ne peut douter que René II en reçut aussi de Lisbonne une version, et cela nous suffit, même si Benvenuti n'avait servi de messager qu'auprès du gonfalonnier de Florence.

puisque les premiers géographes de l'Allemagne, de la Suisse et de l'Italie l'ont adoptée pendant plus de trente-cinq ans comme type de la description graphique du Nouveau-Monde, dans leurs éditions de la géographie de Ptolémée[1].

Ces raisons, cependant, ne s'appliquent qu'à la condition matérielle, à la confection de la carte, et elles ne prouvent pas encore que les tracés ont été pris sur des épures provenant d'explorations accomplies par des navigateurs portugais entre les années 1500 et 1502.

Nous avons institué des recherches en Portugal, et compulsé avec soin toutes les chroniques portugaises, pour trouver quelque indice de voyages entrepris vers 1501 par des marins lusitaniens dans cette partie du Nouveau-Monde. Nous n'avons rien découvert. Le seul renseignement qui, à notre connaissance, se rapporte à une curieuse question de ce genre est le suivant.

Lorsque Alexandre de Humboldt préparait son *Examen critique*, M. Léopold Ranke lui communiqua une lettre qu'il venait de découvrir parmi les manuscrits de la Marciana.

Frappé de l'importance de ce document, l'éminent historien de la géographie du nouveau continent

---

1. Les éditions de *Ptolémée* préparées par Michel Servet en 1535 (*B.A.V*, N° 210) et 1541 (*Ibid.*, N° 233) donnent encore, pour le Nouveau-Monde, la réduction des cartes faites par Waltzemüller pour l'édition de 1522. (*Ibid.* N° 117.)

s'empressa de l'annoncer dans son *Examen critique* en ces termes[1] :

« Je prouverai dans la *Troisième Section*, en publiant une lettre inédite et tirée récemment par M. Ranke des archives de Venise, que, même avant le voyage de Colomb à Honduras et à Veragua, au mois d'octobre 1501, on savait déjà en Portugal « que les terres du nord, couvertes de neiges et de glace, sont contiguës aux Antilles et à la Terre des Perroquets, nouvellement trouvée. »

Cette troisième section ne fut jamais publiée, et on ne sait ce que le manuscrit est devenu. Quant à la lettre communiquée par M. Ranke, malgré d'actives recherches dans les archives vénitiennes en 1867 et 1880, nous ne pûmes la découvrir, même dans les *Diarii* de Sanuto, dont nous consultâmes le manuscrit à Vienne, manuscrit, il faut l'avouer, devenu presque illisible par le coulage de l'encre et la vétusté du papier.

Ayant récemment institué de nouvelles recherches à Venise, notamment dans les relations envoyées d'Espagne et du Portugal, que M. Ranke avait consultées en 1829, et ces investigations n'ayant pas abouti, M. Bartolommeo Cecchetti, l'érudit surintendant des archives voulut bien diriger ses obligeants efforts du côté des *Diarii* de Marin Sanuto, où, sous l'année 1501, il trouva en effet la lettre tant cherchée.

C'est probablement la dépêche même qu'adressa

---

1. *Histoire de la Géographie du Nouveau-Continent,* tome IV. page 262.

Pietro Pasqualigo à la Seigneurie de Venise, le
18 octobre 1501, rendant compte de l'arrivée à Lisbonne, le 9 (et non le 8) dudit mois, de la première
caravelle de Gaspar Corte-Real.

Dans cette missive, le récit est à peu près identique
à celui que Pasqualigo envoya à ses frères le lendemain ; mais on y remarque une phrase importante
qui ne se trouve pas dans la lettre particulière datée
du 19 octobre.

A la suite du passage : « Ils ont parcouru environ
six ou sept cents milles de la côte de cette terre sans
jamais en trouver la fin, ce qui les porte à croire que
c'est la terre ferme. Cette terre fait suite à l'autre terre
découverte, l'année passée, au septentrion, » on relève
effectivement la phrase signalée par Humboldt, laquelle, dans l'original, est en ces termes :

« *Etiam credeno conjungersi con le Andilie, che
furono discoperte per li reali di Spagna, et con la terra dei
papagà, noviter trovata per le nave di questo re che
andorono in Calicut*[1]. »

Doit-on conclure de cette phrase que les Portugais
croyaient à l'existence d'une côte se prolongeant sans
solution de continuité du Brésil à l'île de Terre-Neuve,
en conséquence d'une exploration effective que Gaspar
Corte-Real, ou d'autres navigateurs portugais auraient
accomplie avant l'année 1502 ? Nullement.

Le lecteur remarquera d'abord la forme dubitative

---

1. *Copia de una letera scritta in Portogallo a di 18 octubrio, ricevuda à dì
28 dezembrio 1501.* Appendice XVIII A.

de la phrase : « Les gens de la caravelle croient — *credeno questi di la caravella...* » Ensuite, Pasqualigo donne les raisons qui servent de base à ce dire : « *El creder questo se moveno, prima, perché, havendo corsa la costa de ditta terra per spazio de 600 et più milia non hanno trovato fin alguno.* » Littéralement : « Cette opinion procède d'abord de ce qu'ils ont suivi la côte pendant plus de 600 milles sans en trouver la fin. »

La lettre adressée par Pasqualigo à ses frères donne une raison supplémentaire qui paraît avoir été aux yeux de Gaspar Corte-Real, et avec raison, plus probante encore : « *Questo in stesso li fa credere la moltitudine de fiumare grossissime che anno trouate la : che certo de una Ensula none haria mai tante et cossi grosse.* » C'est-à-dire : « Ils croient ceci à cause de la multitude de grands fleuves qu'ils y ont trouvés, car, assurément, une île ne saurait en contenir un aussi grand nombre et de si considérables. »

Enfin, la raison assignée par Cantino pour le séjour prolongé de Corte-Real aux terres nouvelles, est que ce navigateur ne voulait pas revenir en Portugal avant de s'être assuré si ce pays était une île ou bien la terre-ferme : « *Che vole intendere se quella è insula, o pur terra ferma.* » C'est l'espérance que partageait Pasqualigo lorsqu'il écrivait à la Seigneurie : « *Expetasse di zorno in zorno l'altra caravella capetania, da la qual distinctamente se intenderà la qualita et condition ch'è la sopradita terra, per discoprir quanto più potrà de quella.* »

Malheureusement, Corte-Real ne revint jamais, et si les Portugais arrivèrent, en l'année 1501, à la

connaissance du caractère exact des régions transatlantiques, ce ne fut pas assurément par suite des
expéditions cortéréaliennes.

La notion de l'existence d'une côte sans solution
de continuité était déjà répandue à l'époque du dernier
voyage de Gaspar Corte-Real. Des cartes portugaises
de la fin du xvᵉ siècle, par exemple celle que possédait
Pedro Vaz Bisagudo, figuraient encore le Nouveau-
Monde par quatre îles; mais la mappemonde de Juan
de la Cosa, dressée en l'an 1500, expose un littoral qui,
partant d'un point pris dix degrés au sud de l'atterrage
de Vicente Yañez Pinzon en 1499, se prolonge sans
interruption jusqu'aux découvertes des Anglais, par
environ 70° N.

Comme nous l'avons dit précédemment, cette
délinéation ne procède pas d'explorations ou de
relevés. Elle n'indique, selon nous, qu'une hypothèse
cartographique ; mais cela suffit pour expliquer le
passage précité de la lettre de Pasqualigo, sans avoir
recours à la fiction d'une reconnaissance hydrographique depuis le golfe du Mexique jusqu'au Labrador,
que Gaspar Corte-Real aurait accomplie.

La lettre communiquée par Ranke n'implique donc
pas, comme le pensait Humboldt, qu'à Lisbonne,
en 1501, on savait de science certaine que les terres
du nord sont contiguës au Brésil. Elle n'énonce
qu'une inférence ou une conjecture.

Il importe aussi d'établir une distinction au sujet
du mot *continent*, et de s'assurer si les navigateurs,
au commencement du xviᵉ siècle, en employant ce

terme, entendaient véritablement l'immense péninsule qui constitue le Nouveau-Monde, ou bien seulement la côte occidentale de l'Asie.

L'idée qu'il y avait un vaste continent interposé entre l'Europe et l'Asie n'a commencé à germer dans l'esprit des cosmographes que tard, et rien ne montre que Corte-Real ou ses compagnons en aient eu la prescience.

Pour eux, comme pour les marins des autres nations, en l'an 1500, ces terres nouvelles n'étaient autres que le littoral du Cathay. Aussi inclinons-nous à croire que, jusqu'au jour où Nuñez de Balboa, du sommet des Andes, entrevit la mer du Sud, les navigateurs portugais eussent volontiers suivi l'exemple de Christophe Colomb, qui, au cours de son second voyage, le 12 juin 1494, obligea officiers, matelots et mousses, de venir, à bord de sa caravelle, jurer pardevant notaire, sous peine, en cas de rétractation, d'avoir la langue coupée, que Cuba confinait à la Chine, et que d'Espagne on pouvait s'y rendre à pied sec[1].

1. Ce singulier procès-verbal est publié *in extenso* dans NAVARRETE, tome II, doc. LXXVI, page 145.

XI

Il importe maintenant d'établir une concordance entre le récit et la carte envoyés par Cantino au duc de Ferrare, et de déterminer le périple de Gaspar Corte-Real en l'année 1501.

On ne saurait demander aux cosmographes du xvᵉ siècle des mesures itinéraires en rapport exact avec la circonférence terrestre, ni une application précise du degré à la position qu'ils attribuaient aux îles et aux terres du Nouveau-Monde. Leur estime n'était qu'approximative, souvent inexacte, parfois avec intention. Nous ne tarderons pas à en voir un curieux exemple.

Les régions attribuées par le cartographe de Cantino au roi de Portugal sont au nombre de deux, et de celles-ci, une seulement est dite avoir été découverte par Gaspar Corte-Real. Le découvreur de l'autre n'est pas nommé; mais si ce fut Gaspar, on doit admettre qu'il eut cette bonne fortune dans une expédition précédente, car le récit de Pasqualigo et celui de Cantino laissent notre navigateur dans la contrée d'où il fit enlever les cinquante-sept habitants amenés à Lisbonne. Corte-Real se proposait alors de continuer à naviguer « jusqu'à ce qu'il se fût assuré si ce pays était une île ou un continent; » mais comme on n'en eut plus jamais de nouvelles, nul ne saurait dire si ce fut dans cette exploration subséquente qu'il découvrit la seconde terre. On peut aussi conjecturer qu'elle fut reconnue par les caravelles qui revinrent en Portugal, lors de leur voyage de retour.

Que ces terres aient été découvertes en même temps ou au cours de deux expéditions différentes, on est fondé à croire que l'une et l'autre furent vues ou revues, au moins par une des caravelles de la dernière expédition de Gaspar Corte-Real, et, ainsi, qu'elles appartiennent à un seul et même périple. Nous partirons de cette donnée.

Quelle est, selon le cartographe de Cantino, la position géographique de la terre dont il attribue expressément la découverte à Gaspar Corte-Real?

Par rapport au méridien de Paris, la longitude se trouve être par 51° — 56° ouest. La latitude est par 59° — 50° nord. .

L'autre terre (la péninsule que les Portugais découvrirent, mais où ils ne descendirent pas : « *descobriram nam chegarō a terra* ») est par 62 degrés de latitude nord et 35° de longitude ouest.

Réparties sur une carte moderne, ces positions nous donnent pour l'une et l'autre terre la pleine mer.

Quel est le caractère géographique de ces régions?

La plus rapprochée de l'Europe est donnée pour un continent. La phrase de la légende : « selon l'avis des cosmographes, on croit que c'est la pointe de l'Asie, » le démontre.

L'autre région, au premier abord, paraît être une île; mais l'absence de contours et de dentelures en sa partie occidentale donne à penser que cette ligne vague est un simple expédient du cartographe pour poser une limite selon lui nécessaire. D'ailleurs, il ne pouvait avoir aucun renseignement sur l'insularité ou la non-insularité de cette terre, car Corte-Real n'a pu avoir le temps de circumnaviguer une région présentant d'un seul côté quinze degrés d'étendue. D'autre part, le récit de Pasqualigo dit expressément que les marins portugais étaient portés à croire que c'est la terre-ferme.

Ce qui étonne, cependant, c'est la position occupée par cette terre, tellement à l'orient, qu'elle se trouve plus rapprochée de l'ancien que du nouveau monde. On peut expliquer cette inexactitude par des raisons d'un ordre politique.

Le lecteur n'ignore pas qu'une bulle d'Alexandre VI, du 4 mai 1493, définissait la ligne de démarcation entre l'Espagne et le Portugal, « de pôle à pôle, à cent lieues à l'ouest des Açores et des îles du cap Vert[1]. » Par le traité de Tordesillas, cette limite fut reculée de

---

1. Nous ne connaissons la première ligne de démarcation, établie en faveur du Portugal par des bulles de Eugène IV en 1438, et Pie II en 1459, que par un passage de BARROS : « *de toda a terra que se descobriste per este nosso mar Occeano do cabo Bojador té as Indias inclusiue* ». (Decad. I, lib. I, feuillet 14.) Nous n'avons pu trouver ces bulles dans aucun bullaire.

Le 3 mai 1493, Alexandre VI publia une bulle au sujet de la découverte du Nouveau-Monde (NAVARRETE, tome II, pages 23-27, doc. XVII.) Cette bulle ne fait que concéder aux Rois-Catholiques des privilèges semblables

cent à trois cent soixante-dix lieues. Il s'ensuit que les terres nouvelles ici attribuées au Portugal, étaient situées, en réalité, très en dehors de la ligne fixée pour ses possessions d'outre-mer, et, conséquemment, qu'elles appartenaient entièrement et exclusivement à l'Espagne.

Cette raison paraît suffisante pour expliquer la position si inexactement orientale assignée par le cartographe de Cantino aux terres revendiquées pour Gaspar Corte-Real.

à ceux qui avaient été précédemment accordés au Portugal concernant ses découvertes sur la côte d'Afrique.

Le lendemain, 4 mai, Alexandre VI publia une nouvelle bulle (NAVARRETE, *loc. cit.*, doc. XVIII, pages 28-35), laquelle établit la vraie ligne de démarcation : « *Omnes insulas et terras firmas inventas et inveniendas, detectas, et detegendas, versus Occidentem et meridiem fabricando et constituendo unam lineam à Polo Arctico,...... quæ linea distet à qualibet insularum quæ vulgariter noncupantur* de los Azores et Cabo Verde *centum leucis versus occidentem et meridiem.* »

Par le traité de Tordesillas, au 7 juin 1494, cette ligne fut reculée de cent à trois cent soixante-dix lieues à l'ouest du Cap-Vert : « *Una raya ó linea derecha de Polo á Polo, del Polo Artico, al Polo Antártico, que es de Norte á Sur, la cual raya ó linea é señal se haya de dar y dé derecha, como dicho es, á trescientas setenta leguas de las islas de Cabo Verde para la parte de Poniente por grados ó por otra manera...* » (Protocole du 5 septembre 1494; NAVARRETE, tome II, doc. LXXV, page 136.)

XII

Nous avons démontré que, dans la carte de Cantino, les contours et la position des terres nouvelles assignées aux Portugais ne sont pas tracées avec assez de précision pour permettre au critique de les identifier absolument. Cette mappemonde, en son ensemble et dans ses grandes lignes, n'est cependant pas tellement inexacte qu'on ne puisse se rendre compte des conceptions géographiques du cartographe qui l'a dressée.

Trois points de repère facilitent cette tâche. Ce sont: l'île de Cuba au sud, le littoral des Etats-Unis à l'ouest, et l'Islande au nord.

Entre ces trois points parfaitement déterminés, on distingue d'abord la grande terre, dont la découverte est explicitement attribuée à Gaspar Corte-Real. Placée au nord-ouest, et en réalité, comme nous le montrerons bientôt, prolongement idéal du continent dans la direction de l'est, la région correspond à l'île de Terre-Neuve. Mais la dimension de sa côte orientale, selon le tracé de Cantino, est telle qu'on doit supposer que cette terre comprend également la partie septentrionale du littoral de l'île du cap Breton, et, peut-être, de la Nouvelle-Ecosse. Terre-Neuve ne s'étend exactement que du 47° au 52° de latitude, c'est-à-dire un espace en hauteur de cinq degrés. Or, nous trouvons sur la carte de Cantino que l'intervalle entre la pointe septentrionale et la pointe méridionale de la terre cortéréalienne mesure quatre-vingt-cinq millimètres, lesquels, selon la base de calcul que nous avons adoptée[1], valent environ dix degrés, soit deux cents lieues marines.

Mais où les textes placent-ils les découvertes accomplies par Gaspar Corte-Real? Au septentrion: « *Sotto la tramontana,* » dit Pasqualigo. Cette désignation est corroborée par le détail que, lors de leur second voyage, les navigateurs portugais ne purent atterrir, à cause de la mer qui était congelée : « *le qual caravelle non posseno arivar fin la, per ester el mare agliazato et infinita copia de neve.* » Ces renseignements nous reportent à une région très septentrionale. On peut l'identifier avec la côte nord du Labrador.

L'atterrage du second voyage fut au sud de cette région, puisque c'était une terre qui faisait suite à cette dernière, laquelle Corte-Real, cette fois, n'avait pu atteindre.

Il parcourut la côte de cette terre nouvelle pendant six ou sept cents milles : « *per la costa de la qual scorseno forsi miglia. dc. m. dcc.*[2], » nécessairement du côté du sud, sans en trouver la fin : « *ne mai trouoreno fin.* »

---

1. Pour les latitudes, c'est-à-dire $8^{mm}\frac{4}{10} = 1$ degré.

2. Dans sa lettre du 18 octobre, Pasqualigo dit seulement : « *corsa la costa de ditta terra ver spazio de 600 et più milia non hanno trovato fin alguno.* »

Si le critique limite ce parcours à une reconnaissance des côtés nord, est et sud de Terre-Neuve, son périple ne sera pas assez étendu pour embrasser « six ou sept cents milles. » Cet espace exige que Corte-Real, virant de bord au cap de Raye, ait continué à longer la côte occidentale de l'île jusqu'au détroit de Belle-Isle, et suivi ensuite le littoral méridional du Labrador. C'est là que le navigateur portugais aurait rencontré : « ces grands et nombreux fleuves d'eau douce : « *molti et grandi fiumi dolci,* » (on en compte plus de vingt du détroit de Belle-Isle au Saguenay), et remonté l'un d'eux, qui peut être la rivière Saint-Jean ou le Saguenay, voire le Saint-Laurent. Embarquant les Indiens dont il s'était emparé, de ce lieu Corte-Real les aurait envoyés en Portugal sur deux de ses caravelles, lesquelles arrivèrent à Lisbonne respectivement les 9[1] et 11 octobre 1501. Sans se douter qu'il se trouvât dans un golfe (ce que les brouillards de ces régions, et l'habitude des navigateurs de l'époque de serrer toujours la côte de très près expliquent), rétrogradant par la même route, Corte-Real serait venu déboucher dans l'Atlantique, pour continuer ses explorations et se perdre, probablement, dans le détroit de Davis.

Ce qu'on peut opposer à notre interprétation, c'est qu'elle implique un changement de direction du nord au sud, dès l'atterrage, ce dont les documents ne font pas mention, et que si Corte-Real était entré

---

1. Le texte des *Paesi* porte : « *Adir viii del presente* ; mais la lettre adressée à la Seigneurie commence par ces mots : « *A di 9 dil presente.* »

dans le golfe même, la carte de Cantino devrait exposer une grande échancrure et de nombreuses rivières le long de la partie méridionale de sa terre cortéréalienne occidentale.

En réponse à la première de ces objections, on peut invoquer un lapsus, très possible sous la plume de Pasqualigo, qui ne devait pas avoir une connaissance technique de la navigation. Pour la seconde objection, on est fondé à croire que la mappemonde de Cantino n'a pas été dressée expressément pour illustrer seulement les voyages de Corte-Real. C'est une carte d'ensemble des découvertes transatlantiques, portant également sur celles de Christophe Colomb et de Vasco de Gama, comme on le voit par les légendes qui y sont inscrites et les lettres qu'adressa Cantino au duc de Ferrare en janvier, en juin et en juillet 1501. Dans ces conditions, une semblable omission s'explique facilement.

Une autre raison, c'est que ces terres avaient été déjà explorées par les Anglais. De la Cosa les détaille sur sa mappemonde de l'an 1500, et, les attribuant à des sujets de Henry VII, il a soin de couvrir cet espace en maint endroit du pavillon britannique. Ce n'était que justice, car c'est à Jean et à Sébastien Cabot que revient l'honneur d'y avoir les premiers atterri, dès l'année 1497. Les Portugais ne pouvaient l'ignorer. Ne voyons-nous pas que trois d'entre eux, João Gonzales, Francisco et João Fernandez, natifs de Terceire, avaient obtenu des lettres-patentes de Henry VII pour faire des expéditions justement dans ces régions, João dès le 19 mars 1501[1]?

Dans ce cas, Gaspar Corte-Real, en 1500, n'aurait fait que suivre les traces de Jean et de Sébastien Cabot, et ces lacunes, insolites dans une mappemonde de 1502, pourraient s'expliquer par la crainte des revendications que l'Angleterre était en droit d'exercer.

Quoi qu'il en soit, un examen simplement visuel et pratique du planisphère de Cantino et sa comparaison avec toute carte de l'hydrographie moderne, ne permettent pas de voir dans la terre cortéréalienne une autre région que l'île de Terre-Neuve.

On peut cependant aussi admettre que, par un renversement cartographique assez fréquent dans les premières cartes portugaises, cette configuration nous donne également une partie du littoral septentrional du Labrador.

Il est plusieurs fois fait mention dans les actes de la Torre do Tombo et les chroniques anglaises du XVIe siècle, des terres découvertes par Corte-Real ou fréquentées par les Portugais. Aussi avons-nous cherché dans ces documents des indices pouvant servir à préciser la position de ces terres. Malheureusement les termes employés ne permettent pas d'identifier les localités découvertes ou même colonisées. « *Terra firme e Ilhas* » ou « *Terra noua* », lisons-nous dans les let-

---

1. Voir dans notre ouvrage, *Jean et Sébastien Cabot, leur origine et leurs voyages*, Paris, 1882, in-8, la chronologie des voyages au nord-ouest, de 1497 à 1550, page 266.

tres-patentes des 15 janvier 1502 et 17 septembre 1506, et dans l'*Alvará* adressé à Diogo Brandão[1]. « *The isle, the Newefounde Launde* », la « *Newfounded Island* », et la *new Ilande* », portent les régistres d'émargements de Henry VII[2]. Ces vagues dénominations indiquent seulement les terres nouvelles prises dans un sens général, et non, comme aujourd'hui, le nom propre de l'île de Terre-Neuve.

Les lettres-patentes octroyées à João Alvares Fagundes le 13 mars 1521[3], bien que posant des limites, ne sont pas plus précises. On lui accorde bien « la terre dite ferme, à partir de la ligne de démarcation qui sépare les possessions de la couronne de Castille, du côté du sud, jusqu'à la terre découverte par les Corte-Real, » mais sans dire où cette dernière terre se trouve, et en ne donnant comme point de repère que la ligne de démarcation, laquelle étant horizontale, détermine uniquement la longitude.

Si nous acceptons les lignes de gisement et l'échelle des latitudes de la carte dressée par Lazaro Luiz à Lisbonne, en 1563[4], les terres de Fagundes couvraient l'espace compris entre 42° et 52° nord.

---

1. *Alvará dirigido a Brandão.* Ms. cité par C. BOTELHO DE LACERDA LOBO, *Decadencia das Pescarias do Portugal,* dans les *Memorias Economicas da Academia Real das Sciencias de Lisboa,* tome VIII, page 338.

2. *Excerpta Historica* (par N. H. NICOLAS), London, 1831, in-8, *Privy burse Expenses of Henry VII,* pages 126, 129, 130.

3. E. A. DE BETTENCOURT. *Descobrimentos, guerras e conquestas dos Portugueses em terras do Ultramar nos seculos* XV *e* XVI. Lisboa *(sine anno sed 1881)* lithographié, in-4, tome I, pages 132-135.

4. Insérée dans l'ouvrage précité de M. DE BETTENCOURT.

Ce serait donc la région la plus rapprochée de l'extrémité septentrionale de la Nouvelle-Ecosse qu'il faudrait attribuer à Corte-Real, c'est-à-dire, ce que nous appelons aujourd'hui l'île de Terre-Neuve. Et, cependant, sur cette carte, le pavillon portugais n'est placé que sur notre Labrador, tandis que « *la terra que descobrio Joaom Aluerez* » est émaillée seulement de drapeaux aux armes et aux couleurs de Castille et Léon.

Deux fois il est question de Portugais vus au nord-ouest. La première fois, c'est le 3 avril 1527, jour où John Rut, dans la baie de Saint-Jean, rencontre onze navires normands, un breton et deux barques portugaises[1]. La seconde fois, c'est au sujet de la querelle qui s'éleva entre « certains Portugais » et des gens de l'équipage de Roberval[2], lors de l'arrivée de ces derniers au détroit de Belle-Isle en 1581.

Comme les Portugais rencontrés par Rut étaient à bord de navires, on ne peut forcément en tirer la conséquence qu'ils se trouvaient dans les parages d'une colonie portugaise. Quant à ceux que mentionne Hakluyt à propos de Roberval, les mots : « *Certain Portugals* », indiquent peut-être qu'il s'agissait de Portugais se trouvant à terre aux environs d'une colonie. Dans ce cas, leur établissement aurait été vers la

---

1. « *The third day of August we entered into a good Haven, called Saint-John, and there we found eleven sailes of Normans, one Brittaine, and two Portugall Barkes, and all a fishing.* » PURCHAS, *His Pilgrimage*, London, 1625, in-folio, tome III, page 809, et tome V, page 822.

2. « *A quarrell betweene some of his countrymen and certain Portugals.* » HAKLUYT, *Principall Navigations*, London, 1600, in-folio, tome III, page 241.

partie septentrionale de l'île de Terre-Neuve, car c'est
là que sont le détroit de Belle-Isle, lieu de la querelle,
et la baie de Saint-Jean, où Rut rencontra les barques
portugaises.

Les documents cartographiques sont plus précis.

La mappemonde de Ruysch sépare les possessions
espagnoles des régions septentrionales par un énorme
bras de mer, et lorsque la terre reparaît, c'est bien sous
la forme de notre Terre–Neuve, dont l'extrémité méridionale, correspondant à ce que les cartes modernes
appellent le cap Race, porte ici le nom de « *Cabo de
Portogesi.* » Nous écartons néanmoins ce document,
car, procédant de la carte de Cantino ou de son prototype, comme nous l'avons démontré, elle n'apporte
aucun élément nouveau dans la discussion.

Il n'en est pas de même pour une certaine carte
conservée dans les archives de l'armée bavaroise, à
Munich. C'est le Nº III de Kunstmann[1] et le Nº VIII
de Kohl[2]. Ce dernier est d'avis qu'elle fut dressée entre les années 1504 et 1505, tandis que Oscar Peschel[3]
lui attribue la date de 1502. C'est, à n'en pas douter,
une carte absolument portugaise, tant par l'exécution
que par l'origine des données géographiques, mais
elle procède d'un tout autre prototype que le planis-

---

1. KUNSTMANN, *Die Entdeckung America's*, München, 1859, in-4, page 129,
et *Catalog über die Koniglish Bayer'schen Haupt Conservatorium;* München,
1832, in-8, page 7.

2. J. G. KOHL, *Documentary History of Maine*, Portland, 1869, in-8,
tome I, page 175.

3. OSCAR PESCHEL, *Geschichte des Zeitalters der Entdeckungen*, page 332.

phère de Cantino, dont elle ne donne ni les contours ni la nomenclature.

Or, la terre la plus occidentale dans cette carte anonyme porte le nom de « *Terra de cortte Reall,* » et l'échelle des latitudes placée à proximité indique que ladite terre cortéréalienne couvre l'espace compris entre 48º et 56º nord, c'est-à-dire, à peu de chose près, la position qu'occupe sur les cartes de l'hydrographie moderne l'île de Terre-Neuve.

Notons, enfin, que la nomenclature de cette région dans tous les portulans tant italiens et espagnols que portugais, de la première moitié du XVe siècle, est entièrement en langue portugaise.

Mais, cette région considérable à l'ouest, qui du golfe du Mexique s'étend jusqu'à l'embouchure de la Chesapeake ou de l'Hudson, et dont nous n'avons pu identifier le découvreur, peut-elle être aussi attribuée à Gaspar Corte-Real?

Nous ne trouvons aucune trace de navigations méridionales accomplies ou même projetées par le hardi marin portugais. Tout, d'ailleurs, milite contre l'idée d'un voyage dans ces régions.

Le but de Corte-Real ne pouvait être de découvrir des îles et des terres qui, aux termes du traité de Tordesillas et selon la ligne de démarcation, appartenaient exclusivement à l'Espagne. Il n'aurait guère non plus cherché à marcher sur les brisées de Christophe-Colomb, de Vespucce, de Hojeda et des navigateurs qui, sous le pavillon des Rois-Catholiques, et en vertu de priviléges reconnus par le Portugal depuis sept ans, exploraient les côtes méridionales du Nouveau-Monde. C'est, au contraire, vers le nord-ouest que Corte-Real devait songer à faire des découvertes, car l'idée vague qu'on avait de la position géographique de ces contrées autorisait la croyance qu'elles se trouvaient dans une zone neutre ou dévolue au Portugal. Il devait aussi être guidé par l'espoir de découvrir le fameux passage que tous les navigateurs plaçaient hypothétiquement au nord-ouest.

Des objections non moins graves se présentent à l'esprit lorsqu'on établit une échelle comparative des positions géographiques indiscutables de cette carte. Ainsi, on doit admettre que, dans la pensée des cartographes portugais, la ligne de démarcation est placée au point désigné par le traité de Tordesillas, c'est-à-dire à 370 lieues à l'ouest de la plus occidentale des îles du cap Vert : « *a trescientas setenta leguas de las islas de Cabo Verde para la parte de Poniente,* » ou par environ 50° de longitude ouest[1]. D'autre part, la terre continentale qui émerge de la bordure à la gauche du lecteur, est, forcément, la première terre que le navigateur se dirigeant vers l'ouest rencontre lorsqu'il a dépassé ladite ligne de démarcation.

Que peut être cette région ? C'est nécessairement la

---

1. En ne comptant les lieues que de 16 2/3 au degré. En réalité, le cartographe de Cantino place sa ligne de démarcation par 62° 30' (*supra,* page 86, note), mais cela importe peu pour notre argument, lequel porte sur l'écart relevé ici entre Terre-Neuve et la côte continentale.

vraie Terre-Neuve, puisque, en réalité, l'Océan ne porte en cet endroit aucune autre terre ou île.

D'autre part, Cantino a déjà placé et échelonné en ceci de la ligne de démarcation les trois régions qui dans son esprit correspondent à l'Islande, au Groënland et à Terre-Neuve. Il s'ensuit qu'après avoir dépassé sa ligne de démarcation, la seule terre que Corte-Real pouvait rencontrer est la côte orientale du continent américain.

Maintenant, si le lecteur mesure sur la carte de Cantino la distance entre la terre visitée par Corte-Real, laquelle nous croyons avoir démontré ne pouvoir être que la vraie île de Terre-Neuve, et la côte qui émerge à l'ouest de la carte, laquelle n'est aussi forcément que le littoral américain, que trouve-t-il ? Quelques milles marins seulement, comme dans la réalité ? Il trouve l'espace énorme de onze cents lieues !

Nous nous refusons absolument à croire que si Gaspar Corte-Real avait jamais visité cette terre occidentale, il l'eût placée à une distance aussi fantastique. Le marin capable de commettre un écart de cinquante degrés dans son estime n'est pas celui qui pouvait diriger avec succès des expéditions au Nouveau-Monde.

Aussi sommes-nous persuadé qu'il n'y a pas de corrélation intentionnelle entre cette terre occidentale et celle qui explicitement appartient à Gaspar Corte-Real. L'une et l'autre se trouvent sur la même carte fortuitement, et sans que l'auteur de ce document ait songé à les donner comme résultant d'un même périple. Selon une pratique alors constante, le cartographe a choisi une carte exposant l'ensemble des terres nouvelles connues avant le dernier voyage de Gaspar Corte-Real, ou bien il a réuni sur une seule surface deux ou trois cartes spéciales, et fait un tout de ces délinéations de provenances diverses. C'est alors, et alors seulement, qu'il aura ajouté les terres cortéréaliennes, d'après les épures rapportées par les capitaines des deux caravelles qui revinrent à Lisbonne au mois d'octobre 1501, et en les plaçant servilement, en dehors de la ligne de démarcation[1].

Ces raisons et l'absence complète de données positives, nous portent à croire que Gaspar Corte-Real n'a pas découvert le littoral des Etats-Unis, et, conséquemment, que les terres qui dans la carte de Cantino émergent de la bordure à l'ouest, ne sauraient être attribuées à ce navigateur.

Quant à la péninsule traversée par le *Circulus Articus*, à l'est de Terre-Neuve, sa forme mamelonnée, sa position au regard de l'Islande, dont le site est si exactement déterminé dans les portulans et les globes même les plus anciens, il est impossible de ne pas l'identifier du premier coup d'œil avec le Groënland. Elle est identique par la forme et la position à l'*Engrouelant* de la carte attribuée à Antonio Zeno et à la *Gruenlant* de la mappemonde de Ruysch. Aussi est-il presque inutile d'ajouter qu'on ne saurait y voir une

---

1. On retrouve d'ailleurs le même écart entre les régions attribuées à Corte-Real et ce littoral, dans les cartes de Stobnicza, de Sylvano et de Waltzemüller.

découverte faite par Corte-Real puisque cette région ne cessa pas d'être explorée par les Scandinaves dès le xe siècle. On peut seulement présumer que, parmi les Portugais, il fut le premier à voir cette contrée et à en faire mention.

La conclusion que nous tirons de notre analyse est la suivante :

Entre la fin de l'année 1500 et l'été de 1502, des navigateurs dont on ignore le nom et la nationalité, mais que nous présumons avoir été espagnols, ont découvert, exploré et nommé la partie du littoral des Etats-Unis qui, des environs de la baie de Pensacola, borde le golfe du Mexique jusqu'à l'extrémité de la péninsule floridienne, et, la contournant, longe au nord la côte de l'Atlantique jusque vers l'embouchure de la Chesapeake, ou de l'Hudson.

Le champ de la première exploration de Gaspar Corte-Real est la côte sud-est du Labrador, ou l'île de Terre-Neuve en sa partie la plus septentrionale.

L'atterrage de ce navigateur dans sa seconde expédition se localise au point le plus méridional atteint lors du premier voyage, et l'exploration fut dans la direction du sud, mais, ce semble, sans atteindre la baie de Fundy.

La péninsule dénommée *Ponta d'Asia* sur la carte de Cantino, est le Groënland, vu, mais non découvert, par les caravelles que Corte-Real renvoya de Terre-Neuve à Lisbonne en septembre 1501, et peut-être déjà reconnu au cours de son premier voyage.

XIII

Il nous reste une dernière question à résoudre.

Gaspar Corte-Real a-t-il découvert les pays qu'il visita dans les années 1500 et 1501 ?

Ni les faits connus ni les documents n'autorisent de réponse affirmative.

Ainsi que nous l'avons rappelé, au printemps de l'année 1497, en vertu de lettres-patentes octroyées le 5 mars 1496, par Henri VII d'Angleterre, Jean et Sébastien Cabot partirent du port de Bristol « pour chercher et découvrir toutes les îles, contrées, régions ou provinces de païens dans n'importe quelle partie du monde[1]. »

Ce mémorable voyage est résumé par Pedro Martyr d'Anghiera en ces termes :

« Se dirigeant vers le nord, Sébastien Cabot rencontra des masses de glaces, qui, au mois de juillet, flottaient sur la mer ; la durée du jour était continuelle, et l'on voyait de vastes banquises. Aussi fut-il obligé de virer de bord et de se diriger vers l'ouest. Il navi-

---

1. Rymer, *Fœdera*, 1741, tome V, pars IV, page 89 ; *Cabot*, appendice IV, page 313.

gua néanmoins dans la direction du sud, en rangeant le littoral jusqu'à ce qu'il eût atteint à peu près la latitude du *Fretum Herculeum*. Il cingla alors à l'ouest, jusqu'à ce que l'île de Cuba fût à sa gauche, presque à la même longitude[1]. »

Ce récit, à beaucoup d'égards, rappelle celui du voyage de Gaspar Corte-Real tel que nous le donnent Pasqualigo et Cantino. Mais on y remarque également l'absence de données géographiques permettant de déterminer le point d'atterrage. Tout ce qu'on peut déduire de ce passage, ainsi que de ce que rapportent Lorenzo Pasqualigo[2], frère de Pietro, et Raimondo di Soncino[3], témoins oculaires du retour des Cabot, c'est que les terres découvertes par ces navigateurs sont situées au nord-ouest. Sébastien Cabot, cependant, en 1544, alors qu'il était pilote-major de Charles-Quint, dressa un planisphère dont une copie gravée de son vivant existe encore[4]. Sur cette carte, il a fixé le point où lui et son père atterrirent, non

1. PET. MARTYR. D'ANGHIERA, *De Orbe Nouo Decades*, Basileæ, 1533, in-fol., decad. II, lib. VI, feuillet 55. *Cabot*, appendice XIX, page 335.

2. MARIN SANUTO, *Diarii, sub anno* 1497, 11 oct.; *Cabot*, appendice VIII, page 322. Lorenzo Pasqualigo cependant fixe une distance: *« e dice haver trovato lige 700 lontam de qui Terraferma »*

3. *Annuario scientifico;* Milan, 1866, page 700. *Cabot*, appendice X, pages 324-326. On y relève le passage suivant: *« Passato Ibernia più occidentale, e poi alzatosi verso el septentrioue, comenció ad navigare ale parte orientale, lassandosi (fra qualche giorni) la tramontana ad mano drita »* C'est bien la route de Bristol à Terre-Neuve.

4. Galerie de la Bibliothèque nationale de Paris. Reproduite en fac-similé dans notre *Cabot*. Voir les localités marquées par Sébastien Cabot: *« prima tierra vista »*, et *« prima vista »*,

en 1494, comme le porte une légende erronée, mais le 24 juin 1497. Or, le lieu où il précise son atterrage est l'extrémité septentrionale de l'île du cap Breton ; c'est-à-dire à vingt lieues marines seulement de la pointe sud-ouest de l'île de Terre-Neuve.

Nous avons exposé ailleurs[1] les raisons qui portent le critique à douter de l'exactitude du point fixé par Sébastien Cabot. Mais que ce fût à l'entrée méridionale du golfe Saint-Laurent ou bien aux environs du détroit de Belle-Isle que son père planta les bannières de Saint-Georges et de Saint-Marc, toujours est-il que la découverte des Cabot se localise dans les régions terre-neuviennes. Pour le sujet que nous examinons, le résultat est le même, car, ayant suivi le littoral des terres nouvelles pendant 300 milles : « *andato per la costa lige 300*[2] », après avoir atterri en un lieu dont les abords étaient obstrués par les glaces, et ayant ensuite suivi la voie du sud : « *vastas reperit glaciales moles pelago natantes... vela vertere et occidentem sequi tetenditque tamen ad meridiem, littore sese incurvante*[3] », les Cabot ont dû reconnaître, à l'aller ou au retour, la côte de Terre-Neuve, baignée par l'Océan atlantique.

Ce premier voyage fut suivi, en avril 1498, d'une expédition, sinon de plusieurs[4], aux mêmes régions,

1. *Cabot,* pages 84-96.

2. Lorenzo Pasqualigo, *loc. cit.*

3. Petr. Mart. d'Anghiera, *loc. cit.*

4. Prêt fait par Henri VII à Lanslot Thirkill, le 22 mars 1498 ; *Excerpta Historica,* London, 1831, in-8, page 116 ; *Chronologie des voyages,* dans notre *Cabot,* page 256.

également pour le compte de l'Angleterre, et sous le commandement de Jean ou de Sébastien Cabot.

Nous passons sous silence les lettres-patentes octroyées le 19 mars 1501, par Henry VII, à des marchands de Bristol associés aux Fernandez et à João Gonzalès[1], parce que, à cette date, les résultats de la première expédition de Gaspar Corte-Real étaient connus depuis environ cinq mois. Mais il n'en est pas de même des deux premiers voyages des Cabot, lesquels sont antérieurs de trois années aux expéditions transatlantiques de l'infortuné navigateur portugais.

Il est aussi difficile d'admettre qu'à la fin du xve siècle, à une époque où le Portugal consacrait tous ses efforts et toute sa pensée aux expéditions maritimes, on ait ignoré dans ce royaume les découvertes que Jean et Sébastien Cabot venaient d'accomplir pour le compte de l'Angleterre. Si elles étaient dignes d'être l'objet de dépêches diplomatiques envoyées aux Rois-Catholiques par Ruy Gonzales de Puebla et Pedro de Ayala, leurs ambassadeurs à Londres[2], il est probable que les Portugais durent en être aussi informés. Le fait que des Açoréens[3], encore à Terceire en 1499[4], se trouvaient, au commencement de l'année 1501[5], déjà

1, *Supra*, page 142.

2. *Cabot*, appendices XII et XIII.

3. « *Armigeris in Insulis de Surrys sub obediencia Regis Portugaliæ oriundis* » BIDDLE, *Memoir of Sebastian Cabot*, Philadelphia, 1831, in-8, page 312.

4. *Supra*, page 44, note 1, lettres-patentes du 28 octobre 1499.

5. Lettres-patentes du 19 mars 1501, dans BIDDLE, *loc. cit.*, et *Cabot*, page 266.

en Angleterre l'objet de privilèges spéciaux pour des expéditions transatlantiques, est, selon nous, un indice que les dispositions favorables de Henry VII à l'égard de voyages de découvertes, et, partant, les résultats déjà obtenus, étaient connus à Terceire à l'époque même du premier voyage de Gaspar Corte-Real.

Il est aussi utile de rapprocher de ces faits une phrase curieuse de la dépêche envoyée par Pedro de Ayala à Ferdinand et Isabelle le 25 juillet 1498. Parlant des découvertes qui venaient d'être accomplies au nord-ouest pour le compte de l'Angleterre, le zélé ambassadeur dit que l'heureux découvreur, avant de se mettre aux ordres de Henry VII, avait été à Lisbonne proposer son entreprise : « *Es otro genoves como Colon que ha estado en Sevilla* y en Lisbona, *procurando haver quien le ayudasse a esta invencion*[1]. »

Connaissant ce projet, on a dû, à Lisbonne, en suivre les péripéties, et il est probable que Gaspar Corte-Real, comme João Fernandez[2], son concitoyen, et, croyons-nous, son compagnon, fut des premiers à s'en préoccuper. Nous ne voulons cependant pas insinuer qu'il n'y eut de la part du navigateur portugais ni initiative ni invention. On est même fondé à croire qu'il ne pensait pas aller sur les brisées des Cabot. Ces régions offraient un champ d'exploration assez vaste pour que les nations maritimes de l'Europe pussent

---

1. *Cabot,* appendice XIII, page 329.

2. C'est une supposition qu'autorise le fait que Gaspar Corte-Real était établi à Terceire en 1497 (*Supra,* page 99), et que João Fernandez est encore qualifié en 1499 d'habitant de cette île dans les lettres-patentes précitées.

espérer y accomplir des découvertes. Aussi ne sont-ce pas les intentions, le mérite et la hardiesse des projets conçus par Gaspar Corte-Real qui se trouvent en cause dans cette enquête. Il s'agit de déterminer si Gaspar Corte-Real a été réellement l'inventeur de la découverte, nous n'osons plus dire de l'île de Terre-Neuve en son ensemble, mais de la région même où il atterrit au cours des années 1500 et 1501. En d'autres termes, fut-il le premier Européen qui aperçut et reconnut le point du littoral terre-neuvien où ses caravelles abordèrent ?

Un certain fait milite contre cette opinion.

Pietro Pasqualigo rapporte que Gaspar Corte-Real trouva aux mains des insulaires un tronçon d'épée dorée paraissant avoir été fabriquée en Italie, et qu'un des enfants amenés à Lisbonne portait aux oreilles deux petits disques d'argent confectionnés certainement à Venise : « *Et quilli anchora hanno porta de la uno pezo de spada rotta dorata : laqual cetto par facta in Italia : uno putto de questi haueua ale orechie dui tôdini de arzento : che senza dubio pareno sta facti a Venetia*[1]. »

L'ambassadeur vénitien, imbu, comme tout le monde alors, des réminiscences de Marco Polo et de l'idée que les terres nouvelles étaient la côte occidentale du Cathay, vit dans ce produit dévoyé de l'industrie des peuples civilisés la preuve que Terre-Neuve confine à l'Asie. Le critique, qui possède une connaissance exacte de la configuration géographique des

---

1. *Infra,* doc. XVIII.

régions et de l'océan qui sépare le continent asiatique des côtes du Nouveau-Monde, s'étonne aujourd'hui de cette interprétation. Il serait plutôt tenté de supposer que ces objets arrivèrent aux mains des indigènes terre-neuviens par voie d'échanges contractées avec les sauvages du littoral méridional, lequel, ainsi que le démontre la carte de Cantino, a été exploré entre les années 1500 et 1502. Malheureusement pour cette hypothèse, ce que l'on a vu au XVIIe siècle de ces peuplades, notamment des Iroquois et des Hurons, les montre plutôt portés d'instinct à s'exterminer qu'à faire du trafic. Il est douteux que dans le passé ils fussent plus pacifiques. Une autre raison, très grave, c'est la présence parfaitement constatée des caravelles de Bristol dans ces parages en 1497, et cette série de pavillons anglais échelonnés dans la carte de la Cosa, du détroit de Davis au cap Hatteras. Aussi, les rapports des Cabot avec les insulaires de Terre-Neuve[1] à cette date, c'est-à-dire trois années avant l'arrivée de Gaspar Corte-Real aux terres nouvelles, sont-ils l'explication la plus naturelle qu'on puisse donner de la possession par des sauvages de babioles fabriquées en Europe. Ce tronçon d'épée, ces disques d'argent, nous portent donc à croire que la région où Corte-Real vint atterrir, a été visitée avant lui par des Européens, et conséquemment, qu'on n'est pas fondé à lui en attribuer la découverte.

---

1. « *La gente della andan vestidos de bieles de animales,* » etc. Légende de la carte de 1544 ; *Cabot,* page 320.

CHAPITRE V

NAUFRAGES DES CORTE-REAL

I

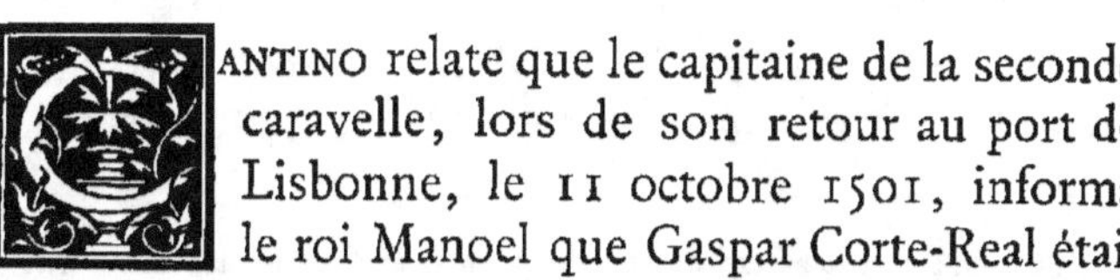ANTINO relate que le capitaine de la seconde caravelle, lors de son retour au port de Lisbonne, le 11 octobre 1501, informa le roi Manoel que Gaspar Corte-Real était resté aux terres nouvelles, avec l'intention d'en longer les côtes, afin de s'assurer si ce pays était une île ou bien un continent. La séparation avait eu lieu un mois auparavant, c'est-à-dire dans la deuxième semaine de septembre 1501.

Ce sont les dernières nouvelles qu'on reçut concernant Gaspar Corte-Real, et jamais on ne retrouva aucune trace de l'infortuné navigateur. La probabilité est qu'il fit naufrage dans le détroit de Davis ou dans la baie d'Hudson, car c'est vers l'ouest que son esprit aventureux devait le porter à continuer ses découvertes, et ce grand estuaire avait trop l'apparence du fameux détroit qu'on croyait devoir conduire au Cathay, pour qu'il ait hésité à s'y aventurer[1].

Gaspar Corte-Real mourut célibataire. Sa succession ayant été ouverte vers l'année 1502, les héritiers de João Leonardes spolié, comme nous l'avons dit plus haut, des terres du *Pico das Contendas*, en l'île de Terceire, intentèrent un procès à l'effet de les revendiquer. Ce sont les pièces de cette instance qui nous révèlent l'existence d'un fils de Gaspar Corte-Real, nommé Fernão Vaz, représenté par sa grand-mère, Maria de Abarca.

Le 20 juin 1503, les Leonardes interjetèrent appel, se fondant sur ce que Fernão eût dû être assigné en personne, attendu qu'à cette date, il était âgé de vingt-huit ans[2]. Ce fils serait donc né en 1475. Tavares,

---

1. Une bien curieuse assertion est celle qu'on relève sur un des manuscrits de la collection Harleyenne du British Museum, sous la date de l'année 1586. Il y est dit que Corte-Real ayant navigué de la mer du Sud jusqu'au 66° dans la mer du Nord, et, à son retour en Portugal, ayant divulgé ce passage, il fut emprisonné jusqu'à la fin de ses jours : « *Cortesrealis sailed from the South into the North Sea at 66°, and on his return to Portugal was emprisoned for life for making Known that passage* ». W. Noel Sainsbury, *Colonial Calendars*. 1513-1613. London, 1862, in-8, Nº 238, page 94. Peut-être s'agit-il (à tort) non de Gaspar, mais de Vasqueanes Corte-Real IV. *Cf. supra*, page 19.

2. « *Era necessario citar-se Fernão Vas, filho do doade Gaspar Corte-Real, por ser ja em edade de 28 annos* ». Drummond, *loc., cit.,* tome I, page 89, et *infra*, Appendice. XXII.

qui ignorait son nom, dit qu'il mourut célibataire.
Cordeiro ne le nomme pas Fernão Vaz, mais Fernão
Martins[1]. Ailleurs, il est appelé Fernão Alvarez. C'est
tout ce que nous en savons.

Selon Tavares et Antonio de Lima, Gaspar Corte-
Real aurait eu encore un fils appelé João Corte-Real,
que ces deux généalogistes qualifient d'évêque d'Evora,
tandis que Cordeyro le dit évêque de Leyria. D'après
un ancien manuscrit[2], c'est évêque de Lora, *in partibus
infidelium,* qu'il faut lire. En tout cas, ce prélat n'est
mentionné dans aucune histoire ecclésiastique, et nous
sommes dépourvus de renseignements sur sa vie.
Notons aussi que son nom ne figure pas parmi les
parties au procès de Leonardes, ce qui nous paraît
une présomption contre sa qualité de fils de Gaspar
Corte-Real; car, malgré sa bâtardise et son caractère
religieux, il devait avoir autant de droits à la succession que Fernão, à moins que la propriété en litige ne
provînt d'un legs particulier ou d'une donation *inter
vivos,* ce qui est encore possible. Antonio de Lima
enfin relate que Gaspar laissa également des filles,
qui moururent célibataires.

1. CORDEYRO, *Historia Insulana,* lib. VI, cap. 4, page 251.
2. Communiqué par M. Ernesto do Canto.

II

Nous avons vu que le second des fils de João Vaz Corte-Real se nommait Miguel. Comme Gaspar était son frère puîné, Miguel naquit avant l'année 1450, à Tavira ou à Lisbonne.

Selon Damiam de Goes, il aurait été élevé par le roi Manoel[1]; mais c'est impossible, car Manoel ne vint au monde que le 1er juin 1469.

La première fois qu'il est question de Miguel dans un document, c'est au 5 juillet 1487. A cette date, il figure comme ayant concédé à un nommé Pedro Annes de Pombal deux moulins et une terre situés à Terceire, dans la capitainerie d'Angra[2].

La seconde fois qu'on trouve son nom, c'est, incidemment, le 2 janvier 1497, dans l'acte par lequel Gaspar Corte-Real et Fernão Vaz concèdent certaines

---

1. « *Ha perda destes dous irmãos sentio el Rey muito, pela criaçam que nelles fezera.* » D. DE GOES, *Chronica do Rei dom Emanvel*, Lisboa 1566, in-fol , f. 65 ; *Infra*, Appendice XXV.

2. « *Pedro Annes de Pombal tem dois moios na terra cham da Silveira dada por Miguel Corte-Real aos 5 de junho de 1487.* » Relevé sur les registres par feu João Teixeira Soares, et obligeamment communiqué par M. E. do Canto.

terres à un nommé João Vieira[1], habitant d'Angra,
qui y est qualifié de familier ou serviteur *(criado)* dudit
Miguel. La concession accordée à Pombal, et le fait
que ce Vieira habitait l'île de Terceire, ne prouvent
pas, à notre avis, que Miguel y vivait également, au
moins en 1497.

Dès avant 1495, Miguel remplissait des fonctions
à la cour de Portugal, puisqu'il reçut une pension en
récompense de services rendus à João II, qui mourut
le 25 octobre de cette année[2]. Mais c'est seulement
en 1501 que nous le voyons qualifié de chef des huis-
siers du roi Manoel : « *Porteiro mór do Senhor Rei D.
Manoel*[3], » ce qui implique une résidence à Lisbonne.
Cette qualification appert d'une lettre du mois d'août
1501, qui nous le montre cumulant ces fonctions
avec celles de commandant d'une expédition maritime
dont nous ne saisissons pas parfaitement le caractère.

Cette lettre et son annexe sont les seuls documents
émanant directement d'un des premiers Corte-Real
qu'on possède. En voici la traduction littérale :

« Senhor Christovam Lopez :

« Lorsque j'équipai [mon expédition] à Lisbonne,
je pris des vivres pour trois mois, et pour cinquante

---

1. Appendice VII. Selon Antonio de Lima, Diogo, fils de Gil Vaz da
Costa, lequel était frère de Vasqueanes Corte-Real II, épousa Beatrix Vieira,
mais nous ne saurions dire s'il n'y a pas ici une simple homonymie.

2. « *Noso porteiro moor tem feitos a elrej dom joham meu primo...* »
Appendice XIX.

3. Appendice XIV.

hommes. Ensuite, par l'ordre du roi, notre maître, j'embarquai une trentaine d'hommes pour lesquels je ne pus prendre de vivres, faute de place dans le navire. A présent, il y a trois [jours] environ que tout est consommé, de façon que j'ai relâché ici à cause du manque de vivres et du vent d'ouest, lequel m'empêche de partir. Je vous prie d'avoir la bonté de me faire donner deux pipes de vin et un bœuf, ou de quinze à vingt arrobes[1] de viande. Je vous fais cette demande au nom du roi, et je prie Fernão d'Alcaçova, qui connaît mes besoins, de vous le certifier.

« Fait le 6 août de [l'année] 1501.

« MIGUEL CORTE-REAL. »

Attachée à cette lettre, ou à la suite, se trouve une quittance ainsi conçue :

« Moi, Miguel Corte-Real, je reconnais avoir reçu de Christovam Lopez, écuyer [*escudeiro*] de notre roi, deux pipes de vin et vingt arrobes de viande. Je reçois de la sorte la nourriture de quatre-vingts personnes qui manquaient de vivres, lesquels [vivres] j'ai embarqués le 7 du mois d'août. Et parce que, en vérité, j'ai reçu lesdits vivres, je lui ai donné le présent [reçu] le 7 dudit mois d'août de l'année mille cinq cent et un, à Malega [*sic*].

« MIGUEL CORTE-REAL[2]. »

---

1. L'arrobe équivaut à 15 kilogr.
2. Appendice XV, avec un fac simile de la signature de Miguel Corte-Real.

Que pouvait être cette expédition ?

C'était un voyage entrepris aux frais et par l'ordre du roi, qui semble même avoir été représenté à bord par un mandataire spécial. L'équipage était nombreux. Le navire appareilla de Lisbonne dans la première semaine de mai 1501; il avait des vivres pour trois mois, et les vents d'ouest l'empêchèrent de continuer sa route. C'est donc vers l'occident qu'il se dirigeait.

Nous savons qu'au mois de mai 1501, Gaspar Corte-Real était en mer depuis quatre mois, conduisant sa seconde expédition au Nouveau-Monde. Les lettres-patentes octroyées le 12 mai 1500 impliquaient le monopole de voyages dans ces régions. Il n'était pas absent depuis assez longtemps pour qu'on eût des inquiétudes telles qu'il fût nécessaire d'envoyer un navire à son secours. Son propre frère ne devait pas songer à marcher sur ses brisées, et ce que nous savons de la maigre cargaison du navire empêche d'y voir un ravitaillement. Le nombre d'hommes embarqués, et, ensuite, par l'ordre du roi, augmenté, nous porte à croire qu'ils ne composaient pas un équipage, mais un renfort, peut-être en vue d'une colonie projetée, que le roi Manoel aurait envoyé à Gaspar Corte-Real sous la conduite de son frère.

Ce qui nous préoccupe, c'est cette relâche à Malaga. On ne se représente pas facilement un navire appareillant de Lisbonne dans la direction de l'ouest, et tellement battu par des vents contraires, qu'il se voie obligé de rétrograder au sud, d'enfiler le détroit de Gibraltar, et, une fois dans la Méditerranée, de remonter au nord jusqu'à Malaga. Nous ne voyons pas non plus ce que pouvait faire à poste fixe dans un port d'Andalousie un « *escudeiro del rey, nosso Senhor* » comme l'était Christovão Lopez. Aussi soupçonnons-nous une transcription fautive dans le mot « *Malega* ».

En tout cas, Miguel Corte-Real était de retour à Lisbonne moins de trois mois après, puisque le 4 novembre 1501, le roi Manoel lui accorda une pension annuelle de 30,000 reis, eu égard aux services qu'il avait rendus dans le passé, et à ceux que le roi comptait recevoir de lui dans l'avenir : « *e aos que ao deamte delle esperamos receber*[1]. »

Cette phrase n'est peut être qu'une formule banale de chancellerie, mais elle coïncide trop avec la date de certaines lettres-patentes, que nous citerons bientôt, pour ne pas se rattacher à l'entreprise qui devait décider du sort de Miguel.

Trois mois[2] s'étaient écoulés depuis le retour des caravelles, et l'on était encore sans nouvelles de Gaspar Corte-Real. Miguel, justement inquiet, résolut d'équiper une expédition pour aller à la recherche de son frère.

Faisant valoir auprès du roi Manoel les conventions intervenues entre ce dernier et Gaspar, en vertu desquelles, afin de l'indemniser des sommes qu'il avait fournies pour l'équipement des deux expéditions

---

1. Appendice **XIX**.

2. Le roi Manoel dit cinq mois : « *e como depois de pasado tempo vieram dous dos ditos nauyos aa dita cidade averiam cinquo messes...* » **Lettres-patentes** du 15 janvier 1502; *infra*, appendice XX.

la moitié des terres découvertes devait lui appartenir, il obtint du roi, le 15 janvier 1502[1], des lettres-patentes confirmant ce partage. En cas que Gaspar fut mort, la totalité des terres fermes et îles découvertes par lui et celles que Miguel découvrirait au cours de cette expédition, étaient en outre concédées dores et déjà à ce dernier.

Le peu que nous savons de cé voyage est emprunté aux récits d'Antonio Galvam et de Damiam de Goes, qui écrivaient plus de soixante ans après les événements.

« Ce fut alors, dit le premier de ces historiens[2], que Miguel Corte-Real alla à la recherche de son frère Gaspar avec trois navires bien équipés et à ses frais. Quand il arriva à la côte [que son frère avait découverte] et reconnut un si grand nombre d'embouchures de rivières et de ports, chacun des [trois] navires remonta une de ces rivières, après être convenus de se retrouver [au point d'atterrage?] le 20 août. Deux des navires agirent ainsi, et voyant que Miguel n'était revenu ni à cette date ni après, ils retournèrent en Portugal, et jamais plus on n'en entendit parler. »

Le récit de Goes est plus bref, mais il fixe la date du départ de Lisbonne : le 10 mai 1502[3], et il limite l'expédition à deux navires, au lieu de trois. Nous ne savons lequel de ces chiffres est le vrai.

---

1. *Ibidem.*
2. Appendice XXXII.
3. Appendice XXXIII.

Quant à la région visitée, cet écrivain donne à en-
tendre que ce fut la contrée découverte par Gaspar
l'année précédente, et qu'à cause des grands bocages
qui la couvraient, il avait nommée *la Terre-verte*. Il
ajoute que les deux frères s'étant probablement per-
dus dans cette région, le nom de *Terre-verte* fut
changé en celui de *Terre des Corte-Real*. Cette assertion
se trouve confirmée par une ancienne carte manuscrite de la collection du roi de Bavière[1].

C'est un portulan portugais anonyme et non daté,
mais dressé avant l'année 1520. Sur le pays des « *Ba-
calnao* » on relève la légende suivante :

« *Terram istam gaspar corte Regalis portugalensis primo
inuenit et secum tulit homines siluestres et ursos albos. In ea
est maxima multitudo animalium et avium nec non et pes-
cium qui anno sequenti naufragium perpessus nunquam
rediit sic et fratri ejus micaele anno sequenti contigit.* »

Or, cette région correspond exactement par ses
contours et sa position à celle que Cantino attribue à
Gaspar Corte-Real, et sur laquelle on remarque ces
arbres nombreux qui ne peuvent avoir été dessinés en
ce lieu, que pour représenter la Terre-Verte, ainsi
nommée à cause des « *grandes arvoredos.* » Un simple
examen visuel de cette localité montre qu'il s'agit ici
de l'île de Terre-Neuve. C'est aussi le lieu que le
Génois Vesconte de Maggiolo, dans son portulan de
janvier 1511, c'est-à-dire la description graphique

---

1. Nº IV de Kunstmann, Nº X de Kohl, et Nº 9 de la cartographie
dans notre *Cabot*.

des terres cortéréaliennes la plus rapprochée par la
date de celle de Cantino, nomme « *Terra de corte-real
de rey de portugall.* »

Ce serait donc sur la côte de Terre-Neuve ou aux
alentours de l'entrée du golfe Saint-Laurant que Miguel Corte-Real aurait fait naufrage.

Avant l'année 1490, il épousa Izabel, fille de Garcia
de Castro. De ce mariage ne naquirent que des filles :
Catharina, qui se maria avec Diogo de Mello da Silva,
et Joana, mariée avec Lionel de Sousa, seigneur de
l'Ericeira.

Izabel reçut une pension du roi Manoel le 8 septembre 1508[1]. Quant à Catharina, ce monarque fit
matriculer son nom sur les registres des revenus de la
couronne (*«tença»*) pour une annuité de 15,000 reaes
le 26 mai 1510[2]. Comme la première quittance fut
donnée par sa mère le 28 mars 1511, on doit présumer qu'à cette date Catharina était encore mineure.

---

1. « *D. Manuel etc. outra tal a Dona Izabel de Castro molher que foi de
Miguel Corte-Real em forma asynada pelo dito senhor, feito por Diogo Amrulho,
a biij [8] dia do mes de setembro da dita era [1508]* ». M S., **Torre do Tombo,**
livre V des donations du roi Manoel, fol. 22.

2. Appendices XXIV et XXVI.

III

Damiam de Goes relate que le roi Manoel, vivement affecté du sort de Gaspar et de Miguel Corte-Real, résolut, « en un moment de royale miséricorde, d'équiper deux navires à ses frais et de les envoyer à leur recherche [1]. »

Ces navires auraient effectivement mis à la voile en 1503, et seraient revenus à Lisbonne sans avoir rien pu apprendre sur le sort des deux infortunés navigateurs.

Cette catastrophe ne découragea pas leur frère aîné, Vasqueanes Corte-Real, qui, depuis l'année 1497, était en possession de la capitainerie d'Angra, tout en résidant constamment à Lisbonne. Ne pouvant croire à la mort de ses deux frères, dit encore Damiam de Goes, il voulut aller les chercher sur des navires armés à ses dépens. Le roi Manoel lui en refusa l'autorisation, pensant que cette tentative serait inutile, et, ajoute l'historien portugais, « on ne pensa plus à cette affaire. »

L'œuvre de Gaspar Corte-Real ne fut cependant pas

1. Appendice **XXXV**.

stérile, et les contrées qu'il avait découvertes ne ces-
sèrent d'être considérées, pendant tout le XVIe siécle,
comme domaine d'outre-mer de la couronne de Portugal[1]. Ce n'étaient que de petites colonies, voire de
simples pêcheries; mais, à une époque où l'alimenta-
tion constituait encore un des grands problémes de
l'humanité, on s'explique qu'elles soient devenues une
source de revenus pour les successeurs de Manoel, et
le but de nombreuses expéditions maritimes. L'ordonnance de ce roi, en date du 14 octobre 1506[2],
concernant la perception d'un droit fiscal sur le
poisson apporté de Terre-Neuve, les lettres-patentes
accordées à João Alvares Fagundes, le 13 mars 1521[3],
et qui rappellent de semblables priviléges concédés

1. M. Ernesto do Canto nous signale comme se trouvant parmi les
Mss. de la Torre do Tombo, une *Carta* du 4 mai 1567, par laquelle le roi
accorde à Manoel Corte-Real, que le corregidor des Açores désigne un notaire pour la colonie qu'il va fonder à la Terre-Neuve, et dont les membres
doivent partir de Terceire sur deux caravelles. En 1574, la capitainerie
de cette possession fut confirmée en faveur dudit Manoel, et en 1579, le roi
Henrique la concéda à Vasqueanes IV. *Supra*, pages 17 et 19.

Nous pensons que c'est à l'île de Terre-Neuve même qu'on doit placer
la capitainerie des Corte-Real, et sur le littoral est et nord de cette île les
tentatives de colonisation des Portugais. La souveraineté du Portugal sur
les terres nouvelles ne semble avoir cessé qu'avec l'annexion de ce royame
par Philippe II.

2. *Alvara dirigido a Diogo Brandãos;* M S. cité par C. BOTELHO DE LACERDA
LOBO, *Decadencia das Pescarias de Portugal;* dans les *Memorias Economicas da
Academia Real das Sciencias de Lisboa,* tome VIII, page 338.

3. *Carta de Doação* du roi Manoel, publiée par M. E. A. DE BETTENCOURT,
*Descobrimentos, guerras e conquistas dos Portugueses em terras do Ultramar nos
seculos XV et XVI.* Lisboa, 1881, in-4º. tome I, pages 132-135, et dans notre
Cabot, pages 275-277.

antérieurement; la colonisation de l'île du cap Breton par des Portugais de Viana, vers 1525[1], et de quelque point de Terre-Neuve par des Terceiréens qu'envoya Manoel Corte-Real en 1567, cette nombreuse nomenclature en langue portugaise qu'on relève sur les configurations de l'Amérique septentrionale dans les premiers portulans, tant espagnols, italiens et français que lusitaniens, démontrent des rapports constants entre le Portugal et les terres cortéréaliennes. Ils témoignent aussi d'une ardeur et d'un esprit d'entreprise, chez ce brave petit peuple, dignes des nobles efforts qui lui conquirent la première place parmi les nations maritimes au XVe siècle.

Les droits de la famille du hardi marin qui, le premier, avait planté sur le sol de Terre-Neuve et du Labrador l'étendard du Portugal, ne furent pas non plus méconnus. Le 17 septembre 1506[2], le roi Manoel confirma les priviléges autrefois accordés à Gaspar et à Miguel en les transférant à Vasqueanes, leur frère aîné, et, jusqu'au dernier de ses descendants dans la ligne masculine, la capitainerie des terres nouvelles ne cessa d'appartenir aux Corte-Real. Les lettres-patentes accordées par le roi Sébastien, le 12 juillet 1574, et par Henrique, son successeur, le 26 mai 1579[3], le prouvent implicitement.

1. Francisco de Souza, *Tratado das Ilhas novas*, Ponta Delgada, 1877, in-8°, page 5.
2. Appendice XXIII.
3. Appendices XXXVII et XXXXI.

Richard Hakluyt déclare[1] tenir d'un témoin digne de foi que, vers l'année 1574, Vasqueanes Corte-Real, quatrième du nom, envoya à la découverte du passage du nord-ouest un navire, lequel aurait trouvé, par 58° de latitude nord, un grand estuaire que les gens de l'équipage assuraient être le détroit tant cherché, mais que le manque de vivres les contraignit de revenir sans l'avoir remonté au delà de vingt-deux lieues.

Ce n'était qu'une illusion. La tentative, néanmoins, est à l'honneur de l'avant-dernier des Corte-Real. Elle clôt dignement cette série de nobles entreprises, aussi hardies qu'utiles, poursuivies par ses aïeux malgré des obstacles sans nombre, à travers mille dangers, au péril de leur vie.

1. « *An excellent learned man of Portingale of singuler grauety, authorithie, and experience, tolde mee very lately that one Anus Cortereal, Captayne of the yle of tercera, about the yeere 1574, which is not aboue eight yeres past, sent a shippe to discouer the North west passage of America, and that the same shippe arriuing on the coast of the saide America, in fiftie eyghte degrees of Latitude, founde a great entrance exceeding deepe and broade without all impediment of ice, into wiche they passed above twentie leagues, and found it alwaies to trende towarde the South, the lande lying lowe and plaine on eyther side : And that they perswaded themselues verely that there was a way open into the south sea. But their victails failing them, and being but one shippe they returned backe agayne with ioy* » Hakluyt, *Divers voyages*, London, 1582, in-4°, et page 7 de la reimpression, London, 1850, in-8°.

APPENDICE

APPENDICE

I

CARTA de doação de certos bens confiscados a Lourenço
Martins Pardo que foi na batalha d'Alfarrobeira com o infᵉ.
D. Pedro, de 25 desembro 1449;

— de doação a Antão Roiz, idem de 15 março 1451;

— de doação vagos de 8 maio 1452;

— de um chão junto a's Fomgas de Tavira de 8 junho 1458,
confirmada em 29 maio 1489 para fazer 2 moinhos junto
a' Açudada na Atalaya de Tavira que era de Luis Affonso,
seu Thio de 30 junho 1458;

— para os seus homens trazerem armas defezas de 8 de
agosto 1458;

·de doação da Torre do mar em Tavira, de Ceuta a 6 novembro 1458;

— de 18,576 reaes brancos de tença por serviços de 24 de
julho de 1459;

Carta para poder crear cabras todo o anno em Tavira de 6 agosto 1459?

— de doação da horta d'el-rei em Tavira de 19 junho 1462 dos foros das Casas e curraes da horta de el-rei em Tavira de 12 julho 1465 ;

— do cargo de coudel de Tavira (ja era então armador mor) de 18 junho 1469 ;

— de contracto com Diogo da Costa seu irmão sobre a administração de uma Capella de 5 setembro 1475 ;

— para mudar um caminho na sua quinta em Tavira de 19 setembro 1475 ;

— de padrão de 20,000 de tença por serviços de 22 de setembro de 1475, confirmado en maio 1486;

— de approvação da compra de uma tença de 3 outubro 1475 ;

— de padrão de 11,400 de tença de 2 agosto 1476, confirm. 21 agosto 1486 e 17 agosto 1497 ;

— de doação da Torre Velha sobre a porta da Ribeira em Tavira de 15 maio 1483 ;

— de aforam^to. de uma asenha no estreito do almarger em Tavira, 8 março e 6 agosto 1485 ;

— sobre o foro que deve pagar da asenha em Tavira de 4 maio 1486;

— de declaração do quarto do foro da dita asenha de 4 maio 1486;

— de aforamento de uns moinhos em Tavira de 10 maio 1486.

Obligeamment relevé, à notre requête, sur le registre des archives royales de la Torre do Tombo, à Lisbonne, par M. Jacintho Ignacio de Brito Rebello.

La première partie du présent ouvrage était complètement imprimée lorsque nous reçûmes les bonnes feuilles du mémoire historique de M. Ernesto do Canto, intitulé *Os Corte-Reaes*. Cet envoi avait été précédé d'une lettre dans laquelle l'érudit directeur de l'*Archivo dos Açores*, appelait notre attention sur une coutume de certains membres de la famille da Costas portant à croire que plusieurs des documents dont nous donnons ici la liste, ne se rapportent ni à notre Vasqueanes Ier ni à celui que nous avions pensé pouvoir intituler Vasqueanes II, c'est-à-dire au père ou au grand-père de João Vaz Corte-Real.

Dans un extrait du tome III, au feuillet 155, de l'Histoire Généalogique de l'île de Madère (manuscrite,) de J. A. P. d'Agrella, que nous communique notre obligeant correspondant, on relève cette phrase : « *Este appellido* (Corte-Real) *pertencia exclusivamente a Vasco Annes e a seus descendentes, mas os collateraes tambem o tomaram por bi zarria.* »

Maintenant, si le lecteur se reporte au tableau que nous avons inséré, *supra*, page 22, il verra que notre Vasqueanes Corte-Real II, avait un frère, nommé Gil Vaz. Ce dernier eut un fils nommé Vasqueanes, dont le vrai nom de famille était da Costa, mais qui prit arbitrairement celui de Corte-Real. Ce serait ce pseudo Vasqueanes Corte-Real auquel s'appliqueraient lesdits documents de la Torre do Tembo.

Si cette hypothèse venait à se vérifier, il ne serait plus nécessaire d'intercaler entre Vasqueanes da Costa Ier et Vasqueanes Corte-Real, père de João Vaz, un autre Vasqueanes Corte-Real, et le tableau devrait être modifié de la manière suivante :

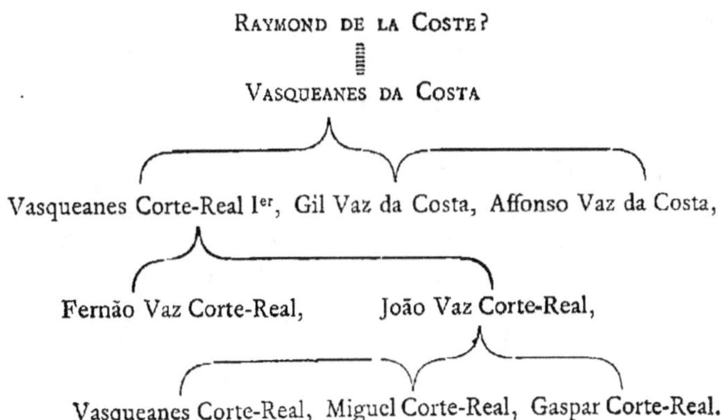

Il faudrait aussi éliminer de notre liste Diogo Vaz, comme n'étant que frère du pseudo Vasqueanes Corte-Real.

Quant au « *Luis Affonso seu thio* », objet de la note ajoutée au dit tableau, ce ne serait que Luis Affonso Painho, premier époux de Leonor Vaz, laquelle ne serait pas la belle-mère de Vasqueanes Corte-Real Ier, mais bien celle du pseudo Vasqueanes, et non la mère, conséquemment, de João Vaz Corte-Real, comme nous l'avions supposé.

II

DIVISION DE TERCEIRE EN DEUX CAPITAINERIES

1474, — 17 février.

Eu a Infanta D. Brites Tutora e Curadora do Infante meu filho; Faço saber a quantos esta minha carta virem, e o conhecimento della pertencer por qualquer via, que seja que considerando eu como entre Jacome de Bruges e Alvaro Martins capitães da sua Ilha Terceira de Jesus Christo sempre houve alguns debates por a terra da dita Ilha não se ter de todo partida, e ora por me ser certificado o dito Jacome de Bruges ser morto e a dita capitania ficar devoluta ao dito Senhor meu filho, por elle não ter filho legitimo varão, segundo a forma da sua carta, fiz Mercê della a João Vaz Corte Real, Fidalgo de sua casa, e por querer escusar entre o dito João Vaz, e o dito Alvaro Martins os ditos debates, Houve porbem repartir a dita Ilha por cada um haver a sua capitania na metade della segundo a tenção do Infante meu Senhor, que Deos haja ora; e conformando-me com uma pintura, que della foi trazida ao dito meu Senhor, e em a qual elle tinha começado a riscar a partilha; e tamben havendo informação por homens da dita Ilha, que por ahi melhor, que por outra parte se podia partir, pórta, pela Ribeira Secca pela metade da dita ilha, até á outra banda, como se vai de Noroeste ao Sueste. E partida a dita ilha pela dita maneira mandei ao dito João Vaz que escolhesse, e elle escolheu a parte d'Angra, e deixou a parte da Praia em que o dito Jacome de Bruges tinha feito o seu assento : e agora querendo eu em nome do dito Senhor meu filho fazer Mercê ao dito Alvaro Martins, por conhecer quanta despesa tem feito na dita ilha, e pelo serviço que tem feito ao dito meu Senhor, e conhecendo sua boa disposição para reger a dita ilha em direito e justiça, e fazer cresser a povoação della, como ao serviço de Nosso Senhor cumpre, lhe faço Mercê da dita capitanía da parte da Praia, e me praz que elle dito Alvaro Martins a mantenha pelo dito Senhor meu filho em Justiça e Direito. E que morrendo elle, que isso mesmo fique ao seu filho primeiro, ou segundo se tal for que tenha o cargo pela guisa sobredita : e assim de descendente em descendente, por linha direita, e sendo em tal idade o dito seu filho, que não possa reger, o dito Senhor ou seus herdeiros porão ahi quem a reja até que elle seja de idade para a reger. E me praz que elle tenha na dita ilha a Jurisdicção pelo dito Senhor meu filho, e em seu nome do civel e crime, reservando morte ou talhamento de membro, que disto venha presente ao dito Senhor; porem sem embargo da dita Jurisdicção a mim me praz que todos os mandados do dito Senhor, e correição sejam ahi cumpridos, como em cousa propria sua. E outrosim me praz que o dito Alvaro Martins haja para si todos os moinhos de pão que houver na sua capitania, e que ninguem faça ahi moinhos senão elle, ou quem elle quizer, isto não se entenda em mó de braço, que a faça quem quizer, não moendo a outrem; nem atafona não tenha outrem senão elle ou quem elle approuver. E me praz que haja de todas as serras d'agoa, que se ahi fizerem de cada uma um marco de prata em cada um anno, ou duas taboas cada semana das que ahi se costumarem serrar, pagando porem ao senhorio o dizimo de todas as ditas serras segundo pagam das outras cousas que serrar a dita serra. E isto hajam tambem o dito Alvaro Martins de qualquer moinho que se ahi fizer, tirando vieiros de ferreiros, ou outros metaes. E me praz que todos os fornos de pão em que houver poia sejam seus, porem não embarguem quem quizer [fazer] fornalhas, para seu pão, que as faça, e não para outro algum. E me praz que tendo elle sal para vender o não possa vender outrem somente elle e dando elle a razão de meio real de prata o alqueire ou sua direita valia, e mais não; e quando o não tiver, que os da dita ilha possam vender á sua vontade até que elle o tenha. Outrosim me praz que todo o que o dito meu filho houver de renda na dita ilha, que elle haja de dez um, de maneira que as rendas e direitos que se contem em o foral que para ella mandei fazer por esta guisa me praz, que haja esta renda seu filho ou outro descendente per linha direita, que o dito cargo tiver. E me praz que elle possa dar por suas cartas as terras da dita ilha, forras pelo foral della a quem lhe aprouver, com tal condição, que aquelle a quem elle der a dita terra a aproveite até cinco annos, e não a aproveitando, que a possa dar a outrem, e depois que aproveitada fôr, ou deixar de aproveitar até outros cinco annos, que isso mesmo a possa dar, e isto não embargando ao dito Senhor que se assim houver terra por aproveitar, que não seja dada, que elle a possa dar a quem sua mercê for; e assim me praz que a dê a seu filho, e herdeiros e descendentes, que o dito cargo tiverem. E me praz que os ditos visinhos, e moradores da dita ilha possam vender suas herdades aproveitadas todas as que lhe aprouver. Outrosim me praz que os gados bravos possam matar os visinhos da dita ilha sem haver ahi outra defesa, e isto por licença do capitão Almoxarife, reservando algum logar cerrado em que o lance o senhorio; e isto me praz que os gados mansos pasçam por toda a ilha, trazendo-os em guarda, que não façam damno, e se o fizerem que o paguem a seu dono, e as coimas segundo as posturas do Concelho.

E por certidão dello, e sua segurança lhe mandei dar esta carta assignada por mim e sellada do meu sello, aqual peço ao dito Senhor meu filho, que depois de ser em idade a haja por boa e firme. Feita na Cidade d'Evora aos 17 dias do mez de Fevereiro. Rodrigo Alvares a fez, anno do Nascimento de N. S. J. Ch. de

1474 annos. E porquanto o dito Alvaro Martins tinha feito certos moinhos na parte d'Angra os quaes agora devem ficar ao dito João Vaz, praz me que seja com tal condição que elle faça ao dito Alvaro Martins outros tantos e taes na parte da Praia, ou lhe pague aquillo que por ajustamento de homens bons fôr avaliado, que nos ditos moinhos o dito Alvaro Martins podia despender.

(Torre do Tombo, *Registro da Camara da Villa da Praia, fol. 70.*)

Publié dans les *Annaes da Ilha Terceira por* FRANCISCO FERREIRA DRUMMOND, *natural da mesma ilha. Publicados pela Camara Municipal d'Angra do Heroismo*, Angra do Heroismo, *imprensa do Governo*, 1850-1854, 4 volumes, tome I, pages 490-493, document D.

III

DONATION DE LA CAPITAINERIE D'ANGRA Á JOÃO VAZ CORTE-REAL.

1474, — 2 avril.

Eu a Iffante D. Beatriz, Tetor, e curador do Senhor Duque meu filho etc. Faço saber a quantos esta minha carta virem, que havendo eu por informação estar ora vaga a capitania da Ilha Terceira de Jesus Christo, e do dito Senhor meu filho, por se affirmar ser morto Jacome de Bruges, que até agora a teve, do qual ha muito tempo que alguma nova se não ha, posto que já por muitas vezes mandei a sua mulher, que a verdade dello soubesse, e me certificasse, e assignando-lhe para ello tempo d'um, e depois mais; a qual em alguma maneira com todallas diligencias que disso fizesse, me não trouve dello certidão alguma : pelo que havendo eu por certo o que me assim é dito, e esguardando o damno que é, a dita ilha estar assim sem capitão que haja de reger, e manter em direito e justiça pelo dito Senhor, e como em ello pela dita causa se fazem muitas cousas que são

pouco serviço de Deus, nem do dito Senhor meu filho; determinei prover a ello por descargo de minha consciencia, e serviço
do dito Senhor. E considerando eu d'outra parte os serviços que
João Vaz Corte-Real, fidalgo da casa do dito Senhor meu filho,
tem feitos ao Iffante meu Senhor seu padre que Deus haja, e
depois a mim, e a elle, confiando [em a] sua bondade, lealdade, e vendo a sua disposição a qual é pera poder servir o dito
Senhor, e seu entender e boa descripção pera a dita ilha governar
e manter seu direito e justiça, em galardãn dos ditos serviços lhe
fiz mercê da dita capitania da ilha Terceira, assim como a tinha
o dito Jacome de Bruges, e lhe mandei dello dar sua carta antes
desta. E porquanto a dita ilha não era partida antre o dito Jacome
de Bruges e o Alvaro Martins, houve por bem de a partir antre
o dito João Vaz e o dito Alvaro Martins e a parti pela Ribeira
Secca, que é áquem da Ribeira de Fr. João, ficando a ribeira de
Fr. João na parte d'Angra, e da dita Ribeira Secca pela metade
da dita ilha até outra banda, como se vae do Sueste a Noroeste;
e partida a dita ilha pela dela maneira, mandei ao dito João Vas
que escolhesse, e elle escolheu na parte d'Angra, e deixou a parte
da Praia, em que o dito Jacome de Bruges tinha feito seu assento;
e a mim prouve dello, e lhe hei por feito a mercê da dita parte
porque da outra mandei dar carta ao dito Alvaro Martins. E me
praz que o dito João Vaz tenha por o dito Senhor a dita parte e
a mantenha por elle em justiça, e direito : e que morrendo elle
isso mesmo fique a seu filho primeiro, ou segundo, se tal fôr,
que tenha o cargo, pela guisa suso dita, e assim de ascendente em
descendente pela linha direita e sendo em tal edade o ditơ seu
filho, que a não possa reger, o dito Senhor ou seus herdeiros
porão hi quem a reja, até que elle seja em edade pera a reger.
Item me praz que elle tenha em a sobredita ilha a jurdicção pelo
dito meu filho e em seu nome, do civel e crime, resalvando
morte ou talhamento de membro que disto venha appelacão ou
aggravo presente o dito Senhor; porem sem embargo da dita jurdicção, a mim praz, que todos meus mandados, e correição sejam
hy cumpridos, assy como em cousa propia do dito Senhor.

Outrosim me praz que o dito João Vas haja para si todos os moinhos de pão que houver na dita ilha de que lhe assi dou cargo, e que ninguem não faça hi moinhos, somente elle, e quem lhe aprouver, e isto não se entenda em mó de braço, que a faça quem quizer, não moendo a outrem, nem atafonas não tenha outrem, somente elle, ou quem lhe aprouver. Item me praz que haja de todas as serras d'agoa que se hi fizerem de cada uma um marco de prata, ou em cada um anno seu certo valor, ou duas taboas cada semana das que ahi costumarem serrar, pagando porem ao dito Senhor o dizimo de todas as serras ditas, segundo pagam das outras quando serrar a dita serra. E esto haja tambem o dito João Vas de qualquer moinho que se hi fizer, tirando vieiros de ferrarias, ou outros metaes. Item me praz, que todos os fornos de pão, em que houver poya, sejam seus; porem nã) embargue quem quizer fazer fornalhas pera seu pão, que as faça, e não pera outro nenhum. Item me praz que tendo elle sal para vender, o não possa vender outrem, somente elle, dando- o elle a razão de meio reale de prata o alqueire, ou sua direita valia, e mais não; e quando o não tiver, que os da dita ilha o possam vender á sua vontade até que elle o tenha Outrosim me praz, que de todo o que o dito Senhor meu filho houver de renda em a dita ilha, que elle haja de dez um de todas suas rendas, e direitos que se contem em o foral que pera ello mandei fazer. E per esta guisa me praz que haja esta renda seu filho, ou outro descendente por linha directa, que o dito cargo tiver. Item me praz, que elle possa dar per suas cartas a terra da dita ilha, forra per ho foral, a quem lhe aprouver, com tal condição que ao que derem a dita terra a aproveite até cinquo annos, e não aproveitando que a possa dar e depois que aproveitada fôr, e a deixar por aproveitar até outros cinco annos isso mesmo a possa dar. E isto não embargue ao dito Senhor, que se hi houver terra pera aproveitar que não seja dada que elle a possa dar a quem sua mercê fôr; e assim me praz, que a dê seu filho ou herdeiros descendentes que o dito cargo tiverem. Item me praz que os visinhos possam vender suas herdades aproveitadas a quem lhes aprouver. Outrosim me praz que os gados bravos possam matar os visinhos da dita ilha, sem haver ahi outra defesa, per licença do dito capitão; resalvando algum logar cerrado em que o lance o senhorio ; e isso mesmo me praz que os gados mansos pasçam por toda a ilha trazendo-os com guarda que não façam damno, e se o fizerem que o paguem a seu dono, e as coimas segundo as posturas do Concelho. Item por esta minha carta peço ao dito Senhor meu filho, que prazendo a Deos, em edade fôr, lha con firme e aja por boa, e assy a façam seus herdeiros, e sobcessores, quando a elles vierem ; porquanto da dita capitania lhe fiz mercê pela maneira e modo sobredito a com satisfação, e contentamento do muito serviço que tem feito, como dito é. E em testimunho dello lhe mandei dar esta minha carta, assignada, e assellada do meu sello. Dada em a cidade d'Evora, a dous dias do mez de Abril de mil quatrocentos e setenta e quatro. Rodrigo Alvares a fez anno de Nosso Senhor Jesus Christo — a Infanta.

(Torre do Tombo, Registro da Camara d'Angra, lib. I, fol. 243.)

Publié par Drummond, loc. cit., tome I, pages 494-496, document E. Ce texte et le précédent se trouvent également, mais avec la date erronée de 1464, dans l'Historia Insulana du P. Ant. Cordeyro, Lisbõa, 1717, in-fol., pages 246-248. Notre texte, cependant, est pris de celui que M. Ernesto do Canto a extrait des lettrespatentes du 27 juin 1582. (Infra, appendice XL.)

'IV

Première confirmation de la capitainerie de l'ile de St-Georges en faveur de João Vaz Corte-Real.

1483, — 4 mai.

Eu Dom Manuel, Regedor e governador da ordem e cavallaria de nosso Senhor Ihu x pº. duque de Beja. Senhor de

Viseu e Covilhã Moura e Serpa, senhor das ilhas da **Madeira**, ilhas dos Açores e do Cabo Verde, condestabre por el Rei meu senhor de seus Reinos, a quantos esta minha carta virem faço saber que por parte de João Vaz Corte Real, fidalguo de minha casa e capitão por my em a minha ilha Terceira na parte d'Angra, me foi apresentada huã carta do duque, que Deos aja, de que o theor tal he :

Eu o duque &; faço saber a quantos esta minha carta virem e o conhecimento della pertencer, que conhecendo eu os muitos e grandes serviços que Joam Vaz Corte Real fidalguo de minha casa e capitão da minha Ilha Terceira tem feito ao Iffante meu Senhor, que Deos aja, e despois a mym e ao diante com a graça de Deos espero que faça querendo-lhos em alguma parte galardoar e fazer mercê e esperando que elle dara toda a ordem a povoação della, tenho por bem e façolhe mercê da capitania da ilha de Sam Jorge que he nas ilhas dos Açores, e me praz que elle tenha e aja a dita capitania, e governe e mantenha por mym em justiça em sua vida, e asi depois de seu falecimento o seu filho mayor, varão lidimo ou o segundo, se tal for, e asi de descemdente em descemdente per linha direita mascolina, asy como os capitães da ilha da Madeira a tem por suas cartas, e semdo em tal ydade o dito seu filho que a não possa reger, eu porey hy, ou meus herdeiros quem a reja atee que elle seja em ydade pera a reger. Item me praz que elle tenha em a sobredita ilha jurdição por mym em meu nome do civel e crime e crime resalvando morte ou talhamento do membro que desto venha appellação ou aggravo presente mym, porem sem embarguo da dita jurdição a mym praz que todos meus mandados e coreição sejão hy cumpridos asy como em minha cousa propria; outrosy me praz que o dito João Vaz aja pera sy todolos moynhos de pão que ouver na dita ilha, de que lhe asy dou carreguo e que ninguem nem faça hy moynhos somente elle ou quem lhe aprouver, e isto não se entenda em moo de braço que a faça quem quizer, não moendo a outrem, nem atafonas não tenha outrem somente elle, ou quem a elle aprouver. Item me praz que aja de todalas serras dagua

que se hy fizerem de cada huã hum marco de prata ou em cada
hum anno seu certo valor ou duas taboas cada semana das que
hy costumarem serrar, pagando porem o dizimo a my de todalas
ditas serras, segundo pagua das outras cousas, quando serrar a
dita serra; e isto aja tambem o dito João Vaz de qualquer moynho
que se hy fizer tirando vieiros de ferrarias ou outros metaes. Item
me praz que todolos fornos de pão em que houver poya sejão
seus, porem não embargue quem quizer fazer fornalhas pera seu
pão que a faça e não pera outro nenhum. Item me praz que
tendo elle sal pera vender que o não possa vender outrem, somente elle, dando-o elle a rezão de meio real de prata o alqueire
ou sua direita valia e mais não; e quando o não tiver que os que
os da dita ilha o posão vender a sua vontade atee que o elle
tenha; outro sy me praz que aja esta renda seu filho ou outro
decendente per linha direita que o dito carguo tiver. Item me
praz que elle possa dar per suas cartas a terra da dita ilha forra
pelo foral, a quem lhe aprouver com tal condição que ao que
derem a dita terraa aproveito atee cinquo annos e não a aproveitando que a possa dar a outrem, e depois que aproveitada for e a
deixar por aproveitar atée outros cinquo annos que isso mesmo a
possa dar, e isto não embargue a mym que se hy ouver terra
por aproveitar que não seja dada, que a possa dar a quem minha
mercê for, e asy me praz que a dee seu filho ou herdeiros des-
cemdentes que o dito carguo tiverem. Item me praz que os vizinhos possão vender suas herdades aproveitadas a quem lhe
aprouver; outro sy me praz que os guados bravos possão matar
os vezinhos da dita ilha sem aver hy outra defesa, por licença do
dito capitão, resalvando algum algum (*sic*) lugar cerrado em que
seja lançado por senhorio, e isso mesmo me praz que os guados
não façam[1] mal e se fizerem que o paguem a seu dono e as
coimas segundo as posturas do concelho e por sua guarda e segurança lhe mandei dar esta carta asynada por mim e asellada do

---

1. Nous avons cru devoir ajouter le mot *não façam* pour rétablir le sens. La
phrase complète se trouve à la fin du document II.

meu sello. Feita em a minha villa de Moura a quatro dias do mez de Mayo, Alvaro Mendez a fez, anno do nascimento de Nosso Senhor Ihû X pº. de mil quatro centos oitenta e tres.

(Torre do Tombo, *Confirm. Geraes*, lib. III, fol. 172.)

Extrait des lettres-patentes du 16 avril 1576. Publié par M. Ernesto do Canto dans son *Archivo dos Açores. Publicação periodica destinada á vulgarisação dos elementos indispensaveis para todos os ramos da Historia Açoriana.* Ponta Delgada, in-4, tome III, N° 13, page 13.

V

Concession de terres accordée par Gaspar Corte-Real à João Pacheco.

1483, — 13 janvier.

Aos treze dias do mez de Janeiro de mil quatro centos oitenta e outo annos passou Gaspar Corte Real, capitão, Carta de dada de terra, na forma costumada, e Fernão Vaz, almoxerife, a João Pacheco e Branca Gomes, sua mulher, moradores nesta villa d'Angra, de uma terra que é nas seis ribeiras, termo da dita villa, na testada da sua terra limpa, assim como parte do ponente com as ditas seis ribeiras e do levante com terra de Adão da Ponte e d'ali para cima com terra e matto de Pedro Rodrigues, com quinhentas braças . . . . de terra que são do dito Pedro Rodrigues desde as ditas quinhentas braças . . . . do ponente para o levante para cima e mattos do dito Pero Rodrigues, a entestar na ribeira que se chama = *as pernadas* das cinco ribeiras, indo assim partindo do levante para a dita ribeira até ao cume da serra gorda, e assim parte do ponente para as seis ribeiras até acima da dita terra, a partir com que de direito deva de partir. A qual carta é feita por as condições e clausulas do dar das terras. . . . .

Relevé par feu le Dr João Teixeira Soares sur un registre manuscrit qu'il ne nomme pas, mais qui peut être un extrait fait par F. Diogo das Chagas. Obligeamment communiqué par M. Ernesto do Canto.

Inédit

VI

Confirmation de la capitainerie de St-Georges en faveur de João Vaz Corte-Real.

1488, — 5 avril.

Pedindo-me o dito João Vaz por mercê que lhe confirmasse a dita carta asy como em ella he conteudo, e visto per mym seu requerimento querendo-lhe fazer graça e mercê pelos muitos serviços que tem feitos ao Iffante meu senhor e padre, que Deos aja, e a mim, e espero que ao diante fara, tenho por bem e lha confirmo e ey por confirmada asy e tam inteiramente como em ella faz menção e por firmeza dello lhe mandei dar esta carta per mym asynada e asellada do sello de minhas armas. Dada em Santarem a cinquo dias do mes de abril, Jurdão Ribeiro a fez, anno do nascimento de nosso Senhor Jhu Xp°. de mil quatro centos oitenta e oito annos.

(Torre do Tombo, *Confirm. Geraes*, lib. III, feuillet 172.)

Extrait des lettres-patentes du 16 avril 1576. Publié dans l'*Archivo dos Açores*, tome III, N° 13, page 13.

VII

CONCESSION FAITE PAR MIGUEL ET FERNÃO VAZ CORTE-REAL
AUDIT PACHECO.

1488, — 10 mai.

Aos dez dias do mez de maio de mil quatro centos e outenta
e outo annos, Miguel Corte Real e Fernão Vaz deram umas
terras a João Pacheco e sua mulher, em mattos maninhos onde
se chamam as seis ribeiras, termo desta villa na testada da terra
de Bastião Esteves, tresentas braças de comprido a fóra qua-
renta. . . . . do Conselho e dez das ditas trezentas
braças deram ao dito João Pacheco es sua mulher até á ponta da
Serra Gorda, partindo do levante com mattos e terras do dito
João Pacheco, e da banda do ponente partem pelas ditas seis
ribeiras sempre arriba até á ponta da Serra Gorda. . . . .

Relevé par le Dr. JOÃO TEIXEIRA SOARES sur un manuscrit qu'il
ne décrit pas. Obligeamment communiqué par M. ERNESTO DO
CANTO.

Inédit

VIII

CONCESSION FAITE A JOÃO VAZ CORTE-REAL DE « L'*ALCAIDARIA* »
DU CHATEAU D'ANGRA ET DE L'ÎLE DE SAINT-GEORGES

1495, — 19 mai.

Eu D. Manoel, Regedor e Governador da Ordem da cavallaria
de nosso Senhor Jesus Christo, Duque de Beja, Senhor de

Viseo, e da Covilhã, da Villa.Viçosa, Senhor das ilhas da Madeira, e ilhas dos Açores e Cabo Verde, condestavel por El-Rei nosso Senhor de seus reinos[1] etc. A quantos esta minha carta virem Faço saber, que João Vaz Corte Real, Fidalgo de nossa casa, e capitão por mim da ilha Terceira da parte d'Angra, e da minha ilha de S. Jorge, me disse em como na carta das ditas capitanias, que de mim tem, lhe não tenho dado a Alcaidaria mór do Castello, que está feito da dita parte d'Angra; nem da dita ilha de S. Jorge; nem isso mesmo dos direitos das ditas Alcaidarias, posto que elle até agora estê nessa posse de os levar, pedindo-me por mercê, que novamente lho outorgasse todo. E visto por mim seu requerimento, querendo-lhe fazer graça e mercê, tenho por bem e lhe faço mercê daqui em diante das ditas Alcaidarias móres, e dos direitos dellas, e assim pela maneira que elles com direito e justiça se devem levar nas ditas ilhas para elle, e para todos seus herdeiros, e descendentes, pela guisa, e maneira que elle de mim tem as ditas capitanias : e isto sem embargo de nas cartas dellas ditas Alcaidarias os ditos direitos se não entenderem lhe pertencer, e ficarem de fóra. E porem mando aos meus Almoxarifes das ditas ilhas, que admitam de posse das ditas Alcaidarias móres, e dos direitos dellas, e elles os moradores das ditas capitanias, e quaesquer outros a quem está pertencer lhe deixem todo têr, e haver, e possuir assim como por direito devem, sem lhe nisso, e em outras pôrem duvida, nem embargo algum. E para guarda e firmeza dello lhe dei esta carta, assignada por mim e assellada com o sello de minhas armas. Dada em Evora a 19 dias do mez de Maio. João da Fonceca a fez, anno do Nascimento de Nosso Senhor Jesus Christo de 1495.

O Duque.

(*Registro da Camera d'Angra*, feuillet 321.)

Publié par DRUMMOND, *loc. cit.*, tome I, page 504, doc. L.

---

1. Manoel, acclamé roi le 17 octobre suivant (1495), après la mort de João II, son cousin.

IX

CONCESSION DE TERRES FAITE PAR GASPAR ET FERNÃO VAZ
CORTE-REAL EN FAVEUR DE JOÃO VIÉIRA.

1497, — 2 janvier.

Aos dois dias de janeiro de mil quatro centos noventa e sete
passou Gaspar Corte Real, capitão (*sic*)[1] por Carta de dada
de terras em forma com Fernão Vaz, almoxerife; para João
Vieira, criado de Miguel Corte Real, morador n'esta villa
d'Angra, a qual terra e' as cinco ribeiras desta villa, na testada da
terra limpa que foi de Diogo Alvares Vieira, seu pae, deixando
terra aos herdeiros do dito Diogo Alvares cem braças de comprido e desde a barroca do mar para cima das ditas cem braças de
campo ao dito João Vieira, desde a Caldeira até ao cimo da Serra
Gorda, em que tinha de largo cento e seis braças de largura,
assim como parte do levante com terras de Pedro Fernandes e
depois com terra e mattos de Vicente Dias atravessando sempre
na dita largura das cento e cinco (?) braças até acima da dita serra
Gorda; e parte do Sul com as ditas cem braças de terra e campo
do dito Diogo Alvares, e da banda do ponente parte com terra
e mattos de Pedro Rodrigues e depois em cima com quem de
direito dever partir indo sempre na dita largura das cento e cin-
cœnta (?) braças até acima da dita Serra a partir com quem de
direito dever : a carta. . . . . . que é feita pelas condições e clausulas do dar das ditas cartas e assignada por o dito Gaspar Corte
Real, Capitão e almoxarife e com João Affonso das Vinhas, por

---

1. Peut-être faut-il lire : « *Em nome do capitão.* »

mão de almoxarife de elrei nosso senhor — registada neste livro
dos registos do dito senhor.

Relevé par le Dr. João Teixeira Soares de Sousa sur un registre
de concessions qu'il n'indique pas. Obligeamment communiqué par
M. Ernesto do Canto.

Inédit.

X

CONCESSION DE LA CAPITAINERIE DE St. Georges EN FAVEUR
DE Vasqueannes Corte-Real

1497, — 1 mars.

PEDINDO-NOS o dito Vasqueannes por mercê que por
quanto o dito Joam Vaz Corte Real seu pai he fallecido, e elle
he o seu filho mayor lhe, confirmasemos a dita carta como nella
hera contheudo; e visto per nos seu requerimento, querendo-lhe
fazer graça e mercê temos por bem e lha confirmamos e avemos
por confirmada pela guisa e maneira que em ella he conteudo,
emperoo (*sic*) quanto he onde diz que morendo o dito Joam Vaz
a dita capitania fique a seu filho primeiro ou segundo, se tal for
declaramos, queremos e nos praz que o filho primeiro do dito
Vasqueannes e asy de seus descendentes se entenda aquelle que á
hora de sua morte ficar vivo. E porem mandamos a todollos
nossos officiais e pessoas a que esta nossa carta for mostrada e o
conhecimento della pertencer que asy a cumprão e guardem e
fação cumprir e guardar pela guisa que se nella contem, sem a elle
oporem duvida nem embargo algum, porque asy he nossa mercê;
e sendo caso que o filho primeiro não seja de tal siso e entendimento que deva governar a dita capitania, então queremos e nos
praz que a aja o filho segundo, na maneira en cima declarada; e

por firmeza dello lhe mandamos, dar esta nossa carta asynada
per nós e asellada com o sello pendente. Dada em a cidade
d'Evora ao primeiro dia do mes de março, Andre Fernandez a
Fez, anno do nascimento de nosso senhor Ihn Xp°. de mil quatro
centos noventa sete.

(Torre do Tombo, *Confirm. Geraes*, lib. III, feuillet 172.)

Extrait des lettres-patentes du 7 août 1576, publiées dans l'*Archivo
dos Açores*, tome III, N° 13, page 15.

XI

CONCESSION EN FAVEUR DE VASCO ANNES CORTE-REAL ET DE JOANA DA SYLVA, SA FEMME.

1497, — 5 avril.

Dom Manuel etc. A quamtos esta nosa carta virem fazemos
saber que a nos dise Vasco Annes Corte Reall fidallguo de
nosa casa e noso veador d'ella e capitam da nosa Ilha Terceira,
que elle era casado com Dona Joana da Syllva filha de Garcia de
Melo, fidalguo de nosa casa e que antre as condições em seu
contrauto contheudas era que a elle dito Vasco Annes aprasia que
fallecendo primeiro que a dita sua mulher lhe dar d'arras tres mil
dobras d'ouro que he ametade das seis mil dobras que lhe com a
dita sua mulher sam prometidas a alem das ditas seis mil que lhe
asi sam prometidas pedindonos o dito Vasco Annes por mercee
que segurassemos ho dito dote e arras aa dita Donna Joana : e
visto per nos seu requerimento querendo-lhe fazer graça e
mercee temos por bem e nos praz que falecendo ho dito Vasco
Annes primeiro que a dita Dona Joana sua molher nom podemdo
ela aver cumprimento do paguo do dito dote e arras pollos bens
que ao tempo de seu falecimento ficarem, que em tall caso aja

todo o que falecer *pollas rendas da dita Ilha Terceira,* de que ele dito Vasco Annes he, capitam, as quaes rendas ella teraa e receberaa des amtão sem lhe serem tiradas atee ser emtregue e satisfeita do dito dote e arras como lhas ho dito Vasco Annes promete e tanto que o dito Vasco Annes falecer ela sera obriguada de notificar ao nosso contador da dita Ilha pera ele saber quando começa de receber as ditas rendas ao qual per esta nosa carta mandamos que lhas leixe aver e receber atee ser entregue do que lhe asy ficar por paguar do dito dote e arras e por sua guarda e nossa lembrança lhe mandamos dar esta nosa carta per nos asinada e assellada do nosso sello pemdemte. Dada em a nosa cidade d'Evora a b [5] dias d'Abril. Andre Dias a fez. anno do nascimento de nosso senhor Jesus Christo de mill e iiijᵉ [1497]. E allem desto enviara dizer a dita Dona Joana a nosa fazenda pera se mandar saber os bens que per falecimento do dito Vasco Annes se acharem pera se ver se per eles a dita Dona Joana pode aver paguamento do dito dote e arras.

(Torre do Tombo, lib. XVII, feuillet 2, Chancellerie du roi Manoel.)

Publié dans l'*Archivo dos Açores,* tome III, nᵒ XV, page 191.

XII

DONATION FAITE À GASPAR CORTE-REAL DE TOUTES LES ILES OU DE LA TERRE FERME QU'IL DÉCOUVRIRA.

1500, — 12 mai.

Dom Manuell etc. A quamtos esta nosa carta de doaçaaom virem fazemos saber que por quamto Gaspar Corterreall fidalguo da nosa casa os dias pasados se trabalhou per sy e a sua custa com navyos e homes de buscar e descubrir e achar com muyto seu trabalho e despesa de sua fazemda e peryguo de sua pesoa algumas ilhas e terra firme e pelo comsyguymte o quer

aimda agora comthenuar e por em hobra e fazer niso quamto
poder por achar as ditas ilhas e terra e comsyderamdo nós quamto
noso serviço homra e acrecemtamento de nosos Regnnos e
Senhorios pera semelhamtes ilhas e terras serem descubertas e
achadas por nosos naturaes e como o dito Gaspar Corte Rreall
por o asy querer fazer com tamto trabalho e peryguo he merecedor de toda honra e merce e acrecemtamemto por tamto nos
praz que descobrimdo ele e achamdo alguma ilha ou ilhas ou
terra firme nos de noso proprio moto poder reall e asaluto temos
por bem e lhe fazemos mercee e doaçaaom e lhe outorgamos
que em quaesquer ilhas ou terra firme que asy novamente achar
ou descobrir ele tenha e aja de nos de juro e de herdade pera
todo sempre as capitanyas com as cousas seguimtes, a saber, a
jurdyçam cyvell e cryme com toda alçada e soperioridade alta e
baixa sem dele nem de seus herdeiros e socesores poderem apelar
nem agravar em nenhum caso nem comthya que seja pera nos
nem per outra alguma pesoa que noso poder tenha e queremos
que ele e seus herdeiros e em noso nome e de nosos socesores
tenham asy e governem e rejam a terra ou ilhas que asy achar
livrememte e sem limitaçam alguma na maneira que dito he
ficando somente a nos resguardado quamdo necesario nos parecer mamdarmos la huma pesoa nosa que sayba como o dito
Gaspar Corte Rreall husa da dita jurdiçam e governamça da terra
e nos trazer delo recado pera que achamdo que nom husa ou
governa as ditas ilhas e terra como deve a serviço de Deus e
nosso nos o castigarmos como virmos que he rrezam em sua
pesoa somemte sem nunca lhe ser tirada a dita jurdiçaaom nem
ser dela sospemso porem sendo caso que por nom viver asy bem
como deve o mamdemos vir a nos per asy lhe darmos na sua
pesoa aquele castiguo que merecer como dito he e entam ele
podera leixar e lcixara nas ditas ilhas e cada huma dellas ou
terra firme pesoa sua que por ele ouça e se chame e tenha a ma-
nistraçam das cousas da justiça e governamça da terra em seu
nome e asy como ele per sy o farya semdo porem tal pesoa de
que nos sejamos comtemte e outrosy queremos e nos praz que

pola dita maneira de juro e herdade de toda rremda que noshy
ouvermos ou ordenarmos que se aja asy em nosso tempo como
em tempo de nosos socesores asy por torall que disto prazemdo
a Deus fazemos o fezerem como per quallquer outra maneira que
de nosas rremdas e direitos nas taes terras ou hilhas ordenarem
ou fezerem ou ouverem per quallquer titollo ou nome que tenha
aja o dito Gaspar Corte Rreall e seus herdeiros a quarta parte
livrememte de todo o que asy nas ditas ilhas ou terra em quallquer tempo podermos aver e semdo caso que nas ditas ilhas ou
cada huma delas ou terra firme que asy descobrir se abram e
achem alguns resgates e tratos taes que nos per nos somemte ou
per nosos oficiaes quisermos trautar e negocear em tall caso nos
mamdaremos pagar e dar ao dido Gaspar Corterreall e a todos
seus socesores a quarta parte de todo aquelo que nos taes trautos
e resgates se ouver de ganho tirados os cabedaes e todos os cus-
tos que nos taes trautos e resgates fezermos e isto mesmo se em-
temdera e guardara no caso que nos os ditos trautos e resgates
aremdemos ou pera serem trautados per outras algumas pesoas
dermos nosas licemças e lugar semdo caso que os ditos trautos e
resgates sejam de calidade que todas e quaesquer pesoas asy das
ditas ilhas como terra firme ou de nosos regnnos e senhorios ajam
e posam trautar e negoccar asy como nos emtam nom ficarmos
obrigados a pagar o dito quarto somemte lhe daremos a quele
direito que as outras pesoas ouverem de dar e pagar em nos ditos
trautos e resgates lhes for posto e ordenado etc. Outrosy nos
praz e queremos que ele e seus herdeiros ajam o direito das
moemdas sall e fornos e ihjenhos e setias dagoaa e todo aquelo
que os capitaes das outras ilhas ora tem e husaam per nosas
doações com suas alcaidarias mores e direitos delas e com todalas
outras onras liberdades e preiminemceas que por nos lhe sam
outorgadas e por firmesa de todo lhe mamdamos dar esta nosa
carta e doaçaaom per nos asynada e aselada de noso selo pemdemte pela quall queremos e nos praz rreallmemte com todo noso
rreall e asaluto poder que o dito Gaspar Corte Rreall aja asy as
capitanyas das ditas hilhas e terra com todallas ditas jurdyçoes

cyves e crimes e soprioridades e rremdas e direitos e imsyçoees
como nesta carta se comthem pera ele e todos seus herdeiros e
socesores que dele por linha direita mascolina descemderem. E
nom avendo hy filho baraaom a que todo asy posa ficar queremos que fique ha sua filha maior e nom avemdo hy filho nem
filha que fique a seu paremte mais chegado macho ou femea
segumdo em cyma se comthem e asy se guarde e rregulle e esta
socesaaom dy por diamte pera todo sempre sem embarguo da
ley memtal nem da quaesquer lex capitollos de cortes hordena-
ções feitas e por fazer que em quallquer maneira podesem com-
arariar a quallquer cousa do que dito he desta nosa doaçaaom a
quall emcomemdamos a nosos socesores que por nosa bemçaaom
a cumpram e guardem como nela he comtheudo. Dada em a
nossa villa de Symtra a XII de maio. Alvaro Fernamdez a fez,
Anno do nacymemto de noso Senhor Jeshu Christo de mill e
quynhemtos annos. »

(Torre do Tombo, Chancellerie du roi Manoel, lib. XIII, feuillet 91;
Idem du roi João III, lib. XXXV, et Libro das Ilbas, feuillet 62.)

Publié par M. E. A. DE BETTENCOURT, *Descobrimentos, guerras e conquistas dos Portuguezes em terras do ultramar nos seculos XV e XVI.* Lisboa, grand in-8 carré, lithographié (en cours de publication), page 137-141, et dans l'*Archivo dos Açores*, tome III, N° XVII, page 405.

XIII

DONATION FAITE A JOAM MARTINS.

1501, — 27 janvier.

DOM Manuell etc. A todollos nossos capitães, corregedores, juizes e justiças de nosos regnos e senhorios e a quaaesquer outros ofeciaes e pessoas a que o conhecimento desto pertemcer

per quallquer guisa que seja e esta nossa carta for mostrada ou o
trellado della em publica forma dado per autoridade de justiça
for apresentado saude : sabede que esguardando nos ao muito
serviço que de Gaspar Corte Reall, fidalguo de nosa casa temos
recebido no descobrimento da terra annunciada e ao deante esperamos receber pelo qual he merecedor de por ello lhe fazermos
toda mercee e acrecentamento e asy aquelles que no dito descobrimento ho ajudaram e despenderam, temos por bem e nos
praz de tomarmos ora novamemte por noso vasallo a Joam
Martins escudeiro, creado de Joham Vaaz Corte Reall, ssey [seu]
pay e juiz dos orfaaõs na villa d'Amgra da Ilha Terceira, o quall
queremos que daquy em deamte seja escusado, privillegiado e
guardado que nom pague nem sirva em nenhumas peitas, fimtas,
talhas pedidas, serviços emprestidos nem outros nem huns en-
careguos que pello concelho ou luguar omde morar forem lam-
çados per qualquer guisa que seja nem o costramjam nem a seus
amoos e caseiros que vaam com presos nem com dinheiros nem
com nem hunas caregas nem sejam titores, nem curadores de
nem huas pessoas que sejam salvo se as taaes tétorias forem
lidimas nem ajam oficio do comcelho contra suas vomtades,
outro sim mandamos e defendemos que nom seja nem hum tam
ousado de quallquer estado e comdiçam que seja que lhe pousse
em suas cassas de morada, adegas, nem cavalariças, nem lhe
tomem seu pam, vinho, roupa palha, cevada, lenha, galinhas
gaados, nem bestas de sella nem dalbarda nem boys, nem
carros, nem carretas, nem navyos, barquos e botes que tenham
nem outra nem huma cousa de seu comtra suas vomtades, e
porem mamdamos que lhe cumpraes e guardes e façaes muy
imteiramente comprir e guardar esta nossa carta como em ella
he contheudo sem embargo de quaesquer capitolos de cortes e
ordenaçoões que hy aja em contrairo sob pena dos nossos em-
coutos de seis mill soldos que mandamos que pague pera nos
quallquer que contra ello for os quaes mandamos ao nosso almoxarife de cada um logar de sa coreiçam que os receba por nos
daquelle ou daquelles que contra esta nossa carta forem em parte

ou em todo, e mandamos ao escripvam do almoxarifado que os
carregue sobre o dito almoxarife em recepta pera nos avermos
dele boa recadaçam ssob pena de as pagarem ambos de suas
cassas e em caso que lhe alguns contra esta nossa carta queiram
hyr, mandamos a vos nossas justiças que lho nom consemtaes e
fazee todo compridamente correger e emmendar como for direito
e justiça por que asy he nosa mercee e que o dito Joham Martins
nosso vassallo aja todallas homrras, liberdades, privilegios e
ysemções que por nos sam outorgadas e sse nesta nossa carta
conthem. Dada em Lisboa aos xxbij (27) dias de Janeiro, Vicente
Carneiro a fez, anno do nascimento de noso senhor Jesus Christo
de mill e quinhentos e hum anos.

(Torre do Tombo, lib. XVII, de Manoel, feuillet 5.

Publié dans l'*Archivo dos Açores*, tome III, N° XV, pages 195-196.

XIV

LETTRE DE MIGUEL CORTE-REAL A CHRISTOVÃO LOPEZ.

1501, — 6 août.

Senhor xpãm lopez quando armey em lyxboa eu tomey
mãtimento pera tres meses. S. pera cinquoenta homes e
depois mandou elrey noso senhor que tomase mais trimta homes pera os quaes nõ pude tomar mais mãtimento por nõ caber
no nauyo. aguora ha acerqua de tres [dias?] que se gastou de
guisa que aribei aqui por migoa dele e por ponete que venta
que me nõ deyxa ir. peçovos por merce que me mãdes dar duas
pipas de vinho e hũ boy ou x b [15] ou xx [20] arobas de carne
e isto vos peço da parte del rey e peço por merce a ffernã dalca-

çova que ve a nissycidade minha que vos de disto huma certidã.
feçto aos seis dias dagosto de quinhetos e hum.

Miguel Corte-Real.

(Torre do Tombo, *Corpo Chronologico*, Part. II, liasse 4, N° 141.)

Publié, ainsi que le suivant, par Kunstmann, *Die Entdeckung Amerikas. Nach den ältesten Quellen geschichtlich dargestellt*. München, 1859, in-4, page 93, note 119. Notre texte et la signature sont pris sur le manuscrit original.

XV

Reçu donné par Miguel Corte-Real.

1501, — 7 août.

Eu miguell corte reall diguo q he verdade q reçeby de xpām lopez escudeiro del rej nosso [*Senhor*] duas pipas de vinho e xx (20) arobas de carne as quaes duas pipas de vynho et vymte arobas de carne asy recebo pera mãtimento de cytemta homes aos quaes faleceo ho·mãtimento q pera eles trazia aos sete dias do mes dagosto e por q assy he verdade q o dito mãtimento dele recebeo lhe dey este fecto aos sete dias do dito mes dagosto da era de quinhemtos e hum. — em malega.

XVI

ORDONNANCE DE PAYEMENT A VASQUEANES CORTE-REAL
DE 50 ESPADINS D'OR, ET QUITTANCE.

1501, — 22 septembre.

Nos el-Rey mandamos a vós Gonçalo de Sequeira nosso thezoureiro moor da casa de Cepta e ao privam, de seu officyo que dees a Vasqueannes Cortereall fidalgo de nossa casa e nosso veador della cinquoemta espadiins douro[6] de que lhe ffazemos merce. Vós fazelhe deles boo pagamento en triguo do que veo de Castela a rezam de mil e quinhemtos reaes o moyo e por este estromonto vos seeram levados em despeza. Ffeito en Lixboa a xxii de setembro Gaspar Rodrigues o ffez, de mill e quinhemtos e huum.

REY.

He verdade que eu receby este dinheiro neste desembargo conteúdo em trigo segundo nele faz mençam, feito o derradeiro dia de setembro de 1501. — Cortereall o baram. —

Cinquoemta espadiis douro de mercê do veador em a casa de Cepta pargos em trigo a resam de mil e quinhentos o moyo.

(Torre do Tombo, Corpo Chron., Part. I, liasse 5, doc. 40.)

Publié dans l'*Archivo dos Açores*, tome I, Nº 2, page 109.

---

1. L'espadin d'or valait 300 reis d'alors.

XVII

Lettre d'Alberto Cantino a Hercule d'Este, duc de Ferrare.

1501, — 17 octobre.

« *Ill.^{me} et Ex.^{me} Princeps et Domine mi singularissime :*

Già son nove mesi passati che questo Serenissimo Rè mando alle parte de tramontana dui legni ben armati, solum per cerchare se possibil fusse, che a quella parte vi si possesse ritrovare terre on Insule alcune, cusi hora alli undece del presente salvo, et con preda uno de epsi è ritornato, et ha portato gente et nove, le quale non me ha parso che sencia sentita de V. Ex. debbiano passare, et cusi precisamente tutto quello qual fù per il capitan al Re, me presente, racontato qui di sotto distintamente scrivo. In prima racontano che partiti che furon del porto de Lisbona, quatro mesi continui, sempre per quello vento et a quel polo caminarno, ne mai in tutto questo spacio heberno vista de cosa alcuna ; et intracti nel quinto mese volendo pure inanti seguire, dicono, che ritrovarno masse grandissime de concreta neve andare mosse da londe sopra il mare a galla ; da la summità de le quale per la potentia del sole una dolce et chiara aqua se dissolvea, et disciolta per canaleti da epsa facti ruinando al basso qui cadea ; onde che havendo già le nave bisogno de acqua, con li battelli a quelle se acostarno, et per quanto fu a lor necessario ne prenderno ; et temendo de stare in quel locho per il loro presente periculo volseno tornare indrieto, ma pur aiutati da speranza, deliberarno, come meglio potesseno, andare anchora alcun giorno inanti, et posseronsi al viaggio, nel secondo giorno del quale ritrovarno el mar gelato et constrecti ha abandonare la impressa, cominciarno a circondare verso maestro et ponente, ove tre mesi sempre con bon tempo, a quella volta continuarno. Et nel primo giorno del quarto mese heberno vista, fra questi dui venti, dun grandissimo paese, al quale con grandissima allegreza se acostarno, et correndo molti et grandi fiumi dolci per quella regione al mare, per uno de epsi, forsi una legha fra terra intrarno; et in quella dismontati trovarno copia de suavissimi et diversi fructi, et albori, et pini de si smisurata alteza et grosseza, che serebbeno troppo per arboro de la piu gran nave che vadi in mare. Ivi non nasce biada dalcuna sorte, ma gli homini di quel paese, dicono non vivere se non di piscasone et caza de animali, deli quali el paese abonda, cioè cervi grandissimi vestiti di longissimo pelo, le pelle de li quali usano per veste, ne fanno case et barche; et cusi lupi, volpe, tigri et zebellini. Affermano esservi, che mi pare miraculo tanti falcuni peregrini, quante passare sono nel nostro paese, et io ne ho veduti, et sono belletissimi. Degli homini et de le donne de questo locho ne pigliarno circha da cinquanta per forza, et hannoli portati al Re, li quali io ho visti, tochì et contemplati, et cominciando alla loro grandeza, dico che sono alquanto più grandi del nostro naturale, com membre correspondevole et ben formate, li capilli de maschij sono longi, quanto noi altri usiamo, et pendeno con certe inhanelate volveture, et hanno il volto con gran signi segnato, et li segni sono como quelli de li Indiani, gli occhi suoi tranno al verde, dali quali quando guardano, dona un gran fireza a tutto il viso : la voce non se intende, ma per ciò in se non ha alcuna aspreza anci piu presto è humana, la condictione et gesti loro son mansuetissimi, rideno assai e dimostrano summo piacere, et questo è quanto alli homini. La dona ha piccole poppe et belissimo corpo, et tien un viso assai gentilesco, il colore de le quale più presto se può dire biancho cha altro, ma il maschio è assai più negro. In summa, salvo che la teribile guardadura de lhomo, in ogni altra cosa mi pareno eguali alla imagine et similitudine nostra. Da ogni parte sono nudi, salvo che le membra vergognose, che con una pelle de sopradicti cervi se tengon coperti. Non hanno arme, ne ferro niuno, ma ció che lavorano, et ció che fanno, fanno con durissime pietre aguze, con le quale non è cosa si dura che non taglino. Questo naviglio è venuto di la a qua in un mese, et dicono esservi 2800. milia de distantia; laltro compagno ha deliberato andar tanto per quella costa, che vole intendere se quella è insula, o pur terra ferma. Et cusi il Re con molto desiderio et quello et altri aspecta, li quali venuti che siano, et portando cosa degna di V. Ex^{tia}. subito ne darò notitia a quella.

Alli cinque del presente, giunse nel porto de Calice, una caravella de la Maiesta del Re di Spagna, la quale havea mandate piu mesi fanno alle sue insule Antile, et ha portato sexanta schiavi, trecento cantara de braxilio, et trecento de verzino, et cinquanta marchi de perle, dele quale ne son sta portate alcune in questa terra, et io le ho vedute et toche, non son molto grosse, et non hanno chiareza in se, ma più presto tranno al columbino.

Quella fiola del Re de Spagna, quale andava al Principe de Ingilterra, giuncta che fu con le sue nave nel canale de Fiandra, fu assalita da una grandissima fortuna unde che le sue conserve tutte pigliarno porto et remedio, et sola quella de la Princessa non potè mai firmarse, et con asprissima tempesta et vento fù quassata, et ritornata priva de larboro grande et de la vela in un porto nominato alla Redo, quale è fra Bischaglia, et la Gallicia; et ivi per la paura et per il tormento passato infirmosse di febre, ne mai volse salire de la nave.

Ove che havendo il Re de Ingilterra intesa quella fortuna velocissimamente vi mando drieto quatro nave ben in puncto, et ritrovandola nel sopradicto locho la fecerno montare sopra le sue nave, et con bon vento in sei giorni se ritrovarno in Premua che è in Carnovalia, et ivi è stata con grandissimo honore receuta. Cusi uno, il quale in pochissimi giorni ha portato al Re et la Regina questa nova, ha habiuto da epsa Regina in donno cento ducati doro.

Hogi son quindece giorni che questo Signore Re fece invitare lambasatore de Venetiani et io ad andare a vedere un suo pallazo nominato Sintra lontano 15. milia da Lisbona, al quale voluntiera andassemo, et quatro giorni con grandissima caza et piacere fussemo da un seschalcho del Re receuti et honorati, la condiction del quale ho voluto, per quel che si pote, avisarne Vostra Ex.^{tia}. Questo pallazo è situato sopra una bella culina, et ha la parte de nanti una cinta de altissime montagne de quatro venti la copre, cioè da greccho, da levante, da sirocho et mezodi, per la qual cagione, ivi sempre fà freddo. Da la parte de dietro, cioè per quanto se extende lebechie, ponente, maestro et tramontana, tutta a gran pianure e scoperta, et mostrasi il mare Oceano : intorno intorno tre miglia per quella valada sono giardini et fructi dogni rasone in grandissima copia, per il meggio de la quale corre un dilectevole fiumicello, et questo è quanto io posso dire del sito, il quale in vero è maraviglioso ; ma volendo distinctamente le parte de lhabitation descrivere, bisognarebbe chio fusse optimo Architecto : como sia che ogni camera et ogni stancia ha diviso da laltre il suo coperto et tutte sono in un drapello strecte, ma non insieme agiuncte, ne commodo alcuno ni si vede, ma l'abondantia de loro, ne li solari con sotile artificio lavorato, et le pietre invedriate poste per fodra de le muraglie et per selegate in terra fanno parere a chi le guarda cose excellentissime. Viene da lalto duna de quelle montagne al basso per coperti conducti una aqua la quale non obstante che fa quatro belle fontane in certi cortileti, ma anchora quali per ogni camera et locho in certi conducteti de marmoro per qua et per la sempre va corrando, in modo che per tutto se vede aqua, ne bagna et spande, se non quando piace allhomo ma in ogni locho loro è oro, et volendo sencia alcuna passion iudichare dirò che il palazo in se medesimo non è in cosa alcuna per comparare alla gloria de Belguardo, et questo ho voluto scrivere a Vostra Ex.^{tia} solum per esser questa cosa nela quale questo Re tene ogni sua pompa, et già conosce Belguardo per fama, et come sa alcun che lhabia visto sempre sta in su il dimandare et far comparatione, ma certo sencia alcuna adulatione, cusi como raro o ne sun Principe non se apparegia a V. S. de bella terra et edificij cusi etiam non agiunge le virtù alla regal presentia, costumi et magnanimità de V. Ex., la quale volendo confessare la mia ignorantia, dirò, non lhavere mai conosciuta, se no dapoi, chio visto et pratichato altre Corte, altri Re et Signori, cusi Idio sempre la mantenga lieta et sana, et conciedali per sua gratia a pieno quel che epsa desidera.

Io vidi in quella Sintra una cosa excellente, la qual non voglio lassare; questa era una colona de diaspese, longa quatro piedi et de grosseza quanto una botta de octo mastelli et meglio, la qual il Re a una segha da aqua facea in tavole seghare grosse due dita luna, et era octo mesi, che sempre di et nocte se lavorava, ne una spana et meza in tutto questo tempo havea seghato.

Già son quaranta giorni che li mori alla frontiera dele terre, che tien questo Re in Africa pigliarno alla campagna circha trenta gentilhomini, de che questo Re è stato parechi zorni de malavoglia, ma hora al presente quilli soldati che la tien il Re, ha pigliato circha da trecento mori, de che in questa terra se ne è facto molta alegreza.

Metterò un termine il quale hora ha posto in uso questo Re; tutti coloro quali nel suo regno commettono cose digne de gran pena overo di morte, tutti quelli fa pigliare ne alcun ne amaza, et servandoli col tempo gli manda in questi lochi et insule ritrovate et imponeli questo, che se mai per alcun tempo ritornarano de donde gli harano lassati per terra a Lisbona, perdonali el delicto, et fali mercede de cinque cento ducati, ma credo io che rari ve ne tornarano, benche in uno locho che se chiama Sancta Croce, per essere dilectevole de bona aria et de dolcissimi fructi abondante, fugirno cinque marinari dele nave del Re, et non volseno più tornare in nave, et li restarno. Me racomando a V. Ex.ᵗⁱᵃ.

Lisbone die xvij octobris 1501.

Ill. et Ex. Duc. D. V.

Servitor ALBERTUS CANTINUS.

(A tergo). Illᵐᵒ Principi, et Ex.ᵐᵒ Domino Domino Herculi

Estensi Duci Ferrarie dignissimo ac domino me singularissimo.
Ferrarie.

(Archives d'État à Modène, *Dispacci della Spagna — Cancelleria Ducale.*)

Obligeamment relevé sur l'original, à notre requête, avec l'autorisation de M. le Ministre de l'instruction publique du royaume d'Italie, par M. CESARE FOUCARD, surintendant des archives d'Etat à Modène.

Inédit.

XVIIIᴀ

DEPÊCHE ADRESSÉE PAR PIETRO PASQUALIGO A LA SEIGNEURIE
DE VENISE.

1501, — 18 octobre.

*Copia de una letera, scritta in Portogallo a dì 18 octubrio 1501,
ricevuda à dì 28 dezembrio 1501.*

A di 9 dil presente arivò qui una di doe caravelle, quale l'anno passato la majesta del dito re mandò a discoprir terra verso le parte de tramontana, et ha conduto 7 tra homeni et femene et puti de terra per quella discoperta, era maistro et ponente, lontan di qui miglia 1800. Questi homeni de aspeto, figura et statura somigliano cingani ; hanno signada la faza in diversi logi, chi de più chi de mancho segni, vestiti di pelle de diversi animali, ma *precipue* di lodre ; el parlar suo è *penitus* alieno da ogni altro che fin hora se sia sentito in questo regno, nè vien inteso da persona alguna. Sono benissimo disposti ne li membri loro, et hanno faze mansuetissime, ma modi et gesti bestialissimi et come de homeni silvestri. Credeno questi di la caravella, la soprascrita terra esser terra ferma, et conjungersi con altra terra, la qual l'anno passato soto la tramontana fu discoperta da l'altre caravelle de questa majestà, *licet* non potesseno arivar a quella, per esser el mar li agiazato con grandissima quantita di neve, in modo ch'è monti qual terra. *Etiam* credeno conjungersi con le Andilie, che furono discoperte per li reali di Spagna, et con la terra dei papagà, *noviter* trovata per le nave di questo re che andorono in Calicut. El creder questo se moveno, prima, perchè, havendo corsa la costa de ditta terra per spazio de 600 et più milia non hanno trovato fin alguno; poi perchè diceno haver trovate molte fiumare grosissime, che li meteno in mare. Expetasse di zorno in zorno l'altra caravella capetania, da la qual distinctamente se intenderà la qualita et condition ch'è la sopradita terra, per esser andata più avanti scorendo per quella costa, per discoprir quanto più potrà de quella. De questa nova questa regia majestà ha auto gran piacer, perchè li par che questa terra serà molto a preposito di le cose sue, per più respeti, ma *praecipue*, perchè, essendo molto vicina a questo regno, facilmente et in pocho tempo potrà haver grandissima copia di lignami per fabrication di arbori et antene di nave, et homeni schiavi assai da ogni faticha, in perhò che dicono, quella terra esser populatissima et piena de pini et altri legni optimi. Et tanto ha piaciuto dita nova a sua majestà, che li ha fato venir volontà de mandar navilij iterum a ditto locho, et acrescer la flota sua per India, per conquistar più presto hormai cha per discoprir; perchè li par che Dio sij co sua majestà ne le opere sue et mandi ad effetto ogni suo desegno.

(Extrait des Diarii de Sanuto, MS. conservé à la Marciana de Venise.)

Obligeamment copié par M. Bartolommeo Cecchetti, surintendant des Archives d'Etat. Publié dans les *Diarii di Marino Sanuto,* Venezia, 1880-1881, in-4, tome IV, fascicule 24, pages 200-201.

Pietro Pasqualigo quitta Lisbonne peu de temps après l'arrivée des caravelles de Corte-Real, pour aller auprès des Rois-Catholiques, à Saragosse. Mais il laissa à Lisbonne Zuam Francesco Affaitato ou de la Faitada, de Crémone, qui le tint au courant de ce qui se passait en Portugal et outre-mer. On a de lui des relations très intéressantes des voyages de Cabral (*Diarii di Sanuto,* tome IV, fasc. 25, page 485;

et fasc. 26, pages 663-6; tome V, fasc. 33, page 55); mais il n'est
plus question des Corte-Real. Quant aux originaux des deux lettres
de Pasqualigo que nous publions ici, ils n'ont pu être retrouvés aux
Frarii ni ailleurs.

XVIII

Lettre de Pietro Pasqualigo a ses Frères.

1501, — 19 octobre.

*Copia de una L[ette]ra de Dño Pietro Pasqualigo oratore della Illus-
trissima Signoria in Portogallo scripta a soi fratelli in Lisbona
adi. XIX. Octobrio. del. .M.CCCCCI.*

MAGNIFICI Fratres tanquam patres honorandi per Piero Verzo
Corrier : et da poi per uia de Valenza nelli zorni passati ue
ho scripto a susficientia quanto me accadeua : hora per uia de
Sibillia sotto lettere de Bartholomeo Marchiôi Barba de Domino
Benedicto Fiorentino : me he parso ben conueniente scriuerui
questa : cio pogni uia possibile siati da mi auisati dele cose de qui
quãto piu frequentemente se pol. Adir viii. del presente ariuo qui
una de le doe Carauelle : quale questo Serenissimo Re : lanno
passato mando a discoprire terra uerso tramontana Capitaneo Gaspar Corterat [*sic*] : et referissi hauere trouato terra. ii. M. miglia lonzi da qui tra maestro et ponente qual mai auanti fo cog-
nita ad alcun : per la costa de la qual scorseno forsi miglia. de.
in. dcc. ne mai trouoreno fin : per el che credeno che sia terra ferma : laqual côtinue in una altra terra che lanno passato : fo
discoperta sotto la tramontana : le qual Carauelle non posseno
ariuar fin la : per esser el Mare agliazato et infinita copia de neue:
Questo in stesso li fa credere la moltitudine de fiumare grossissime : che ahno trouate la : che certo de una Insula none
hâria mai tante et cosi grosse : Dicono che questa terra e

molto populata et le case de li habitanti sonno de alcuni legni
longissimi coperte de forauia de pelle de pessi. Hanno conducti
qui VII. tra homini et femene et putti de quelli : et cum laltra
Carauella che se aspecta d'hora in hora ne uien altri. cinquanta.
Questi sonno de equal colore : figura : statura : et aspecto : simi-
lilimi a cingani : uestiti de pelle de diuersi animali : ma precipue
de ludre : de instade uoltano el pello i suso : et de inuerno el
contrario : et queste pelle non sonno cusite insieme in alcun
modo : ne conze : ma cosi como sonno tolte da li animali se lemet-
teno intorno lespalle et braze : et le parte pudibunde legate cum
alcune corde facte de nerui de pesse fortissime : adeo che pareno
homini saluatichi : sonno molto uergognosi et mansueti ma tanto ben facti de brazi et gambe : et spalle : che non se potria dire:
hanno signata la faza in modo de Indiani : chi da. VI. chi da. VIII.
chi da manco segni. Parlano ma non sonno intesi d'alcuno : Am-
po credo ch'sia sta facto parlare in ogni lenguazo possibile : Nela
terra loro non hanno ferro : ma fanno cortelli de alcune pietre :
et similmente ponte de freze : Et quilli anchora hanno porta de la
uno pezo de spada rotta dorata : la qual certo par facta in Italia:
uno putto de questi haueua ale orechie dui tõdini de arzento :
che senza dubio pareno sta facti a Venetia : il che mi fa creder :
che sia terra ferma : perche non e loco : che mai piu sia andato
naue : che se haueria hauto notitia de loro. Hanno grandissima
copia de salmoni : Arenge : Stochafis : et smil pessi : hanno etiam
gram : copia de legnami : et fo sopra tutto de Pini dafare arbori :
et antenne de naue : per el che questo Serenissimo Re desegna
hauere grãdissimo vtile cum dicta terra si per li legni de nave : che
ne haueua debesogno : como per li hoi : ch seranno per excellentia da fatiga : et gli meglior schiaui se habia hasti sin hora : el mea
parso cosa degna de darui noticia et ce altro se intendera nella
uenuta de la Carauella capitania similiter ue notificaro.

Publié dans la collection de voyages intitulée *Paesi Nouamente
retrouati*, Vicentia, 1507, in-4, cap. CXXVI, verso de Aii.

XIX

PENSION ANNUELLE DE 30,000 REIS ACCORDÉE
A MIGUEL CORTE-REAL.

1501, — 4 novembre.

DOM MANUELL, etc. A quamtos esta nosa carta virem fazemos
saber que avemdo nos respeito ao[s] muytos seruiços que
miguell corte reall fidalguo da nosa casa e noso porteiro moor
tem feitos a elrej dom joham[1] meu primo que samta glorea aja
e outrosy a nos e aos que ao deamte delle esperamos receber e
queremdolhe fazer graça et mercee teemos por bem e nos [*praz*]
que deste janeiro que ora vem do anno de quinhemtos e dous
em deamte elle tenha e aja de nos trimta mill de temça em cada
huû anno em quamto nosa mercee for e porem mamdamos aos
veedores da nosa fazemda que os ditos trymta mill lhe façam
asentar e registar nos nosos liuros della e dar delles em cada huû
[*anno carta*] de desembargo pera lugar omde dos ditos dinheiros
aja muy boom pagamento e por nosa lembramça e firmeza dello
lhe mamdamos dar esta nosa carta per nos asynada e sellada do
noso sello pemdemte. Dada em a nosa cidade de lixboa a iiij dias
do mes de nouembro lopo fernamdez a fez anno do nacimento
de noso Senhor Jhuû x° de mill e quynhemtos e huû.

(Torre do Tombo, lib. XLIV de D. Manoel, feuillet 95.)

Obligeamment relevé à notre requête, sur l'original, par M. J. I. DE
BRITO REBELLO.

Inédit.

____
1. João II.

XX

CONCESSION EN FAVEUR DE MIGUEL CORTE-REAL DE LA MOITIÉ
DES TERRES DÉCOUVERTES PAR SON FRÈRE GASPAR.

1502, — 15 janvier.

DOM MANUELL, etc. A quamtos esta nosa carta virem fazemos
saber que miguell corte reall fidallguo de nossa cassa e nosso
porteiro moor nos disse ora que vemdo elle como gaspar corte
reall seu irmão avia dias que partira desta cidade com tres nauyos
a descobrir terra noua da quall ja tinha achada parte della e como
depois de pasado tempo vieram dous dos ditos nauyos aa dita
cidade averiam cinquo messes e elle nam vinha que elle
o queria hir buscar e que por quamto elle dito miguell corte
reall tinha feito muyto gasto e despesa de sua fazemda no dito
descobrimento asy nos ditos nauyos que ho dito seu irmaão pera
ella armou por a primeira vez que a dita terra achou e asy
desta segumda que ora foy como com elle pelo que o dito gaspar
corte reall avemdo respeito a isso lhe prometera de partir com
elle da dita terra que asy descobrisse asy e na maneira que a elle
tinhamos outorgada e dada per nossa doaçam da quall coussa o
dito gaspar corte reall nos pedio amte de sua partida que lhe
mandassemos disso dar hûu nosso aluara o quall lhe demos a seu
requerimento pelo quall nos prouue que toda a terra que lhe elle
asy desse e demarcasse fosse sua asy como a elle de nos tinha e
em sua carta era contheudo e ora o dito miguell corte reall nos
pedio que pera sua seguramça o decrarassemos asy e outorgas-
semos per esta nossa carta pello quall de nosso motu proprio
çerta çiencia liure vomtade poder reall e aussoluto nos praz que
de toda a terra firme ou Ilhas que ho dito gaspar corte reall atee
ora tem achadas ou descobrir daquella parte que elle denomear
e demarcar ao dito miguell corte reall por sua lhe fazemos della

doaçam e merçee pera todo ssempre como de fecto per esta fazemos asy e tam compridamente e com aquellas clausullas e com-
diçõoes direitos jurdiçam capitanyas e coussas outras comtheudas
na doaçam do dito gaspar corte reall.—Outrosy nos praz avemdo
nos isso mesmo respeito ao que dito he e asy aos muytos seruiços
que temos recebidos e ao diamte esperamos reçeber do dito miguell corte reall que secmdo casso que elle nom ache o dito
sseu irmãao ou semdo falecido o que deos nam mande queremos e nos praz que toda a terra firme e ilhas que elle per si nouamente neste anno de quinhemtos e dous descobrir e achar alem
da que o dito seu irmão teuer achada elle a aja pera sy e lhe
fazemos della doaçam e merçee com aquellas jurdiçõoes direitos
capitanyas clausullas comdiçõões e coussas outras comtheudas e
decraradas na dita doaçam do dito seu irmão e por firmeza de
todo lhe mandamos dar esta carta per nos asynada e sellada do
nosso sello pemdemte dada em lixboa a x b [*15*] dias de janeiro
gaspar rroiz a fez anno anno [*sic*] de nosso Senhor Jhũu x° de
mill e b° e dous [*1502*] — e daquelas terras ou ilhas que ho dito
sseu irmão asy teuer achadas e descobertas nom lhe fazemos
doaçam ssoomente daquellas que lhe asy nomear como dito he.

(Torre do Tombo, lib. IV de D. Manoel, feuillet 3, verso.)

Publié par Kunstmann, *loc. cit.*, page 93, note 120. Notre texte a été
obligeamment relevé sur l'original par M. de Brito Rebello.

XXI

Lettre d'Alberto Cantino concernant la carte envoyée
a Hercule d'Este.

1502, — 19 novembre.

Extra. — *Illmo* *Principi* et *Exmo* *Duci* et *Domino* *Domino*

Herculi Duci Ferrarie et Domino meo Benefactorique obser-
vandissimo.

Ferrarie.

Ill.^{me} Princeps et Ex.^{me} Dux et Domine Domine mi observan-
dissime etc. Per una de V. Ex in risposta d'una mia a giorni
passati a quella drizata, ho inteso quanto in epsa se contiene, et
maxime circha la Charta del navichare : Il che humilmente a
V. S. respondendo adviso, che dicta Charta lassai in genoa a
dicto messer Francesco Catanio et da lui hebbi Ducati vinte
striti, cioè de libre tre ciascuno. Vero è che dicta Charta in portogallo a me de pacto facto mi costo Ducati dodice d'oro in oro.
Ma astretto dal' bisogno et non havendo ove ricorrere fui sfor-
zato a tuor dicti denari et far quanto a V. S. scrissi : la Charta è
di tal sorte, et spero che in tal manera piacerà a V. Ex. che non
gli serà molesto haver per epsa exbursato dicta quantitade, perchè dì quel piu che sopra spenderà V. S. cioè de dodice. Si che
V. Ex.^{tia} piacendoli mi advisi quanto circha questo ho adoperare,
et continuamente fra numero de suoi fideli Servitori mi tenga.

Romæ die 19. novembris 1502.

Ill. et Ex. Dub. D. V.

Servitor ALBERTUS CANTINUS scripsi.

(Archives de la Maison d'Este, à Modène.

Obligeamment relevé, à notre requête, avec l'autorisation de M. le
Ministre de l'instruction publique du royaume d'Italie, sur l'original,
par M. CESARE FOUCARD, surintendant des Archives d'Etat

Inédit.

XXII

JUGEMENT RENDU CONTRE LES HÉRITIERS DE GASPAR
CORTE-REAL.

1503, — 31 juillet.

Dom Manoell etc. A todos os corregedores, juizes, e justiças,
officiaes, e pessoas de nossos reinos e senhorios, a quem o
conhecimento disto pertencer por qualquer guisa que seja, a
quem esta nossa carta de sentença fôr mostrada, sede sabedores:
que d'ante os nossos Desembargadores dos feitos, e causas das
nossas ilhas, que comnosco amdam em a nossa casa da Suppli-
cação, ao nosso estado veio um feito por aggravo, que se perante elles processou, sobre uns embargos postos a uma sentença por elles dada antre partes s: João Leonardes morador que
foi na ilha Terceira, como autor d'uma parte, contra João Vas
Corte Real, capitão que foi na dita ilha, villa d'Angra, ambos
finados, sobre umas terras de sesmaria, que lhe foram dadas
por Diogo de Teive, sendo capitão na dita parte, as quaes
terras dizia que o dito João Vas lhe tomara forçosamente,
sendo vivo, sem lhe nunca querer abrir mão dellas, da qual
sentença o dito João Leonardes em sua vida sempre reque-
rera execução, sem numca a poder haver, e bem assim seus
filhos e herdeiros requereram a mesma execução da sentença
com outros mandados e sentenças nossas, sobre o dito
caso passadas perante os juises e justiças da dita ilha, perante os quaes foram allegadas suspeições e escripturas e razões e
deligencias e exames que na dita causa se fizeram, sem nunca
haver effeito a execução da dita sentença. Em tanto que os autos
dos ditos embargos, com todo o em elles conteùdo foram rece-

bidos por Ruy Dias e Affonso Alvares, juizes na dita ilha e re-
mettidos aos nossos Desembargadores dos feitos e causas das
ilhas, a qual remissão por elles juizes foi feita aos 20 dias do mez
de Fevereiro de 1510, e foram apresentados em nossa corte perante os ditos nossos Desembargadores dos feitos das ilhas,
aonde appareceu Fernão Luiz, genro do dito João Leonardes, per
si e como procurador dos outros herdeiros, e Beatriz Leonardes
viuva, filha do dito João Leonardes, e *Maria Abarca*, capitoa
por seu procurador, e *Fernão Vas Corte Real, fidalgo de nossa
casa, neto dos ditos João Vas Corte Real e Maria Abarca*, a quem
esta causa toca : por se dizer que as ditas terras lhe pertenciam,
por serem pelo dito seu avô a Gaspar Corte Real, seu pae, que
Deus haja :

D. Manoel &. A vos capitão e juizes da ilha Terceira da jurisdicção da villa da Praia, e a todas as outras justiças a quem esta
nossa carta fôr mostrada, sede sabedores, que perante nós, e em
nossa corte foi apresentado um instrumento d'aggravo d'embargos, que constava ser feito e assignado por Hieronimo Fernandes das Vinhas, nosso tabellião em essa ilha aos 26 dias do
mez de Julho do anno passado de 1502, pelo qual se mostrava
entre outras cousas, que perante nós, e em nosso Desembargo,
fôra apresentado um instrumento de aggravo que o dito João
Leonardes tirara d'ante os juizes d'Angra, pelo qual perante
Pedro Fernandes Ramillo e Diogo Fernandez, Juizes Or-
dinarios, parecera o dito João Leonardes e logo apresentara.....
[*um mandado?*] pelo qual faziamos saber aos juizes d'Angra, que por Fr. Pedro, vigario da dita Villa, procurador
do dito João Leonardes, nos fôra apresentada uma nossa
sentença a qual houvera contra João Vas Corte Real capitão que fôra, sobre umas terras de sesmaria, que lhe foram
dadas por Diogo de Teive, capitão na dita parte, e o dito capitão
João Vas as deu a seu filho Gaspar Corte Real, allegando que a
data fôra confirmada pela Senhora Infanta ; e o dito João Leonardes se recorrera a Antonio Affonso, que servia de Ouvidor ao
tempo que se fez a força, o qual deu sentença por João Leonardes,

da qual appellou o capitão, e lhe foi recebida, e por El-Rei acordado, que era o dito João Leonardes aggravado pelos ditos juizes, pelo não mandarem metter de posse da terra da contenda, na dita sentença; e lhe ser mais apresentada uma carta de dada, que parecia ser feita e assignada por Ambrosio Alvares, escrivão do Almoxarifado, aos 18 dias do mez de Agosto de 1482, pela qual se mostrava, que tendo cargo Affonso do Amaral de Ouvidor, com cargo de capitão em a ilha, com Luiz Casado, Almoxarife, deram e confirmaram umas terras, para sempre ao dito João Leonardes, que partiam com o rio e agoa do mar até ao monte, sobre a fonte da povoação, e para o fundo, com Vasco Lourenço e com João Coelho. Apresentando-se mais outra sentença nossa, que fôra feita em os 30 dias do mez de Janeiro de 1489, em a qual se continha em conclusão, que dante Vasco Affonso, Ouvidor, que viera um feito por appellação, por razão d'umas terras que ao dito João Leonardes foram dadas por Diogo de Teive, que ao dito tempo era capitão, as quaes elle aproveitara. O qual visto por nós com os do nosso Desembargo, ordenamos que visto como o autor tinha carta de dada de Diogo de Teive do anno de 1475, feita a 18 de Agosto, e assignada pelo dito réo, a qual durava até 18 de Agosto, e o dito réo não podia dar a dita terra durante o dito tempo de cinco annos, e a dera ao dito seu filho [*Gaspar Corte Real*] em o mez de *Junho de 1480 annos*, que era dentro no tempo da dada do dito autor [*João Leonardes*] tendo ainda dois mezes, que por direito fazer, não podia; pelo qual sua dada feita no dito tempo, e a seu filho fôra nenhuma, e bem assim o espaço, que o dito réo não podia dar, de mais de cinco annos; e podendo-a dar havia ser por escrivão d'officio, com outra forma e não como alvará de palha.

(Extrait de l'Espelho Cristatino, MS. de Frey Diogo das Chagas.
Publié par Drummond, loc. cit., doc. F, pages 496-499.)

Diogo das Chagas ajoute que Maria Abarca, mère de Gaspar Corte-Real, et tutrice, ce semble, des enfants naturels et héritiers de ce dernier, interjeta appel de ce jugement. Le juge Vasco Affonso n'ayant ensuite rendu aucune décison, l'affaire, par l'ordre du roi, fut portée

devant une cour supérieure, qui décida en faveur des héritiers de
Leonardes.

Il est à remarquer qu'il y eut, de la part de Vasco Affonso, un déni
de justice à l'égard des Leonardes, et que la cour de cassation le
punit de cet acte en le condamnant à supporter certains frais encourus
de ce chef : « *E condemnamos aos juizes nas custas do tempo que
não quizeram mandar dar a excucão a sentença, que desta nossa côrte
passou.* »

Il y eut néanmoins un nouveau procès, pour vice de procédure,
attendu que ce n'est pas Maria Abarca qui eut dû être assignée, mais
bien Fernão Vas, fils et héritier de Gaspar Corte-Real, alors âgé
de vingt-huit ans. Le corregidor de l'île de Terceire, Affonso do
Matos, par jugement d'appel rendu le 20 juin 1503[1], admit cette
raison, et l'instance dut être introduite à nouveau. Nous ne savons si,
en fin de cause, les Leonardes rentrèrent jamais en possession de ces
terres de « *sesmaria.* »

XXIII

LETTRES-PATENTES EN FAVEUR DE VASQUEANES CORTE-REAL.

1506, — 17 septembre.

PEDIMDONOS o dito vasqueanes corte reall por merce que
por a dita Doação vir e trespasar a ele per falecimento
do dito seu irmão segundo fforma della, lhe mandasemos
dar nosa carta de confirmação em fforma, e visto per nos seu
requerimento e avemdo respeito e lembramça como o dito
gaspar corte reall seu irmão ffoy o primeiro descobridor das
ditas terras a sua propia custa e despesa com muito trabalho
e risco de sua pesoa e como finallmente com muitos criados

---

1. DRUMMOND, *loc. cit.*, tome I, page 89.

e homês que comsygo leuaua niso acabou e asy mesmo como
depois miguell corte reall seu irmão que foy noso porteiro
moor imdo em busqua do dito seu irmão com muitos navios
e gemtc que a sua propia custa e despesa armou no que guastou
muyto de sua fazemda por buscar e achar e remir o dito seu
irmão e asy por nos seruir no descobrimento das ditas terras
em que trabalhou quamto posyuell foy no que outrosy apos
a dito seu irmão faleceo e acabou e com ele muytos criados
de seu pay e seus e do dito vasqueanes que comsyguo leuaua,
e esguardamdo iso mesmo como em todo este feito o dito
vasqueanes com sua propia ffazemda criados e homês seus sempre
ajudou os ditos seus irmãos e aimda oje em dia de sua fazemda
pagua e satisfaz as diuidas e carguos e obrigaçoês que por esta
causa os ditos seus irmãos leixarã, polos quaes respeitos diui-
damente he rezão que o louuor e merecimento dos seruiços
em que os ditos seus irmãos suas vidas acabaram fique per-
petuado no dito vasqueanes corte reall e nos que delle descemderem nos per esta presemte carta declaramos por socesor
da dita nosa doação ao dito vasqueanes corte reall e a todos
seus erdeiros e soçesores segumdo fforma da dita doação da
quall em todo e per todo usara e asy seus soçesores como o
fizeram o dito gaspar corte reall em sua vida e per seu faleçimento seus ffilhos e erdeiros e sobçesores a que per linha
direita a dita doaçam deuera vir e asy como todalas clausolas
em ela contheudas porque asy como se propriamente no
primcipio ffora feita ao dito vasqucanes corte reall queremos
que agora e em todo tempo se regull e emtemda nelle sem
embarguo de quaesquer leis ordenações direitos costume opi-
niões ffaçanhas capitolos de cortes ley memtal e qualquer
outra cousa que em contrario diso seya ou posa ser em
qualquer maneira por que toda casamos anulamos e avemos
por nhũ e de nenhuũ vigor e fforça e queremos que comtra
a dita doaçaõ feita ao dito gaspar corte reall e comtra esta
nosa carta de declaraçam e comfirmaçam e comtra o todo
contheudo nela nã aja lugar em todo nem em parte e supri-

mos aquy de noso reall e absoluto poder todo e qualquer
defeito e de direyto que seya necesario pera maior firmidõe
de todo o que dito he posto que posa ser clausola tal de
que se deuera fazer expressa menção e por seguramça do dito
vasqueanes corte reall e de todos seus erdeiros e soçesores
a que esta doaçã direitamente ouuer de vir lhe mamdamos
dar esta nosa carta per nos asynada e selada do noso sello
de chumbo a qual mandamos que em todo se cumpra e
guarde como nela he contheudo e queremos e noz praz que
por esta mesma carta sem mais outra autoridade de justiça
elle dito vasqueanes corte reall mamde tomar a pose reall e
autoall de toda a dita terra e cousas na dita doação contheudas
e asy os que dele decemderem porque asy he nosa merçe.
Dada em a cidade de coimbra a x b i j [17] dias do mes de
setembro amdre pirez a fez ano do naçimento de noso sñor
Jhũ xº de mil e bᶜ e b j [1506].

(Torre do Tombo, lib. XLIX de D. João III, feuillet 243, verso.
Extrait des lettres-patentes du 3 août 1538, infra, appendice XXX.)

Obligeamment copié, à notre demande, par M. J. I. DE BRITO
REBELLO.

Inédit.

XXIV

PENSION (« TENÇA ») ACCORDÉE A CATHERINA FILLE
DE MIGUEL CORTE-REAL.

1510, — 26 mai.

DOM Manuell per graça de deos Rey de purtugall e dos
algarues daquem e dalem mar em áfryca senhor de
guinee, etc. mandamos a vos nosso almoxarife ou recebedor do

nosso almoxarifado da nossa casa *da* portajem de lixboa e ao escripvam de seu oficio que do rendymento della deste anno presente de mill e quinhentos e dez, dees a dona Caterina, filha que foy de Miguell corte reall quinze mill reaes que lhe mandamos dar, e o dito de nos ha daver de sua temça dos quaes lhe fazee muy bõo pagamento e per esta nossa carta com sseu conhecimento mandamos aos nossos contadores que vollos lenem em comta ; dada em santarem aos x x bj [26] dias de mayo el Rey o mandou pello barão daluito do seu conselho e vedor de sua fazenda eytor fernamdez a fez anno de j bᶜ x [*1510*] ho barão daluito.

xb [15,000] reaes a dona caterina filha que foy de miguel corte Real, de sua temça este anno na portajem.

(Torre do Tombo, Corpo Chron., Part. II, liasse 22, doc. 37.
Cf. infra, doc. XXVI.)

Obligeamment commmuniqué par M. Ernesto do Canto.

Inédit.

XXV

Confirmation d'une concession de terres situées a Terceire, etc., en faveur de Vasque Eanes Corte-Real.

1510, — 18 novembre.

Dom Manoel, etc. A quantos esta nossa carta virem fazemos saber que a nós praz por alguns justos respeitos que nos a ello movem confirmarmos como de feito por esta confirmarmos deste dia para todo sempre a Vasque Eanes Corte Real do nosso conselho, nosso Veador e alcaide mor de Tavira, capitão das ilhas de San-Jorge, e da Terceira da parte d'Angra, e a seus filhos todalas terras que elles tem nas ditas ilhas e assim as que lhe forem dadas pelos seus Ouvidores, de sesmaria as quaes elles, e cada um delles, possam tapar e aproveitar naquellas cousas que elles quiserem e lhes mais prouver, e como mais proveito receberem sem lhe nisso ser posta duvida nem embargo algum porque assim é nossa merce. E por sua guarda e firmeza dello lhe mandamos dar esta nossa carta por nós assignada e assellada de nosso sello pendente. Dada em Almeirim a 18 dias de novembro. Gaspar Roiz a fez anno de 1510. E isto será daquellas terras que elle estiver em posse.

(Torre do Tombo, Livro das Ilhas, feuillet 163, verso.)

Publié dans l'Archivo dos Açores, tome I, Nº 1, page 57.

XXVI

QUITTANCE DONNÉE PAR IZABEL DE CASTRO, VEUVE DE MIGUEL
CORTE-REAL, POUR SA FILLE.

1511, — 28 mars.

HE verdade que dona ysabel de castro recebeu de fernão varella almoxarife da portagem aussençia de ffrancisco de pedroso almoxarife della estes quinze mill reaes contheudos neste dessembarguo acima escripto. — hos quaes quinze mill reaes asy recebeo por sua filha dona catelina que em seu poder ora tem e estes dinheiros ssam da temça da dita dona catelina do anno passado de j bᶜ dez [1510] anos, e por certeza dello eu pero mendez escripvam da portagem fiz este conhecimento escripto por mym e por a dita dona ysabell, — feito em lixboa a x x b i i j [28] dias de março de j b x j onze [1511]

PERO MENDES   DO IZABEL DE CASTRO

(Torre do Tombo, Corp. Chron., Part. II, liasse 22, doc. 37.
Cf supra, doc. XXIV.)

Obligeamment communiqué par M. ERNESTO DO CANTO.

Inédit.

XXVII

Concession en faveur de Vasqueanes Corte-Real.

1511, — 21 août.

Dom Manuel etc. A quantos esta nosa carta virem fazemos
saber que querendo nós fazer graça e mercê a Vasqueanes
Corte Real do nosso conselho e capitam da ilha Terceira, na
parte d'Angra e de Sam Jorge, e veador de nosa casa por seus
serviços que delle conthinuadamente recebemos e ao deante esperamos receber, temos por bem e por esta presente carta lhe
outhorgamos, queremos e nos praz que em todas suas cousas
que lhe vierem e elle mandar vir das ditas ilhas gouva como
visinho delas do privilegio que ás ditas ilhas temos outhorgado
pera os visinhos e moradores dellas asy no que toca a paga de
nosas dizimas como todos outros direitos e em todas e quaesquer cousas em que hos ditos visinhos e moradores das ditas
ilhas sam per nós privilegiados porque asy queremos que se
guarde e em tudo nelle como em propio vizinho das ditas ilhas,
e por esta o fazemos vizinho das ditas ilhas, [para] em todo
gouvir e usar dos privilegios, liberdades, graças, franquezas e
mercês de que uzam e gouvem os vizinhos das ditas ilhas, por
bem de seu privilegio, porem o notificamos, asy a todos nosos
corregedores, contadores, almoxarifes, rendeiros, recadadores,
juizes, justiças, officiaes e pesoas a que esta nosa carta for mostrada e o conhecimento della pertencer, e lhe mandamos que em
todo lh'a cumpram e goardem e façam cumprir e guardar como
nella he contheudo, sem duvida nem embarguo algum que lhe
a elo ponham; porque asy he nosa mercê. Dada em a nosa

cidade de Lisboa a xxj [21] dia do mez d'Agosto, Antonio
Fernandes a fez. anno de mil e bᶜ e xj [1511].

(Torre do Tombo, lib. XLI de D. Manoel, feuillet 55.)

Publié dans l'*Archivo dos Açores*, tome III, Nᵒ XIII, page 23.

XXVIII

CONFIRMATION DE LA CAPITAINERIE DE SAINT-GEORGES EN FAVEUR DE VASQUEANES CORTE-REAL.

1522, — 3 Septembre.

PEDINDO-NOS o dito Vasqueannes Corte Real por mercé que
lhe confirmasemos a dita carta, e visto per nós seu requerimento, querendo-lhe fazer graça e mercê, temos por bem e
lha confirmamos e avemos por confirmada, asy e da maneira que
se nella contém, e asy mandamos que se cumpra e guarde. Dada
em a nossa cidade de Lisbòa a tres dias do mes de setembro,
Jorge de Fonseca a fez, anno de nosso Senhor Jhũ Xpᵒ de mil
bᶜ xxij [1522].

(Torre do Tombo, *Confirm. Geraes.*, lib. III, feuillet 172.)

Extrait des lettres-patentes du 7 août 1576, publiées dans l'*Archivo
dos Açores*, tome III, Nᵒ XIII, page 13.

XXIX

LETTRES-PATENTES CONFIRMATIVES EN FAVEUR DE VASQUEANES CORTE-REAL.

1522, — 17 Septembre.

PEDIMDONOS o dito vasqueanes corte reall por merce que lhe
confirmasemos a dita carta e visto per nos seu requeri-

mento querēdolhe ffazer graça e merce lha confirmamos e
avemos por comfirmada asy e pela maneira que nela he contheudo
e mamdamos que asy se guarde sem outra duuida ffeita em
lixboa a xbij [17] dias do mes de setembro pero fernamdez a
fez ano do naçimento de noso sñor Jhu xº de mil bᶜ y [1522].

(Torre do Tombo, lib. XLIX de João III, feuillet 243, verso.)

Extrait des lettres-patentes du 3 août 1538.

Inédit.

XXX

Pension accordée à Catharina, fille de Miguel Corte-Real.

1524 — 1525.

Dom Joam per graça de deus Rey de Portugal e dos
Algarves, daquem e dalem maar em afryca sōr de guiné
etc. Mando a vos meu recebedor da casa da portagem de
Lixboa que do remdimento della deste presente anno de j
bᶜ e xx iiij [1524] dees a dona Catarina filha de Miguel
Corte Real, quimze mill reaes, lhe vos fazee bõo pagamento e
por esta carta com seu conhecimento mando que vos sejam
levados em comta. Dada em Evora aos xx bij [27] dias do mes
de julho, El-Rey ho mandou pello barõ dalvito do seu conselho
e vedor de sua fazenda.

Saraiva a fez de j bᶜ xx iiij. [1524].

ho Barā d'Alvito.

Registado Antam da Fonseca. Manoel Taveira.

x b reaes de tenca a dona Catarina filha de Miguel Corte
Real, que este anno hade haver na portagem de Lisboa.

L. João de Macedo.

« Eu Diogo de Melo fico a Vasco Gomes de Valadares, que ora he almoxarife da portagem de Lixboa, que se os quinze mill reaes conteudos neste mandado nõ vierem no caderno do asentamento de lhos pagar, ou fazer levar hé conta, e por este conheço que os recebi os ditos quimze mill reaes do dito Vasco Gomes feito Oge xx bij [27] dias dagosto.

DIOGO DE MELO DA SYLVA [1]

« Conheceo e confessou Diogo de Mello, fydallgo da cassa del rey nosso sñor receber de Vasquo Guomes de Valadares almoxarife da portagem do dito sñor quinze mill reaes por a sñra sua mulher, dona Catarina por virtude do desemburguo do dito sñor atrar conteudo et por que he verdade que recebeo os ditos quinze mill reaes assignou aqui cómigo Artur Martins, escrivam da portagem do dito sñor que este fiz oje vimte e hũ dia do mez de março ano de mil e quinhemtos e vimte e cimquo [1525].

DIOGO DE MELO DA SYLVA.

(Torre do Tombo, Corp. Chron., Part. II, liasse 117, N° 88.)

Communiqué par M. ERNESTO DO CANTO.

Inédit.

XXXI

LETTRES-PATENTES ACCORDÉES Á MANOEL CORTE-REAL.

1538, — 3 août.

Dom Joham etc. A quamtos esta minha carta virem faço saber que por parte de manoel corte real ffidalguo de minha casa ffilho maior de vasqueanes corte reall que deos perdoe me foy apresentada hũa minha carta de confirmação per mi asynada e pasada pela chancellaria de que o theor tall he:

1. C'est le nom de l'époux de Catharina.

Dom Joham per graça de deos Rey de portugall e dos algua-
rues daquem e dalem mar em affrica señor de guinee e da comquista nauegação comerçio de thiopia arabia persia e da Imdia,
et quamtos esta nosa carta virem ffazemos saber que por parte
de Vasqueanes corte reall ffidalguo de nosa casa nos foy
apresentada hûa carta del rey meu sñor e padre que samta
gloria aja de que o theor tall he.

Dom manoell per graça de deos Rey de portugall et dos
algarues daquem e dalem maar em affrica sñor de guine e da
comquista nauegação comercio de thiopia Arabia persia e da
Imdia et quamtos esta nossa carta de confirmação e doação virem
ffazemos saber que por parte de vasqueanes corte reall do noso
conselho e veador de nosa casa nos ffoy apresemtado hûua nosa
carta de doação per nos asynada e selada do noso sello de
chûbo que ffizemos a guaspar corte reall ffidalguo de nosa casa
seu irmão das terras que elle descobrio da qual o theor tall he:

(Ici sont insérées les lettres-patentes publiées *supra*, Nos XII
et XXIII.)

Pedimdome o dito Manoel corte reall por merçe que por
quamto o dito vasqueanes corte reall seu pay era falecido e ele
era o filho mais velho barão lidimo que por seu faleçimento
ficara é que per direito socedia todo o contheudo nesta carta
asy como o dito seu pay per ela o tinha ouuese por bem lhe
mamdar dello dar sua doação e visto seu requerimento lhe
mamdey dar esta pela quall quero e me praz que elle dito
manoell corte reall tenha aja e posua o contheudo na dita
carta que nesta vay encorporada de juro e derdade pera sempre
asy e pela forma e maneira que ha o dito seu pay tinha e posuia
pela dita carta e se nesta contem. Porem mamdo a todolos
corregedores ouuidores juizes justiças e oficiaes a que for mostrada e o conhecimento pertemcer que a cumpram e façam
comprir e guardar como nela he contheudo diogo lopez a fez
em lixboa aos iij [3] dias do mes dagosto ano do naçimento

de noso sñor Jhu xº de mil bᶜ e xxx biij [1538] anos e eu
Damiã diaz o ffiz escreuer.

(Torre do Tombo, lib. XLIX de D. João III, feuillet 243, verso.)

Obligeamment copié, à notre requête, sur l'original, par M. J. I. DE
BRITO REBELLO.

Inédit.

XXXII

CONFIRMATION DE LA CAPITAINERIE DE ST-GEORGES EN FAVEUR DE MANUEL CORTE-REAL.

1538, — 21 août.

PEDINDO-ME o dito Manuel Corte-Real que por quanto o dito
Vasqueannes Corte-Real, seu pai, era fallecido e elle era
o filho mais ve lho varão lidimo que per seu fallecimento ficára
e que per direito succedia á dita capitania de Sam Jorge com
sua jurdição, rendas e direitos della, asi como o dito seu pay a
tinha e possuia pela dita minha carta de confirmação que nesta
vay encorporada, ouvese por bem de lhe mandar dello dar sua
doação, e visto seu requerimento lhe mandei dar esta pela qual
quero e me praz que elle dito Manuel Corte-Real tenha e aja
e possua a dita capitania de Sam Jorge de juro e erdade pera
sempre, com sua jurdição, rendas e direitos, asy e pela maneira
que o dito seu pai a tinha e possuia pela dita carta e se nesta
contem; porem mando a todolos corregedores, ouvidores, juizes
e justiças e officiaes a que for mostrada e o conhecimento pertencer que asy o cumpram e guardem e fação inteiramente cumprir e guardar sem duvida nem embargo algum que a elle seja
posto, porque asy he minha mercê. Ayres Fernandes a fez em

Lisboa a xxj [21] dias d'Agosto de mil b^c xxx biij [1558] annos
e eu Damiam Dias a fiz escrever.

(Torre do Tombo, Confirm. Geraes, lib. III, feuillet 172.)

Extrait des lettres-patentes du 7 août 1576. Publié dans l'*Archivo
dos Açores*, tome III, N° XIII, page 15.

XXXIII

AUTORISATION DONNÉE A MANUEL CORTE-REAL DE PORTER LES
ARMES DE SON PÈRE.

1544, — 10 mars.

MANUEL Corte-Real, filho de Vasco Annes Corte-Real e
irmão de Jeronymo Corte-Real. Carta pela qual el-rei
D. João III lhe concede o seguinte brazão de seu páe : Escudo
de campo vermelho com seis costas de prata em faxa, em duas
palas, e um chefe de prata com uma cruz vermelha ; elmo de
prata aberto guarnecido de ouro, paquife de prata vermelho e
ouro, e por timbre um braço armado guarnecido de ouro, que
sahe do elmo, tendo na mão uma lança de ouro com o ferro
de prata e uma bandeira tambem de prata de duas faxas, e
nésta uma cruz vermelha ; com todas as honras e privilegios
de fidalgo por descender da geração dos Corte-Reaes. Dada
em Almeirim a 10 de março de 1544.

(Torre do Tombo, Chancellerie de João III, lib. XLI, feuillet 16.)

Extrait du Nobiliaire de M. le Vte SANCHES DE BAENA, précité,
tome I, page 473, lequel public également, page 265, N° 1050,
une semblable autorisation accordée le 17 octobre 1541, à Jeronymo
Corte-Real, fils de Vasqueanes III. (Voir le frontispice du présent
ouvrage.)

XXXIV

Extrait de Antonio Galvam.

1563.

Neste mesmo anno de 500. diz q. pedio Gaspar corte real licença a el Rey dom Manoel pera yr descobrir a terra Noua. Partio da ilha terceira com dous nauios armados a sua custa, foy áquella clima que está debaixo do norte em cincoêta graos daltura. He terra que se agora chama de seu nome, tornou a saluamento á cidade de Lixboa. Fazendo outra vez este caminho, se perdeo o nauio em que elle hia, e o outro tornou a Portugal. Pola qual causa seu yrmão Miguel corte real foy em sua busca cõ tres nauios armados á sua custa. Chegados áquella costa, como virão muytas bocas de rios e abras, entrou cada hum pela sua com regimento que se ajûtassê todos ate vinte dias do mes Dagosto : os dous nauios assi o fizerão. E vendo que não vinha Miguel corte real ao prazo, nem despois algum tempo, se tornarã a este Reyno, sem nûca mais delle se saber noua, nem ficar outra memoria, se não chamarse esta terra dos Corte reaes ainda agora.

(Tratado que compôs o nobre & notauel capitão Antonio Galuão, dos diuersos e desuayrados caminhos, por onde nos tempos passados a pimenta e especearia veyo da India... (Sine anno aut loco, sed Lisboa, 1563), in-8, IV et 80 ff., fol. 29, verso.)

Obligeamment copié sur l'exemplaire du British Museum, par Miss L. Toulmin Smith. On ne connaît que trois exemplaires de cette édition, qui est la première.

XXXV

Extrait de Damiam de Goes.

1566.

Cap. lxvi. *De quomo* ELREIMANDOVDVASNA *os em busca dos Corte Reaes, q. se perderam indo a descobrir perá banda do Norte.*

GVASPAR Corte Real, filho de Joam vaz corte Real, foi homem auentureiro, esforçado, & desejoso de ganhar honrra. Pelo q. propos de ir descobrir terras perá banda do Norte, porque perá do Sul tinhão ja outros descubertas muitas, e assi de sua fazenda, quomo de merçes q. lhe el Rei fez, cujo criado[1] já fora em sendo Duque de Beja, armou hûa nao com ha qual bem esquipada de gente, & de todo ho mais necessario, partio do porto de Lisboa no começo do verão do anno de mil, & quinhêtos. Nesta viajem descobrio, perá quella banda do Norte, hûa terra que por ser muito fresca, & de grãdes aruoredos, quomo ho sam todas has que jazê peraquella bãda, lhe pos nome terra verde. Ha gente da qual he muito barbara, & agreste, quasi do modo dos da terra de sancta Cruz, se não q. sam aluos, & tã cortidos do frio q. ha aluura se lhes perde cõ ha idade & ficã quomo bacos. Sam de corpo meãos, muito ligeiros, & grandes frecheiros, seruem se de paos tostados em lugar de azagaias, cõ que ferem de arremesso quomo se fossem forrados de aço fino : vestê se de

---

1. Damiam de Goes parle évidemment ici du roi Manoel; or, ce dernier ne naquit que le 1er juin 1469, tandis que Gaspar Corte-Real est certainement né avant l'année 1550.

pelles de alimarias, de q. na terra há muitas. Viuem em cauernas de rochas, & choupanas, nam tem lei, crem muito em agouros : guardã matrimonio, & sam muito çiosos de suas molheres, nas quaes cousas se pareçem com hos Lapos, que tambem viué de baixo do Norte, de lxx atte lxxxv graos fugeitos ahos Reis de Noroega, & Sueçia, ahos quaes pagam tributo, ficando sempre em suagentilidade, por falta de doctrina da qual tyrania no liuro que cõpus da fé, costumes, & religiam dos Ethiopios, Abexis em lingoa latina, dedicádo aho Papa Paulo terçeiro, na fim delle fiz hûa deploraçam em q. tratto per extenso dõde este tamanho mal proçede. E tornãdo a Gaspar corte Real, depois que descobrio esta terra, & costeou hûa boa parte della se tornou aho Regno, & loguo no ãno de M. D. l, desejoso de descobrir mais desta prouinçia, & conheçer milhor no modo, & tratto della, partio de Lisboa ahos xv dias do mes de Maio, mas no q. nesta viagem passou se nam sabe, porq. nûca mais appareçeo, nem se soube delle noua, ha tardãça do qual, & má suspeita q. se cõmeçaua a ter et sua viajem, causará ho mesmo inofrtunio a Miguel corte real, porteiro mór del Rei, que pello grande amor q. tinha a seu irmão determinou de ho ir buscar, & partio de Lisboa ahos dez dias de maio de M. D. II, cõ duas naos sem nunqua delle se mais hauer noua. Ha perda destes dous irmãos sentio el Rei muito, pela criaçam q. nelles fezera, pelo que mouido de seu real, & piadoso moto, no anno seguinte de M. D. III mandou duas naos armadas á sua custa, buscalos, mas nem de hum, nê do outro se pode nunqua saber onde, nem quomo se perderam, pelo q. se pos, á quella prouinçia da terra verde, onde se cré que sestes dous irmãos perderam, ha terra dos corte Reaes. Tinham estes dous irmãos Gaspar & Miguel corte Real outro irmão, mais velho q̃les a que charmauão Vasqueanes corte Real, q. era veador da casa del Rei, do leu conselho, capitam, & gouernador das ilhas de sam George, & terceira, & alcaide mór da çidade de Tauilla, muito bom caualleiro, bom Christão, homê de singular exêplo de vida, & de muitas esmollas publicas, et secretas, cujo filho her-

deiro he Emanuel corte Real, tambem do conselho del Rei,
& capitã das mesmas ilhas q. aho presente viue. Este Vasqueanes
corte Real, nã se podêdo persuadir q. seus irmãos erã mortos,
neste anno de M. D. III, determinou de cõ naos á sua propria
custa hos ir buscar, mas tendo el Rei por excusada sua ida,
lho não quis consentir, nem se proçedeo mais neste negoçio,
por se ter por desneçessaria toda ha despesa que se nisso mais
fezesse.

(Chronica do Felicissimo Rei dom Emanuel, composita per Damiam de Goes.
Lisboa, 1566, in-fol., fol. 65.)

XXXVI

NOMINATION D'UN TABELLION POUR LA COLONIE
DE TERRE-NEUVE.

1567, — 4 mai.

Eu Ell Rey faço saber a vos Gaspar Feraz Corregedor das
Ilhas dosAçores que Manoel Corte Real Capitão da Ilha Terceira da parte d'Angra me enviou dizer que elle e seu pay e tios
mandarão descobrir a tera nova e que ora enviava duas naos e
hûa caravella com gente e mantimentos pera a começarem a povoar e com elles enviava hûa pessoa que em seu nome tome
posse da Capitania da dita tera nova que elle tem per doações e
syrva de capitão e use da juridição e admistre justiça pello que lhe
era necesario aver pesoa que como escrivão publico escreva os
autos da dita posse e o que subceder acerqua da justiça e por que
a gente hade ir da dita Ilha Terceira e elle não sabe ainda quem
será me pedia ouvesse por bem de lhe mandar passar provisão
por esta vez somente pera o corregedor da dita Ilha encarregar
hûa pessoa das que forem na dita companhia que seja auto para

isso no que receberia merce pello que vos mando que escolhaes
hûa das pessoas que ora vão pera a dita tera nova a que for para
iso mais auto e pertencente pera escrever os os autos e cousas que
na dita tera subcederem e darlheis juramento dos santos evan-
gelhos que escreva e faça verdade de que fareis asento no Livro
dos Registos da Chancellaria desa correyção onde a tal pessoa
deixará seu sinal publico de que ha de usar e isto será por tempo
de tres annos somente no qual se poderá começar a povoar a
dita tera e se saberá o que he necesario pera ella pera eu prover
dos officios que forem necessarios daremsse pera o governo e
regimento da dita tera e esta minha provisão não atribuirá ao
dito Manoel Corte Real nem a seus erdeiros mais direito na dita
tera do que per direito e doações minhas tiver e vos pasareis a tal
pessoa hûa carta per vos asinada com o trelado desta provysão
com declaração que guarde os regimentos dos escrivães e tabal-
liães do Reino que estão escriptos no primeiro livro das ordenações e este valerá como carta posto que seu effeito delle aja de
durar mais de hum anno sem embargo da ordenação do 2° Livro
titulo xx que o contrario dispoem, João Gallvão o fez em Lixboa
a iiij de maio de mil b⁰ lx e sete [1567]. João de Castilho o fez
escrever.

(Torre do Tombo, Privilegios de D. Sebastiano, lib. VI, feuillet 237.)

Communiqué par M. Ernesto do Canto.
Inédit.

XXXVII

Confirmation en faveur de Manoel Corte Real Ier.

1574, — 12 juillet.

Dom Amrique etc., faço saber aos que esta carta de sobcesão
virem que por parte de Vasqueanes Corte-Real filho mais
velho de Manoel Corte-Real que Deos tem me foy presentada

hûa carta do senhor Rey meu sobrinho que santa gloria aja per elle asinada e pasada pela chancelaria de que o trelado he o seguinte:

Dom Sebastião etc. Aos que esta minha carta de confirmação virem faço saber que por parte de Manoel Corte Real do meu Conselho me foy apresentada hûa carta del Rey meu senhor e avo que santa gloria aja per elle asynada e pasada per sua chancellaria de que o trelado he o seguinte.

(Ici sont insérées les lettres-patentes de 1500, 1506, 1522, et 1538.)

Pedindome o dito Manoel Corte-Real por merce que lhe confirmase esta carta e visto seu requerimento querendolhe fazer graça e merce tenho por bem e lha confirmo e ey por confirmada e mando que se cumpra e yoarde imteiramente asy e da maneira que se nela contem. Antonio Carvalho a fez em Lisboa a xij dias do mes de Julho, anno do nascimento de noso Senor Jhû Xpo de j b e l xxiiij [1574]. En Duarte Dias a fiz screpver.

(Torre do Tombo, Confirmações Geraes, livre III, feuillet 139.)

Cette pièce est celle que Soares (*supra*, page 17, note 7) qualifie de confirmation de la capitainerie de Terre-Neuve; mais ce n'est qu'une confirmation générale, n'impliquant celle des terres-nouvelles que par l'inférence tirée de la répétition des lettres-patentes accordées à Gaspar Corte-Real, le 12 mai 1500 (*supra*, Nº XII).

Obligeamment copié sur l'original par M. DE BRITO REBELLO.

Inédit.

<h2 style="text-align:center">XXXVIII</h2>

CONFIRMATION DE LA CAPITAINERIE DE ST. GEORGES EN FAVEUR DE MANOEL CORTE-REAL.

1576, — 7 août.

DOM Sebastiam &. A quantos esta minha carta de confirmação vierem faço saber que por parte de Manoel Corte Real, do meu conselho, me foi apresentada uma carta del Rey meu senhor e avô, que santa gloria aja, per elle asinada e passada per sua chancelaria de que o treslado he o seguinte :

Dom Joam &. A quantos esta minha carta virem faço saber que por parte de Manoel Corte Real, fidalguo de minha casa, filho maior de Vasqueannes Corte Real, que Deos perdoe, me foi presentada huma minha carta de confirmação per my asinada e passada pela chancellaria de que o teor della he o seguinte :

Dom Joam &. A quantos esta nossa carta virem fazemos saber que por parte de Vasqueannes Corte Real, do nosso conselho, nos foi apresentada huma carta del Rei meu senhor e padre, que santa gloria aja, da qual o theor tal he :

Dom Manuel &. A quantos esta nossa carta virem fazemos saber que por parte de Vasqueannes Corte Real, fidalguo da nossa casa, e nosso veedor della, nos foi apresentada huma nossa carta asinada per nós e asellada do nosso sello em sendo nós duque, da qual o theor he :

(Ici sont insérées les lettres-patentes publiées *supra*, Nos VI, X, XXVIII et XXXI).

Pedindo-me o dito Manuel Corte Real que lhe confirmase esta carta, e visto seu requerimento, querendo-lhe fazer graça e merce, tenho por bem e lha confirmo e ey por confirmada com declaração que elle usara, da jurisdição nesta ilha conforme a carta que com esta lhe mandei passar; e com esta declaração mando que se cumpra e guarde ynteiramente asy e da maneira que se nella contém. Dada na cidade de Lisboa a sete dias do mez d'Agosto, Manuel Franco a fez, anno do nascimento de Nosso Senhor Jhu xpº de jbᶜ xxbj [1576]; e esta carta vay escripta em tres folhas com esta em que asygnei, a qual se registará no Livro da Chancelaria da coreição das Ilhas dos Açores, de que passará o escripvão que a registar, certidão nas costas della. E eu Duarte Dias a fiz escrever. Diz nas entrelinhas — raço — ta — toda : e riscou-se — arquo. — Concertada — Pero Castanho.

(Torre do Tombo, *Confirm. Geraes*, lib. III, feuillet 172.)

Publié dans l'*Archivo dos Açores*, tome III, Nº XIII, pages 13-16.

XXXIX

LETTRES-PATENTES ACCORDÉES A VASQUEANES CORTE-REAL IV.

1579, — 26 mai.

PEDINDOME o dito Vasqueanes Corte-Real que por quanto o dito Manoel Corte Real era falecido e elle era o filho mais velho baram lidimo que por seu falecimento ficara e que per direito sobcedia todo o conteudo nesta carta asy como o dito seu pay per ella o tinha ouvese por bem lhe mandar dello dar sua doaçaõ e visto seu requerimento lhe mandey dar esta pela qual quero e me praz que elle dito Vasqueanes tenha e aja e possua o conteudo na dita carta que nesta vay encorporada de juro e erdade pera sempre asi e pela maneira que o dito seu pay tinha e posuya pela dita carta e se nesta contem, e mando a todos os corregedores ouvidores juizes e justiças e officiaes a que esta for mostrada e o conhecimento pertencer que a cumpram e façaõ cumprir e guardar como nella he contheudo. Joham Ribeiro a fez em Lixboa aos xxbj [26] dias do mes de mayo, anno do nascimento de nosso senhor Jhû Xpô de jhelxxix [1579]. Joam de Castilho a fez screpver.

(Torre do Tombo, Confirmações Geraes, lib. III, feuillet 277.)

Voyez *supra*, pages 19 et 237.

Copié sur l'original par M. DE BRITO REBELLO.

Inédit.

XL

LETTRES-PATENTES ACCORDÉES A CHRISTOVÃO DE MOURA.

1582, — 27 juin.

DOM Felipe etc. Faço saber aos que esta carta virem que por parte de D. Christovão de Moura Corte Real gentil homme

de minha camara do meu conselho d'estado vedor de minha fazenda, me foi apresentado hu alvara de lembrança asinado pelos
governadores que foram *de destes* (*sic*) reinos em que se continha
que o Snôr Rei dõ Henrique meu tio que Deos tem. avendo respeito aos serviços de Vasqueanes Corte Real e aos de seus passados de que descende e assy a mandar a Africa com o Snõr Rey
dom Sebastião meu sobrinho que santa gloria aja, Manoel Corte
Real seu filho que o herdava e moreo na batalha ouvera por bem
de fazer mercê ao dito Vasqueanes das capitanias da ilha Terceira
da parte d'Angra e da ilha de Sam Jorge e dos direitos que lhe
pertencem conforme as doações que o dito Vasqueanes tinha e
isto pera a pesoa que casar com sua filha mais velha casando ella
com pesoa que o dito snõr nomease, e a pesoa com que casase se
chamase Corte Real, a qual merce lhe o dito sõr Rey meu tio fi-
zera a xiiij dias dagosto de mil bᶜ lxxix [1579] como constava de
hua portaria de Sebastião Dias fidalgo de minha casa que estava
nas costas do dito alvara e porque por a dita portaria se não passou provisão da tal merce em vida do dito sõr Rey os governadores lhe mandaram dar disso o dito alvará pera por elle se pas-
sarem cartas de doações em forma das ditas capitanias e direitos
depois do falecimento de Vasqueanes á pessoa que fizer certo ser
casado e recebido com sua filha mais velha conforme ao dito alvará que foi feito em Almeirim e dezasete de fevereiro do anno de
j bᶜ e lxxx [1580] com o qual me foi mais apresentado a carta de
doação que Vasqueanes tinha da capitania da ilha Terceira da parte
d'Amgra de juro de que o trellado della de verbo ad verbo he o
seguinte :

Dom Amrique etc. Faço saber aos que esta carta virem que
por parte de Vasqueanes Corte Real filho mais velho de Manoel
Corte Real que Deos perdoe me foy presentada hua carta do
snõr Rei meu sobrinho que samta gloria aja, por elle asinada e
passada pela chancellaria da qual o trellado he o seguinte :

Dom Sebastião etc. A quantos esta minha carta de confirmação virem faço saber que por parte de Manoel Corte Reall do meu
conselho me foy apresentada hua carta del Rey meu senhor e

avoo que santa gloria aja, per elle asinada e pasada pela chancellaria de que o trellado he o seguinte .

Dom Joham etc. A quantos esta minha carta virem faço saber que por parte de Manoel Corte Real fidalgo de minha casa filho mayor de Vasqueanes Corte Real que Deos perdoe, me foy apresentada hua minha carta de confirmação per mim asinada e passada pela chancellaria de que o tehor tal he :

Dom Joam etc. A quantos esta nossa carta virem fazemos saber que por parte de Vasqueanes Corte Reall de nosso conselho nos foi apresentada hua carta del Rey meu sõr e padre que santa gloria aja, da qual o theor tal he :

Dom Manoel etc. A quantos esta nossa carta virem fazemos saber que de parte de Vasqueanes Corte Real fidalgo de nossa casa e veedor della nos foi mostrada hua carta per nos asinada em sendo duque de que o theor della tal he :

Eu dom Manoel Regedor e governador da ordem' e cavallcria de nosso snõr Jhu xpõ duque de Beja snõr de Viseu, Covilhãa, Moura e Serpa snõr das ilhas da Madeira, ilhas dos Açores e de Cabo Verde condestabre por el Rey meu snõr de seus Reynos. A quantos esta minha carta virem faço sabar que por parte de Joam Vaz Corte Reall fidalgo de minha casa me foy apresentada hua carta do duque de Vizeu que Dcos aja, de que o tehor tal he :

En o duque faço saber a quantos esta minha carta virem e o conhecimento della pertemcer que por Joam Vaz Corte Real fidalguo de minha casa e capitão por mym na minha ilha Terceira na parte d'Amgra me foy apresemtada hua carta da dita capitania a qual em meu nome lhe foy dada pela iffante minha sñra e madre sendo minha tetor e curador da qual carta o theor de verbo ad verbo he este como se ao deante segue :

(Ici se trouvent insérées *in extenso* les lettres-patentes du 2 avril 1474, *supra*, appendice III).

A qual carta vista por mym a ey por muy boa e me praz que se cumpra e guarde como em ella he contheudo porque não somente esta mas todo o pela dita Iffante minha sñra feito sei que

foi muy bem feito e a sempre por mim intairamente ser guardado
e peço por merce a elrei meu senhor que pera mais segurança do
dito João Vaz e de seus herdeiros pelas cousas que ao diante depois podessem vir lhe confirme esta carta e terlho ei muito em
merce. Feita em a minha villa de Moura aos tres dias de maio,
Alvaro Mendez a fez anno de nosso senhor Jhu xpõ de mil e quatro centos e oytenta e tres annos.

Pedindome o dito João Vaz por merce que lhe confirmase a
dita carta assy como nella he contheudo e visto per mym seu
requerimento e querendolhe fazer graça e mercee pelos muitos
serviços que tem feitos ao Iffante meu señor e padre que Deos aja
e a mym espero que ao deante fará tenho por bem e lha confirmo
e ey por confirmada assy e tam inteiramente como em ella faz
menção e por firmeza dello lhe dei esta carta per mim asinada e
asellada do sello de minhas armas. Dade em Santarem a seis (*sic*) [1]
dias do mes dabril, Rodrigalvares a fez, anno de mil quatrocentos oytenta e oyto.

Pedindome o dito Vasqueanes por merce que por quanto o
dito Joan Vaz Cortereal seu pai era falecido e elle he o seu filho
maior lhe confirmasemos a dita carta como nella hera contheudo
e visto per nos seu requerimento querendo-lhe fazer graça e
merce temos por bem e lha confirmamos e avemos por confirmada assy e pela maneira que se nella contem, empero quanto he
omde diz que morrendo o dito Joam Vaz a dita capitania fique ao
dito seu filho primeiro ou segundo, se tal for declaramos e queremos e nos praz que o filho primeiro do dito Vasqueanes e assy de
seus descendentes se entenda aquelle que á ora de sua morte ficar
vivo e quando o filho primeiro não for de tal sizo e entendimento
que deva governar a dita Capitania emtam queremos e nos praz
que a aja o filho segundo na maneira em cima declarada e porem
mandamos que asi se cumpra e guarde muy inteiramente assi e
pela maneira que se na dita carta e nossa confirmação he con-

---

1. L'original de ces lettres-patentes porte la date du 5, Appendice VI.

theudo sem lhe a ello duvida nem embarguo algu ser posto porque assy he nossa merce. Dada em Evora a dous de julho, Francisco de Matos a fez, anno de mil e quatrocentos noventa e sete.

Pedindonos o dito Vasqueanes Cortereal que lhe confirmasemos a dita carta e visto per nos seu requerimento e querendolhe
fazer graça e merce temos por bem e lha confirmamos e avemos
por confirmada assi e da maneira que se nella contem e assim
mandamos que se cumpra e guarde. Dada em a nossa cidade de
Lixboa a quatro dias do mes de setembro. Jorge da Fonsequa a
fez, anno de Nosso Senhor Jhu Xp.° de mil quinhentos xxij.

Pedindome o dito Manoel Corte-Real que porquanto o dito
Vasqueanes Corte-Real seu pay era fellecido e elle era filho
mais velho baram lidimo que per seu falecimento vagara e que
per direito sobcedia à dita capitania da ilha Terceira com sua
jurdiçam rendas e direitos assim como a seu pay tinha pela dita
minha carta de confirmação que nesta vai encorporada ouvesse
por bem lhe mandai dar dello hua doaçam e visto seu requerimento lhe mandei dar esta pela qual quero e me praz que elle
dito Manoel Corte Real tenha e aja e posua a dita capitania de
juro e derdade pera sempre com sua jurdiçam rendas e direitos
assi e pela forma e maneira que a o dito seu pai tinha e posuia pela
dita carta e se nesta contem e porem mando a todos os corregedores, juizes, justiças e officiaes a que for mostrada e o conhecimento della pertencer assi a çumpram e guardem e façam
comprir e guardar sem duvida nem embarguo algu que a ello
seja posto porque asi he minha merce, Valerio Lopez a fez em
Lixboa a tres dias dagosto, anno de noso senhor Jhu Xpõ de
mil bᶜ xxxbiij [1538] annos e eu Damião Diaz a fiz escrever.

Pedindome o dit o Manoel Corte Real que lhe confirmase esta
carta e visto seu requerimento querendolhe fazer graça e merce
tenho por bem e lha confirmo e ey por confirmada com declaração que quanto á jurdiçam usará do contheudo em outra carta
que com esta lhe mandei passar. Dada em Lixboa a xxj de março,
Manoel Franco a fez, anno de mil bᶜ e lxxbij [1577] e eu Duarte
Diaz a fiz escrever.

Pedindome o dito Vasqueanes Corte Real que porquanto elle era o filho mais velho barão lidimo que ficara per falecimento de Manoel Corte Real seu pai como constava de hua certidão de justificaçao que outrosim presentava do licenciado Lourenço Correa do meu desembarguo juiz dos negocios de minha fazenda e das justificações delle e que conforme a dita carta nesta tresladada sobcedia o contheudo nella ouvese por bem lhe mandar passar a elle outra em seu nome e visto se requerimento com a dita certidão de justificação querendolhe fazer merce tenho por bem e lho confirmo e ey por confirmada a dita carta per sobcessam asy e da maneira que se nella contem e mando que se cumpra e goarde interamente. Dada na cidade de Lixboa aos xxbiij [28] dias do mes de novembro, Gonçalo Ribeiro a fez, anno de nosso senhor Jhu Xpõ de mil e quinhentos setenta e oyto. João de Cas tilho a fez escrever e esta se registará no livro dos registos da Camara da cidade d'Amgra e se passarão certidões nas costas desta de como se assi registarão. [1578]

Pedindome o dito dom Ypovão (*Christovam*) de Moura Corte Real do meu conselho destado veedor de minha fazenda gentil Homem de minha camara que por quanto o eu nomeara pera casar com dona Margarida Corte Real filha mais velha do dito Vasqueanes e elle era casado e recebido com ella como consta de hũa certidão de justificação disso que outrosim presentava do licenciado Lourenço Correa do meu conselho desembargador do paço e juiz dos justificaçoes de minha fazenda ouvese por bem de lhe mandar passar carta de doação em seu nome da capitania da ilha Terceira da parte d'Angra de juro conforme ao dito alvara de lembrança e a carta que Vasqueanes Corte Real seu sogro della tinha. E visto seu requerimento com o dito alvara de lembrança de que a cima faz menção, certidão de justificação e a doação que seu sogro da dita capitania tinha e outro sim avendo respeito aos muitos e mui continuados serviços que o dito dom Christovam de Moura Corte Real me tem feitos e ao lugar em que mos fez e faz e a seus merecimentos e por muito folgar de lhe fazer mercê como he rezam e o merece ey por bem e me

praz que elle tenha e aja a dita capitania da Ilha Terceira da
parte dAngra de juro e herdade pera sempre com sua jurdiçam
rendas e dereitos na forma e maneira em que a tiveram e
pesuirão o dito seu sogro Vasqueanes Corte Real e as pesoas
que dante delle a tiverão e possuirão e milhor se em direito elle
tudo pode milhor ter e aver, e mando a todos os corregedores
ouvidores, juizes, officiaes a que esta carta for mostrada e o
conhecimento della pertencer que a cumprão e guardem e façam
inteiramente cumprir e guardar como se nella contem sem
duvida nem embargo algum por quanto por esta ey por metido
de posse real e autoal da dita capitania ao dito dom Christovão
de Moura Corte Real e por firmeza de todo lhe mandei dar
esta carta por mim assinada e asellada de meu sello pendente de
chumbo a qual se registará no Livro da chancelaria da correição
das ilhas e no Livro do registo da camara da cidade dAmgra e
de como se assi registou se pasorão certidões nas costas della.
Dada na cidade de Lixboa a vinte sete dias do mes de junho.
Migel da Costa a fez, anno do nascimento do nosso sõr Jhn xpõ
de j b° e lxxxij [1582] Antonio Moniz da Fonsequa a fiz escrever.

(Torre do Tombo, lib. III, des Doações de Philippe II, fol. 246.)

Publié dans l'*Archivo dos Açores*, tome IV, pages 168-170.

XLI

Extraits de Gaspar Fructuoso.

1580 — 92.

Dos Corte Reaes Capitães que foram da parte d'Angra.

E segundo alguns affirmão os Corte Reaes são Fidalgos
Francezes e descendentes de hum D. Reymão da Costa,
que veio aventureiro com outros muitos Fidalgos como D. Rolim,

e outros que n'aquelle tempo vierão de França, quando ajudarão a tomar Lisboa aos Mouros pelo que os reis de Portugal os estimarão sempre muito e tiverão em grande conta, um dos quaes João Vaz da Costa Corte Real, primeiro Capitão da ilha Terceira, da parte d'Angra, por serviços que fez a elrei de Portugal, nas guerras contra Castella, andando por Capitão de grossas armadas; do qual dizem que foi tão grande aventureiro mar, que n'este reino não teve segundo, e alguns querem no dizer que descobrio a mesma ilha Terceira e algumas partes do ponente, e do Brazil, Cabo Verde, aonde foi o primeiro, que houve vista da ilha do Fogo, e deu nova do que continuamente de si lançava, e vindo do ponente descobrio a mesma ilha Terceira, e a de S. Jorge, pelo que lhe foi dada a Capitania d'Angra e da dio ilha de S. Jorge. . . . .
. . . .'. . . . .

E vindo (como atraz tenho dito) *João Vaz Corte Real* do descobrimento da Terra Nova dos Bacalhaus, que por mandado de elrei, foi fazer, lhe foi dada a Capitania d'Angra da ilha Terceira, e da ilha de S. Jorge. Foi este João Vaz tão esforçado Cavalleiro e temido Capitão, que nunca deu batalha no mar nem na terra, que não vencesse, e tão bem afortunado, que sempre tomou aos castelhanos as maiores prezas que n'este reino de Portugal se tomarão d'elles. E huma vez tomou huma nau de Genovezes carregada de sêdas e de outras mercadorias, com a riqueza da qual, e d'outras prezas, que fez entrou hum dia com toda a sua armada com vellas e bandeiras de sêda, e foi tão lustroso e custoso no trato de sua pessoa, que por dar muito lustre à corte d'elrei de Portugal, dizem alguns, que lhe poz elrei este nome, Corte Real, dizendo que sua corte era real quando elle estava n'ella. Mas a certeza deste nome de Corte Real, foi por que em tempo d'elrei D. João de boa memoria, primeiro do nome, vindo dois cavalleiros allemães mui esforçados e temidos e de grande nome nas cortes de outros reis por desafio, para provar suas forças na corte de Portugal, aceitando o dito João Vaz da Costa a batalha e sendo vencedor n'ella, lhe disse o dito Rei em alta voz : que pois com sua pessoa e sangue e casa antiga, tanto illustrava a corte de Portugal, fazendo-a real, lhe ficasse este nome Corte Real por seu appellido por vencer em sua corte tão perigosa empresa, sendo então ainda mancebo sem barba, mas de robustos membros e gesto ousado, e graves olhos e de naris aquilinho; do qual João Vaz da Costa Corte Real (e outros dizem de seu filho Vasqueanes Corte Real) affirmão que hum d'elles em Africa em huma batalha contra o grande capitão Barraxo, valentissimo e famorissimo Mouro, senhor de 22.000 mouros de cavalo, seus subditos, com que vinha contra os Portuguezes de que era capitão o animoso e exforçado Conde de Tarouca, Prior do Crato, sogro do Cãpitão da ilha da Madeira, derribára na batalha, de hum forte encontro ao dito capitão Barraxo, do seu cavalo, e passou avante, e indo na trazeira hum cavalleiro, chamado Rombo, conhecendo o Barraxo cahido, o tomou e guardou que não matassem, querendo dar a entender que elle o derribara, mas pelo mesmo Barraxo se soube a verdade, por que levando o diante do Capitão Prior do Crato, pretendendo muitos senhores e cavalleiros aquella honra, dizendo cada hum que o derribara do cavallo, havendo grande duvida e pretendonça (*sic*) sobre isso, disse o mesmo Barraxo ao Capitão, que não havia n'aquella companhia de sua gente, pessoa que pudesse derribar o Barraxo senão aquelle cavalleiro : (mostrando-o com·o dedo, o qual era o dito João Vaz da Costa Corte Real) que trazia o sinal vermelho em huma calça, e tão esforçado era o dito Barraxo, que no tempo que o derribou do cavalo com tão grande encomtro, que cuidouque (o) derribava algum gigante, deu fé do sinal vermelho, que na calça trazia seu contrario João Vaz ou Vasqueanes seu filho, qualquer que delles fosse. E ao tempo que o derribou lhe tomou logo na batalha o guião ; pelo que traz hum meio mouro com o mesmo guião por timbre das suas armas, trazendo d'antes duas costas como trazem as armas de seus parentes, mas sou elle trazia o Barraxo com seu guião, pelo 'ganhar, como exforçado e valentissimo cavalleiro, que sempre foi nas batalhas.

Estando João Vaz Corte Real, primeiro Capitão da parte d'Angra da ilha Terceira, no Algarve, onde era morador, veio hum castelhano ter ali com opinião de ser o mais valente e forçoso cavalleiro que havia em Hespanha, a desafiar se com elle, por lhe dizerem que em tudo lhe tinha vantagem, e não sabendo João Vaz parte disto vindo com sua mulher hum dia da egreja, l'ho mostrarão, e lhe disserão, que aquelle castelhano o vinha desafiar, o que elle ouvindo, o chamou e l'he perguntou que buscava ; respondeo o castelhano « que se vinha desafiar com elle, por lhe dizerem que era o mais exforçado cavalleiro que havia em Portugal, e porque elle se tinha por mais valente, o vinha buscar. » João Vaz o levou a jantar comsigo e acabando de jantar o meteo em hum seu jardim para o desafio ; e entrando pelo jardim onde havia muitas arvores de muitas maneiras; indo o castelhano diante, arremetendo a huma rua de marmelleiros, os foi arrancando, com huma mão e com a outra, d'ambas as bandas, pondo-lhe as raizes ao sol. O que vendo João Vaz, que detraz hia, foi tomando os marmellos d'aquelles e d'outros marmelleiros com ambas as maõs e os espremia n'ellas fazendo todos em sumo sem lhe ficarem nas mãos mais que o bagaço d'elles ; espantado o castelhano de ver isto o teve na conta de quem era, e não quiz mais desafio com elle, antes se deu por convencido e se foi, dizendo : que não tornava para Castella, senão a contar os extremos de sua força e cavallaria, e que por ali conhecia seu exforço e força. E não era muito, por que João Vaz nunca foi vencido em algum desafio antes elle venceo a muitos, pelo que, por onde quer que andava em Castella, Italia, França e Inglaterra, e por outras partes. Por onde dizem que trazia rebuço de armas negras, por andar algum tempo agravado d'elrei de Portugal, e por isso lhe chamavam o Cavalleiro das armas negras ; e no derradeiro de desafio, que teve em Inglaterra, disse que o fazia em nome de elrei de Portugal. E dizem desta maneira desafio da garrotea, que he ordem de cavallaria. . . . .

Dizem que tornou o Portugal ao Reino de Portugal e ficou em

graça d'elrei, que se servio d'elle sempre em cousas grandes, principalmente na fronteira d'Africa, onde entre outras cousas notaveis que fez, lhe aconteceo derribar de hum encontro o grande capitão Barraxo, como tenho contado.

Naõ pude saber com quem foi, casado este primeiro capitão d'Angra e de S. Jorge, João Vaz Corte Real, nem quantos filhos teve, sómente primeiro seu filho chamado Vasqueanes Corte-Real, que o imitou bem nas forças, condições e valentia, que lhe succedeo na Capitania, e foi segundo Capitaõ, por fallecimento do dito Joaõ Vaz seu pae, foi veador d'elrei D. Manoel e foi com elle a Castella como se pode ver na primeira parte da sua Chronica, no capitulo vigessimo sexto, e morava em Lisboa ao longo do rio defronte da freguezia de S. Paulo, ao cáes que do seu nome se chama : o Caes do Veador, onde está hum rico apozento em que tambem morarão seus descendentes, onde tem hum sitio grande, e campo cercado, que entesta com suas casas, que por mercê d'elrei, he couto. A qual Vasqueanes tambem não sei como foi casado, mas de sua mulher teve os filhos seguintes :

O 1º chamado Manoel Corte Real, que foi Veador em Lisboa muitos annos sem querer levar premio nem estipendio por isso e por ser de má vista andava pela cidade a cavalho com hum oculo na maõ ; ao qual se tinha muito respeito, e faziam todos grande honra, por seu muito merecimento.

— (Afora este Manoel) teve Vasqueanes, outro chamado Bernardo Corte Real, muito fidalgo e nobre de condiçaõ, grande muzico e tangedor de viola, e de muito gentil voz, e bom latino, sabia bem fallar francez e italiano. Foi Alcaide Mór de Tavila do Algarve, e casado com D. Maria de Menezes, irmã des D. Jorge Telles de Menezes. Era tambem grande cavalleiro, muito airoso, forte e bom cavalgador.

— Hieronimo Corte Real, mui nobre fidalgo e grandioso, que morreo em Lisboa.

. . . .

Dizem alguns que Jacome de Bruges, primeiro Capitão da ilha Terceira de Jesu Christo era framengo, e que veio povoar a ilha

da parte da Praia por mandado do Infante D. Henrique e estando
a povoando veio ter ali Joaõ Vaz Corte-Real.... e vinha do descobrimento da terra nova do bacalhao, e o Jacome de Bruges o re-
colheo e lhe disse que lhe largaria a metade da ilha, a qual accei-
tou e depois Jacome de Bruges se foi para sua terra, e desappareceo
de maneira que naõ tornou mais, e a Infanta D. Beatriz, por
vaga, deu a Ilha ao dito Joaõ Vaz Corte Real e a Alvaro Martins
Homem, da casa da mesma Infanta e foi a ilha partida antre elles
da Ribeira Secca da banda do sul ao nornoroeste e quasi do norte.
A partilha foi que vindo do reino o Alvaro Martins com a doaçaõ
da metade da ilha Terceira ao tempo que houve de partir com
Joaõ Vaz Corte Real conforme as suas doações foi partidor
Alvaro Martins, e havia de escolher João Vaz Corte Real, e o
Alvaro Martins ao tempo que fez a partilha por lhe parecer que
João Vaz escolheria da parte da Praia, por ser n'esse tempo o
melhor porto que havia e estar a terra povoada, lançou à parte
d'Angra maior quantidade da dita ilha, a qual escolheo João
Vaz Corte Real.....

(Saudades da Terra, lib. VI, cap. IX.)

Obligeamment communiqué par M. Ernesto do Canto.

Inédit.

XLII

Nobiliaire de Xisto Tavares.

Ante 1525.

Barbosa Machado[1] qualifie Xisto Tavares de chanoine de la cathé-
drale de Lisbonne. En réalité, le zélé généalogiste n'en était que
quartanario, c'est-à-dire qu'il jouissait seulement d'un quart de pré-
bende. Il serait mort à Lisbonne en 1525[2].

1. Diogo Barbosa Machado, *Bibliotheca Lusitana*, Lisboa, 1752, in-fol., tome III,
page 795.

2. « *Obteve hum Canonicato de quarta Prebenda em a Cathedral de Lisboa, onde falleceo
no anno de 1525.* » — *Loc. cit.*

L'original du *Libro dos principaes linages de Portugal*, de Tavares, que Damiam de Goes, par l'ordre du roi João III, acquit de ses héritiers pour être déposé à la Torre do Tombo, a disparu depuis longtemps. L'exemplaire qui, selon Nicolas Antonio[1], était peut-être conservé au monastère do Carmo, de Lisbonne, n'a pu non plus être retrouvé.

On ne connaît aujourd'hui que trois copies de ce célèbre recueil de généalogies portugaises, qui attend encore un éditeur.

Innocencio da Silva rapporte[2] que l'une d'elles se trouve à la Bibliothèque publique de Porto.

La bibliothèque de l'Académie d'Histoire, à Madrid[3], possède également une copie, laquelle porte la mention suivante, obligeamment relevée à notre requête par M. Cayetano Rosell :

« *Este Liuro de familia comprou Dameao de Gois aos herd.^os de Sixto Tauares seo Autor copos.* [sic] *per mandado del Rey D. João 3.º na Torre do Tombo como consta de huma nota que esta no original de que se tirou esta Copia que ofrece ao Sor D. Luis de Salazar e Castro*

» *Seo menor Criado*

» *Mar^o de Men.^ea de Pina e de Pr.^a* [4]. »

La troisième copie est celle que possède la Bibliothèque nationale de Paris, sous le N° 50 du fonds portugais. C'est un volume in-folio, de 240 feuillets, numérotés au recto, d'une écriture du XVIIe siècle, de la même calligraphie que plusieurs ouvrages généalogiques copiés pour Manoel de Moura Corte-Real, deuxième marquis de Castel-Rodrigo, au commencement du XVIIe siècle, principalement à l'Escurial[5].

---

1. « Familias de Portugal... *Forte aliud exemplum Carmelitani Olisiponenses penes se habent. Cardosus* [Simon Cardoso Pereira?] » *Bibliotheca Hispana Nova*, tome II, page 289.

2. INNOCENCIO DA SILVA, *Diccionario Bibliografico Portugues*, Lisboa, 1859, in-8, tome VII, page 454.

3. C. 29. Est. 2 ; in-folio.

4. C'est-à-dire : Martinho de Mendoça de Pina e de Proença.

5. Notamment les N°s 197 et 198 du fonds espagnol.

Le fonds portugais de la Bibliothèque nationale de Paris possède **deux autres** nobiliaires portugais manuscrits et inédits, tels que le *Nobiliario novo*, de Luis Lobo da Silveira (N° 49), et un recueil anonyme (N° 69), portant pour note finale : « *Este libro se comesou em S. Lourenso el Rial, no mes d'agosto de 1620 e se acabou em Madrid em 16 de fevereiro de 1621.* »

Ces deux ouvrages, ainsi que la copie manuscrite du *Nobiliario do Conde Dom Pedro* (N° 68), prise sur l'original conservé à la Torre do Tombo, ne donnent pas de généalogie des Corte-Real.

Le *Libro dos linages* de Tavares et les autres Mss. qui proviennent dudit Manoel de Moura, ont tous passé par la bibliothèque de Mazarin, dont beaucoup de manuscrits et de livres curieux entrèrent par voie d'échange dans la Bibliothèque du roi en 1668. Ils semblent avoir fait partie d'un lot à part, car ils portent tous la même reliure moderne au chiffre de Louis-Philippe. C'est cette copie de Tavares qu'a consulté Franckenau, avant l'année 1734[1].

Le recto du premier feuillet porte, de la même écriture que le reste, la préface suivante :

« *Este libro das linhagens ouve eu Damiaõ de Goes Guardamor da Torre do Tombo por mandado del Rey D. João nosso S.^{or} 3.º deste nome da libraria de Xisto Tavares, que Deos perdoe, quartanario que foy na see de Lisboa, e paguey por elle e por estoutros dous manuaes pequenos que com elle estaõ atados dez cruzados aos herdeyros do dito Xisto Tavares que tudo copilou com muito trabalho e diligencia. Dos quaes libros e papeyes e do antiguo das linhagens do Conde D. Pedro com seu apendix e do que fez o doutor Pacheco que ao presente está em poder de D. Ieronimo de Castro e das memorias que copilou Afonso de Lugo sobre as linhagens, que segundo me disse D. Antonio de Attaide, conde da Castanheyra despois de seu falecimento se poderia de novo copilar e fazer hum outro libro do qual as linhagens destes Reynos fossem maes alumiados do que o estaõ. E este libro com os dous pequenos e outros papeys tudo atado e junto lancey na Torre do Tombo em 7. de junho de 1508 (sic) annos.*

DAMIÃO DE GOES.

Isto estava escrito da maõ de Damiaõ de Goes no original donde se tresladou este libro. »

La date de 1508 est évidemment erronée. João III ne commença à régner qu'en 1521, et Damiam de Goes naquit seulement vers 1501.

Antonio Caetano de Sousa[2] possédait également une copie du nobiliaire de Tavares, laquelle, prise sur l'original, portait la même

---

1. « *Cujus videndi nobis olim in Bibliotheca Regia Parisiensi* [*Catalogus MSCtorum, num. 10259 ; — lisez 10257*] *copia facta fuit ab humanissimo ejus Custode, Domino Clemente* ». FRANCKENAU, *Bibliotheca Hispanica.* Lipsiæ, 1734, in-4, page 408.

2. « *De que tenho copia tirada do original, que se mandou guardar na dita Torre do Tombo e della desappareceo.* » SOUSA, *Historia Genealogica da Casa Real portugueza.* Lisboa, 1735, in-4, tome I, page XXVIII.

préface que l'exemplaire de Paris, sauf pour la date, qui était, non de 1508, mais de 1528. Ici, encore, il doit y avoir erreur. Tous les biographes de Damiam de Goes sont d'accord pour reconnaître que cet historien, de 1523 à 1546, vécut constamment à l'étranger, où le retenaient les missions diplomatiques que João III lui avait confiées. Dans ladite préface, il est qualifié de *Guardamór da Torre do Tombo.* Or, Goes ne devint garde général de cés archives que deux ans aprés son retour de Louvain, en 1548[1]. C'est probablement en cette année qu'il fit l'acquisition du manuscrit original de Tavares, et il faudrait alors lire 1548 au lieu de 1508 ou de 1528.

Les généalogies données par Xisto Tavares sont les suivantes :

Castros, Meneses, Sylvas, Gonçalo Mendez dit le Lidador da Maya, Souzas, Pereiras (comprenant, séparèment, Rodrigo Frojaz, Gonçalo Roiz da Palmeira et Gonçalo Pereira), Bragança, Noronhas, le roi Ramiro, Cunhas, Coutinhos, Attaides, Mellos, Cabreiras (comprenant, séparément, Vasconcellos, Alvelos et Ribeyros), Azevedos, Freyres de Andrade, Anrriquez, Tavoras, Furtados de Mendoça, Limas, Castel Brancos, Almeidas, Mascarenhas, Deças, Mouras, Mirandas, Barretos, Silveiras, Alvares, Rolins, Alboquerques, de Sà, Britos, les Noronha et Anriquez de l'île de Madère, Tellos de Meneses, Nogueiras, Atouguias, Correas, Almadas, Abranchez, Camaras de Lobos et Costas Corterreaes.

Ces six dernières généalogies sont données deux fois ; chaque fois de la même écriture et sans présenter de variantes importantes.

La généalogie des Corte-Real est aux feuillets **215-218** et **227-230,** et en ces termes :

Tº de huns Costas Corterreaes.

Vasqueanes da Costa[2] foi hum cavaleiro e fidalgo omrrado de Tauira em tempo del Rey dom Fernando et del Rey dom João primeiro e xoi casado com... filha de... de que ouve filhos Vasqueanes Corte Real e Gil Vas da Costa e Afonso Vas da Costa.

Vasqueanes Corte Real filho de Vasqueanes se chamou Corte

---

1. « *Foi-lhe em 1548 encarregada a servantia do cargo de Guarda mór do Real Archivo.* » Da Silva, *Diccionario,* tome II, page 123.

2. Les lettres majuscules ont été ajoutées par nous, afin d'éclaircir le texte.

Real por lhe por este apelido el Rey dom Duarte cuyo criado e priuado era por ser grande agusalhador de homés na corte e foi alcayde mor de Tavira e de Silves.

Fernão Vas Corte Real filho des Vasqueanes foi casado e ouve hum filho bastardo que se chamou Antonio Corte Real e era baço filho de huã negra.

Antonio Corte Real filho deste Fernão Vas foi patrão mor da ymdia foi casado, e porem ouue filhos bastardos Antonio Corte Real e Fernão Vas.

Antonio Corte Real filho deste Antonio Corte Real he casado com Antonia de Saa filha de Anrrique de Saa alcayde mor que foi da Miejra.

João Vas Corte Real filho bastardo de Vasqueanes e irmão de Fernão Vas foi porteiro mor do infante dom Fernando irmão'del Rey dom Afonso o quinto foi capitão da ilha Terceyra da parte de Angra ; foi casado com Maria de Abarca, filha de..... de que ouue filhos Vasqueanes Corte Real, dona Joana molher de Gilhelme Monis e dona Eyria molher de João Dustro [1] capitão das Ilhas do Pico e do Fajal.

Vasqueanes Corte Real filho deste João Vas foi veedor da casa del Rey dom Manoel e alcayde mór de Tauira e capitão da ilha Terceyra e da ilha de Saõ Jorge, que ele ouve foi casado com dona Joana filha de Garcia de Mello, alcayde mór de Serpa, de que ouve filhos Cristovão Corte Real que morreo solterro e Manoel Corte Real e Miguel Corte Real que era clerigo e morreo mãcebo, Bernardo Corte Real e Jeronimo Corte Real e dona Maria da Silva, molher de dom Pedro de Ça filho de Dom Francisco de Ça e dona Felipa.

Manoel Cortcreal filho de Vasqueanes he erdejro de seu pay he casado com dona Breitis de Mendoça filha de Inhego Lopes de Mendoça hum fidalgo castelhano de Valhedolid de que tem filho Vasqueanes Corte Real.

Bernardo Corte Real filho de Vasqueanes e yrmão de Manoel

---

1. Jobst de Hurter.

Corte Real he alcayde mor de Tavira he cazado com dona
Maria de Menes filha de Gabriel de Brito de que tem filhos.

Jeronimo Corte Real filho do veedor Vasqueanes e yrmão dos
asima ditos. Miguel Corte Real filho de João Vas e yrmão do
veedor Vasqueanes foi porteiro mór del Rey dom Manoel e foi
casado com dona Izabel de Castro filha de dom Garcia de Castro de que ouve filhos dona Caterina de Castro molher de Diogo
de Melo veedor da casa da Reinha e dona Caterina nossa senora e
dona Joana, molher de Lionel de Sousa irmaõ de João de Sousa
senor da Eyriceyra.

Gaspar Corte Real filho de João yrmão do veedor Vasqueanes e de Miguel Corte Real naõ foi casado porem ouve filhos
bastardos dom João bispo de Evora [sic] e outro que morreo
solteiro deque não ficou geracaõ.

Gil Vas da Costa filho de Vasqueanes da Costa e yrmão de
Vasqueanes Corte Real o primeiro, foi casado com..... filha
de..... de que ouve filhos Vasqueanes da Costa Corte Real,
Diogo da Costa e João Vas da Costa.

Vasqueanes da Costa e Corte Real filho d'este Gil Vas foi
casado com Mor Eanes filhade..... de que ouve filhos Gil Vas
Corte Real e Pero Vas Corte Real e Fernão Vas e João Vas e
Ana Vas molher segunda de Ruy de Mello da Cunha e dona Mecia segunda molher de Alvaro Pacanha e por morte de este marido foi primeira molher de Francisco de Melo comendador de
Caceuel e Violante da Costa molher de Jorge de Oliveyra filho
do Graueyro [sic] da ordem de Cristo e dona Felipa molher de
Ruy de Melo Pereira yrmão de Lancarote de Mello e asi ouve
bastardo Fernaõ Vâs Corte Real.

Gil Vas Corte Real filho de Vasqueanes foi casado com Giomar
Serrão que recebo a ora da morte de que ouve filhos Tristão da
Costa e Vasqueanes Corte Real.

Tristão da Costa filho de João Vas foi casado com
Caterina Afonso filha de Esteuão Vas Barbanasalça de que
ouve filhos Gil Vas e Vasqueanes Corte Real e Mecia da

Costa segunda molher de Antonio de Miranda de Tavira e duas freiras.

Gil Vas Corte Rereal filho deste Tristão da Costa casou com Lianor de Brito filha de Afonso de Brito de que ouve filha.

Vasqueanes Corte Real filho de Tristão da Costa casou com Izabel de Combreiras filha do dito Afonso de Brito de que não ouve filhos e ora he cazado com Lianor Mendes filha de seu cunhado Antonio de Myranda da primeyra molher.

Vasqueanes Corte Real filho de Gil Vas e yrmão de Tristão da Costa he casado com Meçia Vas filha do dito Barbanasalça.

Pero Vas Corte Real filho de Vasqueanes e yrmão de Gil Vas foi casado com dona Simõa filha de Alvaro Pacanha de que ouve filhos Vasqueanes Corte Real e Miguel Corte Real e dona Mayor molher de João Vas da Costa do Carualhal.

Vasqueanes Corte Real filho deste Pero Vas he casado com dona Joana filha bastarda de dom Pedro de Noronha alcayde mór de Almeyda deque não tem filhos.

Miguel Corte Real filho de Pero Vas irmão deste Vasqueanes foi casado com dona Genebra filha de Jorge Viegas de Tavira de que ouve filhos.

Fernão Vas Corte Real filho de Vasqueanes o velho yrmaõ de Gil Vas e Pero Vas casou com Judith de Goés filha de Lançarote Teixeyra de Machico da ylha da Madeira deque ouve filho Pero Corte Real e dona Mayor segunda molher de Manoel de Melo filha de Lançarote de Mello e por morte d'este marido he segunda molher, de dom Francisco de Noronha comendador de Caceuel e outras que morreraõ moços.

Pero Corte Real filho d'este Fernão Vas he cazado com dona Izabel filha de Afonso Vas Ichoa comendador de Caçelas de que tem filhos.

Joaõ Vas Corte Real filho de Vasqueanes e yrmão de Gil Vas e dos outros mora em Lagos que foi casado com Breitis Falcão filha de Lopo Rodrigues Falcão de que naõ ouve filhas e a segunda ves casou com Feneira filha de Afonso da Costa alcaide mor de Lagos de que ouve filhos Vasqueanes Corte Real e Mecia da Costa e Maria da Costa.

Fernaõ Vas Corte Real filho bastardo de Vasqueanes Corte Real o velho yrmão e de Gil Vas e dos outros foi casado com Joana Viegas filha de Gil Fernandes Raposo de que ouve Bianca Viegas molher de Pero da Fonceca Monis de Faro.

Diogo da Costa filho de Gil Vas da Costa e yrmão de Vasqueanes Corte Real o velho foi casado com Breitis Alvares Taveyra filha do doutor Alvaro Pires Vieyra chamçarel da caza do Sivel de que ouve filhos Francisco da Costa e outros que morrerão sem geraçaõ.

Francisco da Costa filho de Diogo da Costa he cazado com dona Felipa filha de Nuno Bareto alcayde mor de Faraõ de que tem filhos Nuno Baretto que he aleyado e Diogo Alvares da Costa e Alvares Barreto. João Vas da Costa filho de Gil Vas da Costa o antigo e irmão de Vasqueanes da Costa Corte Real o velho e Diogo da Costa foi casado com Mor Ichoa filha de.. de que ouve filhas Izabel da Costa molher de Pero de Carvalhar e Mecia da Costa primera molher de Gonçalo Viegas e ouve bastardo de Vasqueanes Cortes te alo moço.

Vasqueanes Corte Real moço filho bastardo deste João Vas foi casado com... da Fonseca filha de... de que ouve filhos Diogo da Costa et Caterina da Fonseca molher segunda de Antonio de Mendoça yrmão de Gonçalo a Raes de Mendoça senor do Morgado de Marim e fora primeiro casada com Belchior de Baldes.

Diogo da Costa filho deste Vasqueanes foi casado com Breitis de Mendoça filha de Antonio de Mendoça asima dito da primeyra molher de que ouve huá filha per nome Izabel da Foncequa molher de Jorge Viegas o moço filho de Diogo Viegas e por morte desta molher casou Diogo da Costa com Izabel Gonçalues filha de João Gonçalues famgeiro de que ouve filhos.

FIN

INDEX

---

1. Nous avons cru devoir donner certains noms sous leurs différentes formes : *Anriquez* et *Anrriquez*, *Barelo* et *Barrelo*, *Deça*, *De Ça* et *d'Eça*, etc., etc.

---

1. Nous n'avons pas inséré ici les da Costa et les Corte-Real cités dans le Nobiliaire de Tavares, *Supra*, pages 253-257.

ERRATA

—

Pages

2, ligne 18, au lieu de Rol...,   lisez : Rolim.
», — 29, — iste,   — liste.
4, — 24, — SOAREZ,   — SOARES.
5, — 20, — SANCHEZ,   — SANCHES.
», — 31, — *dur,*   — *dura.*
6, — 13, — aux Cortès de Coimbre, en 1385,   — à l'assemblée de Lisbonne, en 1384.
10, — 19, — *a Galega,*   — *Galega.*
16, — 25, — SANCHEZ,   — SANCHES.
17, — 19, — SOUZA,   — SOUSA.
19, — 20, — —   — —
», — 26, — Siva,   — Silva.
24, — 34, — *Sabi,*   — *Sabido,*
25, — 24, — Gonsalves,   — Gonçalves.
40, — 20, — N° 20,   — N° 19.
70, — 29, — stricts,   — étroits.

70. Ajoutez en note : Soit environ 141 francs, valeur métallique de l'époque (le *ducato stritto* étant égal à 3 gr. 413, or fin). C. DESIMONI, *Tavole dei valori in lire antiche e in lire italiane delle principali monete d'oro e d'argento genovesi dal 1139 al 1804,* dans L. T. BELGRANO, *Della Vita privata dei Genovesi,* pages 8, N° 20, 18, N° 45, et 20, N° 82, du tirage à part, Genova, *sine anno,* petit in-8.

71, ligne 22, au lieu de Bien que le palais ducal de Modène ait été affecté à l'Ecole Militaire, c'est encore dans une de ses salles, mais provisoirement,   lisez : et c'est dans l'édifice affecté aujourd'hui à la Bibliothèque d'Este que se trouve ce beau monument de la géographie.

75, — 25 et 26, au lieu de *heã, bo, espermemtada, num,*   lisez : *he, bôa, esperimentado, mim.*
», — 28,   — feuillet 19.
79, — 27, au lieu de ccyv,   — CCXV.
80, — 26, — *mães,*   — *mãis.*
81, — 15, — Waltzmüller,   — Waltzemüller.
89, — 20, ajoutez : peut-être faut-il lire : *Delgado :* aride, stérile.

ERRATA

Pages

99, ligne 12, au lieu de	austral,		lisez :	septentrional.
», — 26, —	*quitur,*		—	*sequitur.*
108, — 27, —	HYLACOMULUS,		—	HYLACOMYLUS.
109, — 13, —	le point,		—	le point continental.
110, note 1, doit être : note 2.				
», — 2, —	note 1.			
112, ligne 1, au-dessus de 1500, mettez : ¹.				
», — 2, au lieu de 1, lisez : 2.				
», — 10, supprimez 2.				
161, — 2, au lieu de	Cordeiro,		lisez :	Cordeyro.
179, — 1, —	da Costas,		—	da Costa.
», — 18, —	Tembo,		—	Tombo.
211, — 16, —	Adir,		—	A di.

PARIS. — IMP. V. GOUPY ET JOURDAN, RUE DE RENNES, 71

RECUEIL DE VOYAGES

ET DE

DOCUMENTS

pour servir

A L'HISTOIRE DE LA GÉOGRAPHIE

Depuis le XIIIe jusqu'à la fin du XVIe siècle

PUBLIÉ

Sous la direction de MM. CH. SCHEFER, membre de l'Institut
et HENRI CORDIER

III *bis*

LES CORTE-REAL

POST-SCRIPTUM

Quittance écrite et signée par Gaspar
Corte-Real, à Lisbonne, le 21 avril 150.

———————

Recebi de l. quoutrobẽ de almoxarife perẽuo roz
freita e dous g̃utais eũ ãl dzmoyos de tlgu
de nunpo quir de miy frubro frds avey d
9abyll de 1501

Guaspar de tralh

GASPAR
CORTE-REAL

LA DATE EXACTE DE SA DERNIÈRE

EXPÉDITION AU NOUVEAU-MONDE

D'APRÈS DEUX DOCUMENTS INÉDITS

RÉCEMMENT TIRÉS DES ARCHIVES DE LA TORRE DO TOMBO A LISBONNE

DONT UN ÉCRIT ET SIGNÉ PAR GASPAR CORTE-REAL

L'AUTRE PAR SON FRÈRE MIGUEL

REPRODUITS ICI EN FAC-SIMILE

POST-SCRIPTUM

PAR

HENRY HARRISSE

PARIS

ERNEST LEROUX, ÉDITEUR

28, RUE BONAPARTE, 28

M.D.CCC.LXXXIII

LES CORTE-REAL

POST-SCRIPTUM

I

OTRE ouvrage sur les Corte-Real[1] était publié depuis deux mois, lorsque M. Ernesto do Canto, avec son obligeance accoutumée, nous signala une note de la première édition de l'*Hisioria Geral do Brazil*, de feu Francisco Adolpho de Varnhagen, publiée en 1854[2].

Cette note est en ces termes :

« *Gaspar Corte-Real teve doação das terras encontradas em Cintra (em 12 de Maio de 1500), e foram lhe mandados dar comestiveis por ordem de 15 d'Abril de 1501, recebendo elle, no dia 22 (sic), 72 1/2 quintaes de biscoito. A 15 de Janeiro de 1502 validou-se a doação em scu irmão Miguel, a quem haviam sido fornecidos comestiveis por ordem de 5 de Agosto de 1501. A filha d'este D. Catharina obteve uma tença de 15,000 reaes.* »

---

1. *Les Corte-Real et leurs voyages au Nouveau-Monde, d'après des documents nouveaux ou peu connus tirés des archives de Lisbonne et de Modène, suivi du texte inédit d'un récit de la troisième expédition de Gaspar Corte-Real et d'une importante carte nautique portugaise de l'année 1502 reproduite ici pour la première fois. Mémoire lu à l'Académie des inscriptions et belles-lettres, dans sa séance du 1er juin 1883.* Paris, Ernest Leroux, M D.CCC.LXXXIII; grand in-8°.

2. *Sine loco, sed* Madrid, in-8° carré ; page 434, note 18.

La concession du 12 mai 1500, citée dans cette note, est l'appendice XII, celle du 15 janvier 1502 est l'appendice XX, et la pension de 15,000 réis est l'appendice XXIV ou l'appendice XXX du livre que nous avons publié sur les Corte-Real.

Quant aux pièces des 15 et 22 avril 1501, elles nous étaient complètement inconnues. Aussi est-ce avec un vif plaisir que nous avons reçu aujourd'hui même, de M. Jacintho Ignacio de Brito Rebello [1] le texte complet de ces deux documents.

Le lecteur nous saura gré de les reproduire intégralement et dans le texte original :

« Nos el Rey mamdamos a vos nosso almoxarife dos fornos do bizcoito da porta da cruz e ao escripvam desseo officio que dees a gaspar corierreal ffidalgo de nossa casa tamto bizcoyto, quamto ffizerem, dez moyos de triguo do campo, os quaaes dez moyos de triguo vos o dito gaspar corterreal, entregara, nos ditos ffornos, e esto peramte o dito vosso escripvam pera vos carregar os ditos dez moyos, de triguo em reçepta, e em despesa, o dito bizcoito que lhe assy por elles emtregardes como

---

1. M. de Brito Rebello, officier supérieur de l'armée portugaise et, à ses heures, excellent paléographe, est aussi l'un des directeurs-rédacteurs de l'*Occidente*, (l'*Illustration* portugaise).

dito he, por que do ffeityo lhe fazemos merçe, e vos cobray delle sseu conhecimento, e este, pera vossa comta e comprio assy ffeito em lixboa a x b [15] dias dabril gaspar rodriguez o fez de mil e b^e e hŭu [1501].

REY

he verdade que reçeby do almoxarife jacome diaz setenta e dous quintaes e meio [de bizcoito] por dez moyos de triguo do canpo que de mym reçebeo feito a xxj dias dabrill de 1501.

gaspar corte Reall

de Castel-Branco[1]

ao almoxarife dos fornos da porta da Cruz que dee a gaspar corterreal tamto bizcoyto quanto fezerem y moyos de triguo do campo, os quaaes lhe elle entregara, e do feitio lhe fez vossa senhoria merçe[2].»

1. Martinho de Castel Branco était « *Vedor da fazenda* », c'est-à-dire un des surintendants généraux des finances.

Cette quittance est le seul autographe de Gaspar Corte-Real qu'on possède. Nous l'insérons ici en fac-similé d'après un calque pris sur l'original par M. de Brito Rebello.

2. Archives de la Torre do Tombo, *Corpo chronologico, Part. I, Maç.* 3, — N° 52.

C'est-à-dire :

« Nous, le Roi, ordonnons à vous, notre surintendant des fours de biscuit situés à la porte de la Croix [1], ainsi qu'à votre comptable, de remettre à Gaspar Corte-Real, gentilhomme de notre maison, tout le biscuit qu'on pourra fabriquer avec les dix muids de blé de la campagne que le susdit Gaspar Corte-Real vous remettra auxdits fours et en présence de votre dit comptable, afin que celui-ci porte à votre débit les dix muids de blé susdits, et à votre crédit le biscuit que vous lui aurez remis en échange.

« Secondement, il est dit que lui faisant grâce des frais de manutention, vous lui ferez donner quittance avec le présent mandat pour vos comptes. Agissez ainsi qu'il est dit.

« Fait à Lisbonne le 15 avril de 1501 par Gaspar Rodriguez.

LE ROI [2]

« Il est vrai que j'ai reçu du surintendant Jacome Dias soixante et douze quintaux et demi [de biscuit[3]], en échange de dix muids de blé de la campagne qu'il a reçus de moi.

« Fait le 21 avril 1501.

GASPAR CORTE-REAL

DE CASTEL-BRANCO

---

1. La Porte de la Croix était une des entrées de la vieille ville de Lisbonne. Tout près se trouvait la manutention de la marine.

2. Cette croix pointillée est ce qu'on appelle en diplomatie portugaise une « *guarda* ».

3. Corte-Real a omis d'écrire ici les mots : *de bizcoito*.

« Au surintendant des fours de la porte de la Croix, afin qu'il remette à Gaspar Corte-Real le produit en biscuit de dix muids de blé de la campagne qu'il lui remettra et des frais de fabrication Votre Seigneurie lui fait grâce. »

Aux termes de ces documents, le roi Manoel ayant autorisé Gaspar Corte-Real à faire fabriquer du biscuit avec dix muids de blé, ordonne à Jacome Dias, surintendant des boulangeries de la marine, d'exécuter cette manutention aux frais de l'État.

La semaine suivante, Gaspar Corte-Real donne décharge de soixante et douze quintaux[1] *(quintaes)* et demi de biscuit.

L'importance de ces deux pièces consiste dans leur date respective.

L'ordre donné au directeur de la manutention est daté de Lisbonne, le 15 avril 1501.

Le reçu de Gaspar Corte-Real, inscrit sur la même feuille (ce qui implique une quittance rédigée également à Lisbonne), est du 21 avril 1501.

Dans la dernière semaine du mois d'avril 1501, Gaspar Corte-Real n'avait donc pas encore quitté le Portugal.

---

1. Le *quintal* contient 4 *arrobas*, et l'*arroba* contient 32 *arrateis* ou livres portugaises de 16 onces chacune. Chaque *quintal* étant égal à 128 livres, c'est 9,280 livres de biscuit qu'a reçu Gaspar Corte-Real. La ration de chaque homme étant de 2 *arrobas* ou 64 livres de biscuit par mois (Mandats adressés à Joham Roiz et Estevam Borralho, 24 et 26 mai 1501, — *Corpo chronologico, Part. II, Maç.* 4, n°s 68 et 70), cette provision de 72 1/2 *quintaes* répondrait à six mois de rations de biscuit pour 24 hommes

Alberto Cantino rendant compte de la dernière expédition de ce hardi marin, dit, à la date du 17 octobre 1501, « *Già son nove mesi passati che questo Serenissimo Ré mando*[1]... » C'est-à-dire que les trois navires de Gaspar Corte-Real auraient été expédiés à la recherche des îles et terres nouvelles neuf mois avant le 17 octobre 1501, ce qui nous reporterait à janvier 1501.

Pietro Pasqualigo, de son côté, dans ce qui nous paraît être la dépêche officielle adressée au sénat de Venise, dit que le 9 octobre 1501 il avait assisté au retour des caravelles envoyées l'année précédente par le roi de Portugal à la découverte de terres occidentales : « *Quale l'anno passato*[2] *la majesta del dito re mandó a discoprir terra verso le parte di tramontana*[3]. »

Le lendemain, rendant compte à ses frères de la même expédition, il répète les mots : « *l'anno passato* » et nomme le commandant de l'expédition : « *Capitaneo Gaspar Corterat* (sic)[4]. »

Il y a donc concordance entre les deux récits de l'ambassadeur vénitien et celui de l'agent du duc de Ferrare.

---

1. *Les Corte-Real*, appendice XVII, page 204.

2. Si Pietro Pasqualigo fait commencer son année comme c'était, depuis 1420, la coutume en Portugal, c'est-à-dire au 25 mars, ou selon la méthode vénitienne pour l'année légale, au 1er mars, il se rapproche davantage de la vérité. Mais nous pensons que, comme Cantino et la plupart des Italiens, son année commençait à Noël, bien qu'à Venise l'année civile datât du 1er janvier.

3. *Loc. cit.*, appendice XVIII A, page 209.

4. *Loc. cit.*, appendice XVIII, page 211

D'autre part, comme un document original, incontestable et incontesté, accuse la présence de Gaspar Corte-Real à Lisbonne au 21 avril 1501, il faut reconnaître que Pietro Pasqualigo et Alberto Cantino se sont trompés, et rapprocher au moins de quatre mois la troisième et dernière expédition de l'infortuné navigateur portugais.

Gaspar Corte-Real n'est donc pas parti de Lisbonne en janvier 1501, mais après le 21 avril suivant, et la date donnée par Damiam de Goes paraît être exacte.

Gaspar Corte-Real, dit ce chroniqueur, partit de Lisbonne le quinzième jour du mois de mai de l'année 1501 : « *No anno de M. D. I. ... partio de Lisboa ahos* xv *dias do mes de Maio..*[1]. »

Le fait que Damiam de Goes occupa pendant plusieurs années les fonctions de garde général des archives de la Torre do Tombo, ajoute un poids considérable à cette date énoncée d'une manière si précise. Nous inclinons donc à croire qu'elle a été empruntée par lui à des documents dont il avait la charge.

Notons aussi que la date du 15 mai ne contredit nullement à celle de la quittance donnée par Corte-Real, et qu'enfin elle nous débarrasse de certains détails de la lettre de Cantino assez difficiles à accepter. Ainsi, selon le zélé correspondant du duc de Ferrare, Corte-Real aurait d'abord navigué pendant quatre mois de suite : « *quatro mesi continui*[2] », puis, trois

---

1. *Les Corte-Real*, appendice **XXXV**, page 234.
2. *Loc. cit.*, appendice **XVII**, page 204.

mois encore : « *ove tre mesi* », c'est-à-dire sept mois, toujours par un temps favorable, « *sempre per quello vento, — sempre con bon tempo* », avant d'atterrir. Ces chiffres sont évidemment exagérés. Le tonnage des caravelles portugaises ne permettait pas d'embarquer des vivres pour une si longue traversée.

La date des documents précités, rapprochée de celle que donne Damiam de Goes nous ramène à une évaluation plus probable. Ainsi, une des caravelles étant revenue en un mois[1] (ce qui fixe la date de son départ des terres nouvelles au 8, au 9, ou au 11 septembre[2]), et en accordant deux mois pour l'exploration des pays découverts, on arrive à une traversée de six à sept semaines, ce qui est à peu près le temps employé par les Cabot[3] lorsqu'ils firent, en 1497, leur première expédition dans ces parages.

---

1. « *Questo naviglio è venuto di la a qua in un mese.* » Lettre de Cántino ; *Les Corte-Real,* appendice XVII, page 206.

2. Pasqualigo, dans sa lettre à ses frères, dit que la caravelle est rentrée à Lisbonne le 8 octobre : « *A di viii* » (*Loc. cit.,* appendice XVIII, page 211) ; mais dans son rapport officiel, il rapporte que ce fut le 9 : « *A di 9* » (*Ibid.,* appendice XVIII A, page 109.) Cantino, lui, dit que ce fut le 11 : « *Alli undece.* »

On peut concilier ces divergences en admettant que Paqualigo parle de la première caravelle et Cantino de la seconde, lesquelles seraient arrivées à Lisbonne à deux ou trois jours de distance.

3. Partis de Bristol au commencement de mai 1497, les Cabot atterrirent le 24 juin suivant. Ils furent de retour en Angleterre à la fin de juillet de la même année. *Jean et Sébastien Cabot, Chronologie page* 255.

*Quittance écrite et signée par Miguel
Corte-Real, à Malaga, le 7 août 1501.*

II

KUNSTMANN avait fait connaître en 1859[1] un reçu donné par Miguel Corte-Real à Malaga pour deux pipes de vin et vingt arrobes de viande, fournis à ce dernier le 7 août 1501 par Christovam Lopez, écuyer du roi de Portugal[2].

Tous les écrivains étaient d'accord pour voir dans ce document la preuve que Miguel avait accompagné son frère dans sa dernière expédition au Nouveau-Monde. Nous-même, malgré des réserves suggérées par cette relâche dans un port de la Méditerranée, nous essayâmes d'expliquer le récit en question dans le sens d'un envoi d'hommes pour coloniser les terres que Gaspar Corte-Real venait de découvrir. La date supposée du départ de Miguel de Lisbonne, date qui coïncidait avec celle de l'appareillage de Gaspar, selon les nouveaux documents publiés ci-dessus, était de nature à nous encourager dans cette opinion. Effectivement, le 6 août 1501, jour où ses provisions se trouvent épuisées, Miguel dit avoir embarqué lors du premier avitaillement, pour

1. *Die Entdeckung America's.* München, 1859, in-4, page 93, note 119.
2. *Les Corte-Real*, pages 163-164, documents XIV et XV.

trois mois de vivres. Ce serait donc vers le 6 mai qu'il aurait équipé son navire à Lisbonne.

D'autre part, ainsi que nous l'avons vu, Gaspar était encore dans ce port au 21 avril, et, selon Damiam de Goes, le hardi navigateur n'aurait mis à la voile que le 15 mai 1501.

Cette coïncidence entre le départ de Gaspar Corte-Real et celui de son frère Miguel, n'était que fortuite.

Un document jusqu'ici inconnu, que M. de Brito Rebello vient de découvrir, permet de préciser le but du voyage que Miguel Corte-Real entreprit au cours de l'été de 1501.

Ce voyage n'avait aucun rapport avec l'expédition de son frère aux terres nouvelles.

Miguel ne reçut pas de Christovam Lopez à Malaga que du vin et de la viande. Ce dernier lui remit aussi, le 7 août, deux douzaines de merlans, ainsi qu'il appert du reçu suivant :

« *Eu miguell corte reall digo q̃ he verdade q̃ receby de xp̃m lopez escudeiro del Rei nosso [senhor] duas duzias de pesqua das pera mantimento da nao figa e por verdade fiz este de minha mão feito e assynado aos ssete dias dagosto de quinhemtos e hũ.*

Em malega.

miguell corte Reall.»[1]

---

1. Archives de la Torre do Tombo, *Corpo chronologico*, Part. II, Maç. 4, nº 142.

C'est-à-dire :

« Moi, Miguel Corte-Real, déclare avoir reçu de Christovam Lopez, écuyer du roi, notre [seigneur], deux douzaines de merlans pour approvisionner le navire *Figa*. En foi de quoi, j'ai écrit le présent, de ma propre main. Fait et signé le 7 août 1501.

A Malaga.

MIGUEL CORTE-REAL. »

Or au verso de ce reçu se trouvent d'autres quittances du même genre, données par deux capitaines[1], dont les caravelles suivaient ou précédaient celle que montait Miguel Corte-Real, et faisant toutes partie de l'escadre envoyée par le roi Manoel, sur les instances du pape Alexandre VI, contre le Grand Turc (Bajazet II), pour sauvegarder les possessions grecques de la République de Venise.

Cette expédition, composée de trente voiles, portant 3,500 hommes, et commandée par João de Menezes, appareilla de Lisbonne le 15 juin 1501. Les Turcs

---

1. João Leite, commandant la *Santa Barbara*, et Diogo d'Alcaçova, capitaine de la caravelle royale *Santa Cruz*.

Ce qui démontre que ces navires faisaient partie de l'expédition contre les Turcs, c'est le libellé de certaines pièces qui accompagnent ces reçus M. de Brito Rebello nous signale une ordonnance de Martinho de Castel Branço, adressée au Jacome Dias précité, le 8 juillet 1501, concernant « les vins pour la flotte qu'on vient d'armer pour être envoyée en Turquie », et deux quittances données par Diogo Moniz à Christovam Lopez le 1er juillet 1501, se rapportant à des vivres embarqués « pour les troupes de la flotte contre la Turquie » etc. etc. Ces pièces et d'autres semblables, se trouvent dans le *Corpo chronologico*, Part. II, *Maç.* 4, nos 100 à 112.

s'étant désistés de leurs projets d'attaque contre les îles de l'Archipel, le gros de la flotte portugaise, qui avait été précédé en novembre par plusieurs caravelles, au nombre desquelles se trouvait celle que montait Miguel Corte-Real, revint à Lisbonne au mois de décembre suivant. La République de Venise, reconnaissante, envoya Pietro Pasqualigo remercier le roi Manoel du service que ce monarque venait de lui rendre, et, par cet ambassadeur, servir de parrain au jeune prince dom João[1].

On s'explique maintenant le retour de Miguel Corte-Real en Portugal le 4 novembre 1501[2], et la pension annuelle de 30.000 réis qu'à cette date le roi Manoel lui accorda en récompense des services qu'il avait rendus.

1. DAMIAM DE GOES, *Chronica do felicissimo Rei dom Emanuel*, Lisboa, 1566, in-fol., Part. I. cap. XLVIII, LI, LII, LXII; ANT. CAETANO DE SOUSA, *Historia Genealogica da Casa R. Portuguesa*, Lisboa, 1735-49. in-fol.; tome III, page 183.

2. *Les Corte-Real,* appendice XX.

IMP. V. GOUPY ET JOURDAN, 71, RUE DE RENNES PARIS.